普通高等教育会计专业**精品课程**系列教材

会计信息系统

Accounting Information System

傅　萌　主　编
张　倩　范　理　吕雅慧　副主编

上海财经大学出版社

图书在版编目(CIP)数据

会计信息系统/傅萌主编.—上海:上海财经大学出版社,2018.11
(普通高等教育会计专业精品课程系列教材)
ISBN 978-7-5642-3126-2/F·3126

Ⅰ.①会… Ⅱ.①傅… Ⅲ.①会计信息-财务管理系统-高等学校-教材 Ⅳ.①F232

中国版本图书馆 CIP 数据核字(2018)第 234474 号

□ 责任编辑 施春杰
□ 封面设计 张克瑶

会计信息系统

傅 萌 主 编
张 倩 范 理 吕雅慧 副主编

上海财经大学出版社出版发行
(上海市中山北一路 369 号 邮编 200083)
网 址:http://www.sufep.com
电子邮箱:webmaster @ sufep.com
全国新华书店经销
上海景条印刷有限公司印刷装订
2018 年 11 月第 1 版 2018 年 11 月第 1 次印刷

787mm×1092mm 1/16 10.5 印张 269 千字
(习题集 2.75 印张 70 千字)
印数:0 001—3 000 定价:46.00 元

(本教材赠送习题集,请向售书单位索取)

前言

FOREWORD

本教材是普通高等教育会计专业精品课程系列教材之一，通过学习本教材，使学生能够了解和掌握计算机技术在会计领域的应用，实现用计算机替代手工来完成如记账、算账、报账等会计核算工作，实现预测、计划、控制、决策之类的管理会计与财务管理工作信息化。要求学生能够掌握会计信息系统的基本概念、基本理论和基本方法，同时能够从系统观、信息集成观出发，理解财务与业务的关系，从企业资源规划和管理的角度实现会计对经营活动的全过程进行核算、控制和管理。

编写主线

按照本教材的编写目标，其主线是：依据我国财政部和我国立法机关最新颁布实施的一系列会计规范性文件和法律、条例，按照初始设置、日常处理和期末处理的顺序介绍各系统，涉及账务处理系统、报表管理、固定资产管理、薪资管理、采购与应付管理、销售与应收管理、存货管理等功能模块。

编写特点

为方便学生在学习每章之前对讲授内容有一个大致了解，在每章之首，明确了本章的学习目标，提纲挈领地让读者了解每章的内容，并在每章之末，对本章的重点部分进行小结，便于学生进行课后重点复习与领会。并有配套的习题集和参考答案。

本教材以简明扼要、通俗易懂的语言为每章设计了“知识链接”与“课堂思考”小栏目。“知识链接”栏目主要是为了扩展学生的知识面以及提高学生的学习热情；设置“课堂思考”栏目的目的是使学生能够正确地理解每个章节的知识点，培养学生勤于思考、善于思考的能力，使学生知其然，也知其所以然。

各章作者

本教材由上海财经大学浙江学院会计系傅萌副教授任主编，负责全书提纲的拟定以及全书定稿前的修改、补充和总纂；上海财经大学浙江学院会计系范理讲师、张倩讲师、吕雅慧讲师共同编写。教材的各章作者分别是：第一章、第二章和第十章由傅萌执笔，第四章、第九章由张倩执笔，第五、第八章由范理执笔、第六章、第七章由吕雅慧执笔，第三章由张倩、吕雅慧执笔。

致谢和结语

本教材在编写过程中得到了上海财经大学浙江学院院长马洪教授、上海财经大学浙江学院会计系主任王霞副教授的支持，在此，我们全体编写人员表示衷心的感谢！

随着信息技术的飞速发展，会计信息系统要求有一批掌握现代电子技术、网络技术，融自然科学、社会科学、人文科学知识于一身的复合型人才。限于编写者的水平，本书局限于阐述会计信息系统各个功能模块的流程及具体应用，不可能面面俱到，疏漏之处在所难免，希望同仁多多赐教，以便我们不断修正不足之处。

编　者

2018 年 9 月

目 录
CONTENTS

第一章
会计信息系统概述

学习目标

通过本章学习，了解会计信息系统的演变规律和发展趋势，熟悉会计信息系统的特征，了解会计手工处理方式与计算机处理方式的区别，掌握会计信息系统的功能结构，了解财务软件的概念与分类，熟悉商品化财务软件的特点与功能。

第一节　会计信息系统相关概念

一、数据和信息

(一)数据

一般认为数据是对客观事物属性的描述，是反映客观事物的性质、形态、结构和特征的可供鉴别的符号。例如，表示一个人身高的1.7米，描述天气状况的“阴、晴、雨、雪”等都是数据。数据既包括数量形式表达的定量属性值，也包括以文字形式表达的定性属性值。它不仅指狭义上的数字，还可以是具有一定意义的文字、字母、数字符号的组合，图形图像，声音，视频等。

(二)信息

信息是反映客观世界中各种事物特征和变化的知识，是数据加工的结果，这一结果对人们的决策行为产生影响。

数据和信息从形式上反映的都是客观事物属性的值，但数据强调对事实的客观记录；而信息强调与人们决策活动的密切联系。简而言之，信息必然是数据，但数据未必是信息，有用的数据才成为信息。同时，信息也具有相对性，对甲有用的信息未必就对乙有用。数据和信息存在着差别，但在实际工作中有时也很难严格区分，数据和信息的交替性一直存在于数据处理过程的各个领域。

(三)会计数据和会计信息

在会计工作中，各种原始资料可称为会计数据，它记录在“单、证、账、表”上。会计信息是指按会计特有的处理方法对数据经过处理后产生的、为会计管理及经济管理所需要的一部分经济信息。它是在会计核算和会计分析过程中形成的凭证、账簿、报表等数据，是会计核算的主要内容，也是经济决策的重要依据。准确性、及时性是对会计信息的基本要求，同时，某些会计信息还具有很强的地域性，往往会因空间的变化而失去意义和价值，根据不准确的或错误的会计信息做出相应的决策会给企业带来严重的损失。

二、系统和系统的基本构成

(一)系统及其特点

系统是指由一系列彼此相关的、相互联系的若干部分为实现特定目的而建立起来的一个有机整体。系统具有以下几个特征：

1. 独立性

每个系统都是一个相对独立的部分。它与周围环境具有明确的界限，但又受到周围环境的制约和影响。

2. 整体性

系统各部分之间存在着相互依存的关系，各部分既相对独立又有机地联系在一起。

3. 目标性

系统的全部活动都是为了达到特定的目标。系统中各个组成部分分工不同，但是活动目标是一致的。

4. 层次性

一个系统由若干部分组成，各组成部分称为子系统。每个子系统又可分成更小的子系统，因此系统是可分的，相互之间有机结合具有结构上的层次性。

(二)系统的基本构成

系统一般由三个部分构成：系统、系统内部的子系统、系统的周围环境。这是研究系统的三个最基本的要素。

每个系统都有它自身特定的目标和功能，这是区别各个系统的主要标志。为了完成系统的特定目标，每个系统有它确定的功能结构，这些功能结构各自完成系统的一部分工作，各功能之间相互影响、相互作用、相互联系、协同工作，以实现系统的整体目标。任何系统都处于特定的环境中，系统必然要与外部环境发生各种各样的联系，受到环境变化的制约和影响。即使是所谓的“封闭系统”也只是采用各种措施，将环境的影响降到最低限度而已。对系统研究的一个重要方面就是研究环境对系统的影响，这点对会计信息系统的研究尤其重要。

三、会计信息系统

(一)会计信息系统的概念

会计信息系统是指由特定的人员、数据处理工具和数据处理规程组成的有机整体，其目的是加工和利用会计信息对经济活动进行控制，满足经营管理的需要。其中的规程既包括会计核算方法的规则，也包括各种会计法令、法规和管理制度。在信息化社会，企业会计工作中常规的、可以程序化的任务将由计算机来代替传统的人工处理，会计信息系统可以提供不同层次的信息，包括以提供日常核算内容为主的会计核算信息层次，以提供为经营、管理服务为主的管理信息层次和为单位重大决策服务的预测、决策信息层次。

简而言之，会计信息系统就是一个加工会计信息的流程，如图1－1所示。它以原始单据为输入数据，经过会计信息转换单据(记账凭证)，运用会计特有的记录、存储和结算的计算方法，为投资人、债权人、企业管理人员、政府职能部门等各方相关者提供企业资产、负债、股东权益等有价值的会计信息。会计信息系统最终以会计报告的形式公布会计信息，最主要的会计报告形式是资产负债表、利润表和现金流量表。

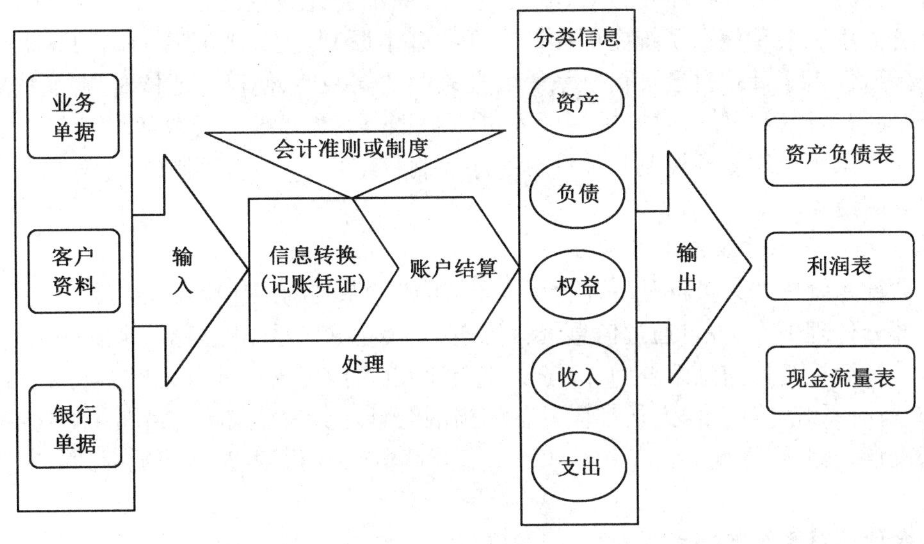

图1—1　会计信息系统加工会计信息的流程

(二)计算机会计信息系统与传统手工会计信息系统的区别

手工会计信息系统的每一个处理会计信息的环节都是以手工方式进行的，主要完成收集原始凭证、填制记账凭证、登记账簿直至编制会计报表的主要任务。随着计算机和信息技术的发展，传统的手工信息处理方式已经被计算机和网络等新技术所取代，计算机会计信息系统也取代手工会计信息系统而被公认为现代会计信息系统。

计算机会计信息系统与传统手工会计系统的区别主要表现在以下方面：

1. 数据处理方式不同

手工会计系统的数据处理工具是算盘或计算器，信息的载体是纸张构成的单、证、账、表，纸介质记录的信息工作量大，不易转抄。而计算机会计信息系统的数据处理工具是电子计算机，所有会计数据统一由计算机集中化、自动化处理。在整个数据处理过程中，除数据的输入和必要的操作控制外，系统在统一的程序控制下由计算机快速自动地完成。会计数据的存储介质为硬盘或U盘等磁性介质。

2. 数据处理流程不同

传统的手工数据流程是填制和审核会计凭证→登记账簿→编制会计报表。为了提供详略不同的会计信息，手工会计系统设置了总分类账户和明细分类账户。两者采用平行登记的方法进行记录，通过总账与明细账之间的对账可以发现记账中存在的错误，从而及时加以纠正。计算机会计信息系统数据处理的程序是由人工采集数据，进行标准化处理并输入计算机，再由计算机集中、自动地进行处理，可以根据使用者的需要自动输出各种会计信息，除输入过程外，数据的计算、处理过程中几乎没有发生错误的可能性。因此，在计算机会计信息系统中不必采用平行登记的方法，来源于记账凭证中的数据不再重复处理，而是统一记录于分类账中集中处理，不必要设置总分类账和明细分类账，使数据处理流程更加简捷、合理。

3. 内部控制方式不同

手工会计系统对会计凭证的正确性，一般从经济活动的内容、数量、单价、金额、对应科目、记账方向等项目来核对，并通过制单、审核等不同岗位分工来互相牵制、互相监督账目的正确性。此外，还通过账证核对、账账核对、账实核对来保证会计数据的正确性。计算机会计信息系统仍然遵循手工会计信息系统内部控制制度的基本原则，例如要具备明确的职责分工，钱、账、物分管等，但由于计算机会计信息系统数据来源的同一性，使得账证核对、账账核对失去了意义，从而使得会计数据输入这个唯一的入口控制显得尤为重要。计算机会计信息系统控制的具体方式就采用组织管理控制与计算机程序控制相结合的方式，控制的要求更加严格，控制的内容更加广泛。

4. 人员构成和工作组织体制不同

手工会计系统中的人员都是专业会计人员，组成一系列的工作岗位，各工作岗位完成会计数据的一部分处理工作，各自通过信息资料传递、交换建立联系，相互稽核牵制，保证整个系统正常运转。计算机会计信息系统中，除了专业会计人员外，还需要计算机操作人员和维护人员协同工作，所有系统内的工作人员都应具备相当的会计和计算机知识。由于许多会计核算工作由计算机自动完成，因此会计工作组织形式将发生较大变化，通常按照数据的处理阶段分工组织。

（三）会计信息系统的特点

会计信息系统有其自身的特殊性，因此除了具有一般信息系统的基本特点之外，还具备以下几个主要特点：

1. 综合性

企业的活动不外乎两类：一类是生产或服务活动；另一类是管理活动。在生产或服务活动过程中，各部门都会产生一些会计数据，而在管理活动中也会有一定范围内会计信息的利用。会计信息就是全面反映企业供、产、销各个环节并全面参与企业管理的综合信息。会计信息系统能够综合、全面地反映、监督和控制整个企业的生产经营活动，是实现企业管理目标的有力工具。

2. 复杂性

会计信息系统由许多职能子系统组成，如账务处理子系统、报表管理子系统、固定资产管理子系统、工资管理子系统、采购与应付管理子系统、销售与应收管理子系统和存货管理子系统等，各系统之间在运行过程中进行信息的收集、加工、传送、使用，联结成一个有机的庞大整体。另一方面，会计信息系统又与企业的其他管理子系统和企业外部有着千丝万缕的联系，需要相互提供信息，因此，会计信息系统与外部的接口比较复杂。

3. 准确性、可靠性

会计所提供的信息有一定的质量要求，保证连续、完整、真实、准确地反映经济业务，而且要合法、可靠，严格遵守有关财务会计制度、法规和计算规程。

4. 内部控制更加严密

会计信息系统中的数据不仅在处理时就要层层审核，确保正确，还要保证在任何条件下以任何方式进行检查核对，留有审计线索，防止犯罪，以便审计工作的开展。

（四）会计信息系统的构成

基于计算机的会计信息系统是一个人机结合的系统，其基本构成包括硬件系统、软件资源、信息资源和会计人员等基本要素。

1. 硬件系统

硬件系统是指会计信息系统进行会计数据输入、处理、存储、输出和传输的各种电子设备。

硬件系统主要包括输入设备、数据处理设备、存储设备、输出设备及各种网络设备。

2. 软件资源

软件资源是保证会计信息系统能够正常运行的核心和灵魂。软件资源又分为系统软件和会计软件。

系统软件包括操作系统，即对计算机资源进行管理的系统软件，如 Windows NT；数据库管理系统，即对数据进行管理的系统，如 SQL Server。

会计软件是专门用于会计核算和会计管理的软件，是会计信息系统的一个重要组成部分。没有会计软件的信息系统不能称为会计信息系统，拥有会计软件是会计信息系统区别于其他信息系统的主要因素。目前会计软件非常多，国内会计软件有上百种，如用友公司、金蝶公司、安易公司、浪潮公司等都推出了不同版本的会计软件；国外会计软件在中国销售的也非常多，如甲骨文公司、JDE 公司、SAP 公司的会计软件。

3. 信息资源

数据文件就是一种非常重要的信息资源，是用来存储会计信息系统中数据和信息的磁性文件。数据文件主要包括三类：①基础数据文件，如组织的会计科目、人员档案、客户档案、组织结构档案等；②经过会计信息系统加工后生成的文件，如总账文件、应收账款文件等；③临时文件，即在信息系统运行过程中存放临时信息的文件。会计规范也是一种非常重要的信息资源，它是指保证会计信息系统正常运行的各种制度和控制程序，如硬件管理制度、数据管理制度、会计人员岗位责任制度、内部控制制度、会计制度等。会计规范可以保存在数据文件中，也可以保存在纸质文件中。

4. 会计人员

会计人员与会计信息系统之间有着密切的联系。会计人员既是会计信息系统的组成要素，又是会计信息系统的管理者，由其确定会计信息系统采用什么样的会计模式，并与信息系统管理者一起制定会计信息系统的运行规程，特别是会计信息系统的内部控制问题。而会计信息系统是服务于会计人员的，帮助会计人员更有效地处理有关信息，并向用户提供满足其需要的高质量的会计信息。

此外，会计人员的工作重点还包括对企业各项业务活动及资源利用的绩效评价，对信息技术和信息系统等新技术应用的风险管理，与企业经营、发展战略密切相关的会计决策活动。由此，一方面要求未来的会计人员必须是多面手，如对会计信息系统的管理，实际上要求会计人员应具备系统分析员的部分素质；另一方面，会计人员用到的很多管理方法、手段和模型，其他企业管理人员也可以做，只是加工的信息对象有差别。而在信息社会，这些对象对于所有的信息用户可能是平等的，未来的职业可能出现融合的趋势。

知识链接

会计信息系统是为企业服务的，是企业会计工作中不可缺少的组成部分，因此，会计信息系统的目标应服务于企业、信息系统、会计三者的目标。会计信息系统的目标可以表述为：向企业外部的决策者提供需要的会计信息，以及对会计信息利用有重要影响的其他非会计信息。在此目标下，会计信息系统的基本功能应是：利用各种会计规则和方法，加工来自企业各项业务活动中的数据，产生和反映会计信息，以辅助人们进行决策。其中，会计规则和方法是由会计人员和信息管理人员根据信息用户的需求综合制定的，它们并不是一成不变的，而是随着外界情况的变化不断调整的。当企业出现新的业务活动或拥有新的资源需要管理时，会计人员应从会计工作的角度确定出相应的解决办法和处理规则，尽可能地将其转化为计算机系统可处理的内容。

第二节 会计信息系统的发展

一、会计信息系统的发展历程

会计信息系统是随着管理水平的提高和科学技术的进步不断发展、不断完善起来的。特别是近几年来，全球经济一体化进程不断加快，IT 技术迅猛发展，互联网技术和电子商务广泛应用，企业所处的商业环境已经发生了根本性的变化。企业为了适应这种外部环境的变化，必然要进行管理理念上的变革、管理模式与业务流程上的重组、管理手段上的更新，因而就引发了全球范围内的以业务流程重组（Business Process Reengineering, BPR）为主要内容的管理模式革命和以企业资源计划（Enterprise Resource Planning, ERP）系统应用为主体的管理手段革命。会计信息系统大致经历了以下三个发展阶段：

（一）手工会计信息系统阶段

在此阶段，财会人员以纸、笔、算盘等为工具，实现对会计数据的记录、计算、分类、汇总，并编制会计报表。这一阶段历史漫长，直到今天，仍有许多组织的会计工作停留在手工阶段。

（二）机械会计信息系统阶段

在这个阶段，财会人员借助穿孔机、卡片分类机、机械式计算机、机械制表机等机械设备，实现会计信息的记录、计算、分类、汇总和编制报表。这一阶段在计算机出现后很快结束，国外只有少数大型组织在会计中运用过机械装置，而我国几乎没有经历过这一阶段。

（三）基于计算机的会计信息系统阶段

计算机的产生为会计数据处理带来了重大变革。采用计算机进行会计信息处理后，会计数据的主要处理过程全部由计算机系统自动完成，如数据检验、分类、记账、算账、编制会计报表等。计算机技术随着时代的变迁而飞速发展，新的技术、新的观念、新的思想层出不穷，并不断地应用于会计信息系统，同时计算机技术也推动会计信息系统的发展和革命，推动会计人员观念的更新。

基于计算机的会计信息系统的发展又可以分为以下三个阶段：

1. 电子数据处理阶段

以计算机为代表的信息技术处于初级阶段，也是会计信息系统的初级阶段，此时的主要目标是用计算机代替手工记账，实现会计核算工作的自动化或半自动化，以提高会计工作效率为主。

2. 会计管理信息系统阶段

此时，计算机技术有了更加突飞猛进的发展，特别是数据库技术、网络技术在会计信息系统中得到了广泛的应用。会计信息系统的主要目标是综合处理发生在组织各业务环境中的各种会计信息，并为组织管理部门提供有关管理和决策的辅助信息。

3. 基于互联网的会计信息系统阶段

20 世纪末，互联网在全球 IT 领域掀起了第二次产业浪潮，同时，基于网络资源共享的电子商务正风靡全球各地 ，它不仅打破了国界、距离与时间的限制，而且改变了组织经营模式和生存方式,使经营、管理和服务变得及时而迅速。一方面会计信息系统的功能越来越强大,另一方面会计信息系统与组织管理信息的融合越来越紧密。特别是企业资源计划(ERP)管理思想和系统的提出,要求财务业务一体化管理,即当经济业务发生时,由业务单据驱动,账和实物账同步生成,使财务人员从繁杂的劳动中解放出来,不断完善会计信息系统的控制功能,在会计信息系统的支持下,将控制职能延伸到业务前端,从核算角色转变为管理决策角色,并在会计决策系统的支持下辅助决策。

二、会计信息系统的发展趋势

随着互联网应用技术的迅速发展,包括财务管理、生产管理、人力资源管理、供应链管理、客户关系管理、电子商务应用在内的完整的企业管理信息系统将会得到全面发展。主要趋势是向着集成化、网络化、智能化发展。

1. 集成化

如上述不同功能的系统,利用系统集成技术就可以将它们组合在一起,形成一个综合化与集成化统一的信息系统,实现互相衔接、数据共享。

2. 网络化

网络技术特别是移动互联网技术的不断发展对会计工作产生了巨大影响,人们可实现在线办公、移动办公,能实现远程传输和查询,远程报账、远程查账、远程审计也变得非常简单。

3. 智能化

经济越发展,影响企事业单位生产经营活动的因素越复杂,预测、决策、控制、分析和管理的难度越大。会计信息系统要利用人工智能研究的新成果,不断提高数据处理、分析、判断的能力。以德勤、普华永道、安永、毕马威为代表的国际四大会计师事务所,已经相继上市财务机器人以及财务机器人解决方案,一场对于传统财务行业的变革正在进行,"机器人流程自动化"的时代正悄然来临。

课堂思考

随着社会的发展,信息技术已经影响到各行各业,请举例说明影响会计从业人员的信息技术有哪些?

第三节　会计信息系统的功能结构

会计信息系统的功能结构主要描述会计信息系统的核心——会计软件由哪几个子系统组成,以及每个子系统的基本功能。

从前述会计信息系统的发展历程可知,会计信息系统是随着信息技术的进步和管理水平的提高不断发展和完善起来的。早期的会计信息系统包含的子系统很少,主要是工资核算、总账、报表等子系统。每个子系统的功能也比较简单,主要完成记账、算账、报账等基本核算业务。随着企业管理水平的不断提高,对会计信息系统的要求也越来越高。人们越来越认识到会计管理的重要性,逐渐从企业经营管理的角度来设计会计信息系统。会计信息系统也逐渐演变成业务处理与会计核算一体化的系统,这种系统可以跨部门使用,使各部门可以充分共享企业各种经济活动的信息,消除了企业各部门的信息"孤岛"现象,从而实现购销存业务与财务的一体化管理,有效地实现对资金使用和财务风险的控制,提供相关的分析决策信息。因此,发展到现在,会计信息系统已经从核算型转向管理型,涵盖了供产销、人财物以及决策分析等企业经济活动的各个领域,并与管理信息系统中的其他子系统有机融合,在企业管理过程中发挥越来越重要的作用。

这种业财一体化的会计信息系统由财务系统、购销存系统和管理与决策系统组成,每个系统又可以进一步分解为若干子系统,如图1—2所示。

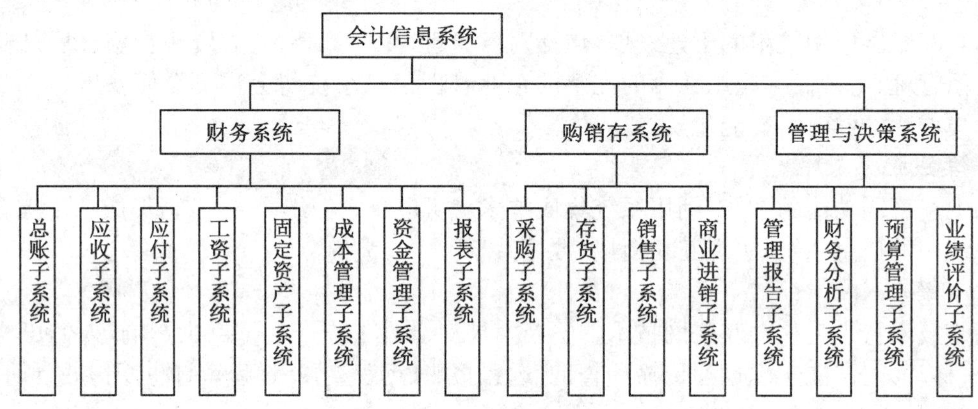

图1—2　会计信息系统的功能结构

一、财务系统

财务系统主要包括总账子系统、报表子系统、固定资产子系统、工资子系统、应付子系统、应收子系统、成本管理子系统等。

1. 总账子系统

总账子系统又称账务处理系统,是以凭证为原始数据,通过凭证输入和处理,完成记账和结账、银行对账、账簿查询及打印输出,以及系统服务和数据管理等工作。

2. 报表子系统

报表子系统是根据会计核算数据,如账务处理子系统产生的总账和明细账等数据,完成各种会计报表的编制与汇总,生成各种内部报表、外部报表及汇总报表,根据报表数据生成各种分析图表等。

3. 固定资产子系统

固定资产子系统主要是对设备进行管理,功能包括存储和管理固定资产卡片,进行增加、删除、修改、查询、打印、统计与汇总,进行固定资产变动核算,输入固定资产增减变动或项目内容变化的原始凭证后自动登记固定资产明细账,更新固定资产卡片,完成折旧的计提和分配,费用分配转账凭证自动转入账务处理等子系统,查询、统计和打印各种账表。

4. 工资子系统

工资子系统是以职工个人的工资数据为依据,实现职工工资的计算,工资费用的汇总和分配,个人所得税的计算,各种工资表的查询、统计和打印等功能。

5. 应付子系统

应付子系统完成对各种应付账款的登记、核销工作以及应付账款的分析、预测工作,及时分析流动负债的数额及偿还流动负债所需的资金，提供供应商和原材料的统计分析。

6. 应收子系统

应收子系统完成对各种应收账款的登记、核销，动态反映客户信息及应收账款信息，进行应收账款账龄分析和坏账估计，提供客户和产品的统计分析。

7. 成本管理子系统

成本管理子系统是以生产统计数据及有关工资、折旧和存货消耗数据为基础，按一定的对象分配、归集各项费用，以正确计算产品的成本数据，并以自动转账凭证的形式向账务及销售系统传送数据。但是，由于不同企业的生产性质、工艺流程有很大的区别，单纯为成本核算而设计的通用系统及其应用都非常有限。

二、购销存系统

对于制造业企业来说，购销存系统包括采购子系统、存货子系统、销售子系统。

1. 采购子系统

采购子系统是根据企业采购业务管理和采购成本核算的需要，制订采购计划，对采购订单、采购到货以及入库状况进行全程管理，为采购部门和财务部门提供准确、及时的信息，辅助管理决策。

2. 存货子系统

存货子系统主要核算企业存货的收发存业务，提供存货的耗用情况，及时、准确地把各类存货成本归集到各成本项目和成本对象上，动态反映存货资金的增减变动，提供存货资金周转和占用的分析，为降低库存、加速资金周转提供决策支持。

3. 销售子系统

销售子系统是以销售业务为主线，兼顾辅助业务管理，实现销售业务管理与核算一体化。销售子系统一般与存货子系统中的产成品核算相联系，实现对销售收入、销售成本、销售费用、销售税金、销售利润的核算，生成产品收发结存汇总表等表格，生成产品销售明细账等账簿，自动编制机制凭证传递到总账子系统。

很多商品化财务软件将采购子系统和应付子系统合并成一个子系统，即采购与应付子系统，将销售子系统和应收子系统合并成销售与应收子系统，本教材后续将以合并后的系统进行详细的阐述。

三、管理与决策系统

总体来说，管理与决策子系统可以归纳为三个层面的功能：经营监控功能、报告与分析功能、业绩评价功能。

1. 经营监控功能

为了更好地发挥会计的控制职能，需要运用各种先进的管理工具，如全面预算管理和责任中心管理等，因此，在会计信息系统中增加了预算管理和责任中心管理子系统。

2. 报告与分析功能

可以查看各类管理信息，以便动态了解业务进展情况、分析业务发展趋势。

3. 业绩评价功能

业绩评价的核心是将企业实际的运行结果与计划目标相比较，因此，在此模块下可以设置经济增加值分析、平衡计分卡等功能模块，为企业提供综合、全面的业绩评价信息。

随着会计信息系统应用的不断深化，其功能也将不断丰富和完善。

第四节 会计信息系统与企业资源计划系统

一、企业资源计划(ERP)及其功能

企业资源计划(ERP)是由美国 Gartner Group 公司在 20 世纪 90 年代提出的，它是由物料需求计划(MRP)、制造资源计划(MRPⅡ)逐步演变并结合信息技术发展的最新成果而发展起来的。ERP 是一个面向供应链管理(SCM)的管理信息集成，它集企业管理理念、业务流程、基础数据、人力物力、计算机硬件和软件于一体，实现跨越地区、部门、公司整个实时信息的企业管理信息系统。因此，ERP 既是一种管理思想，也是一种软件产品，更是一个管理系统。

ERP 是将企业所有资源进行整合管理，也就是将企业的物流、资金流、信息流进行全面一体化管理的管理信息系统。它的主要功能结构如图 1—3 所示。

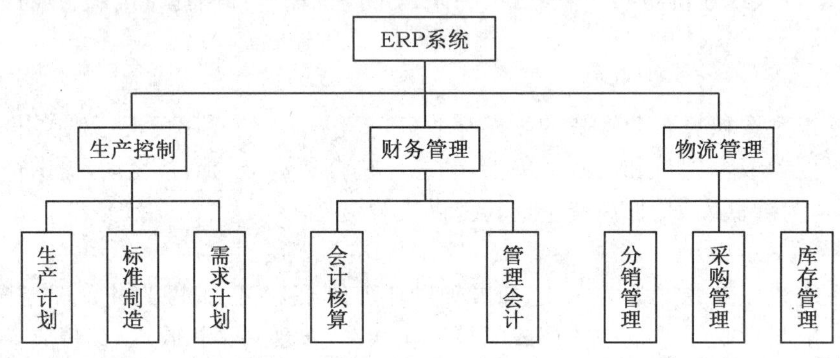

图 1—3 ERP 系统功能结构

(一)生产控制管理模块

生产控制管理模块是 ERP 系统的核心，它将企业整个生产过程有机地结合在一起，使得企业能够有效地降低库存，提高效率。它包括生产计划、物料需求计划、能力需求计划、标准制造等功能模块。

(二)财务管理模块

ERP 系统中的财务管理模块与一般的财务软件不同，作为 ERP 系统的一个组成部分，它和系统的其他模块有相应的接口，能够相互集成。它可将采购活动、生产活动输入的信息导入财务模块自动生成总账、会计报表，取消了烦琐的会计凭证输入过程，几乎完全替代传统的人工操作。

(三)物流管理模块

物流管理模块主要包括分销管理、库存管理及采购管理。销售管理是从产品的销售计划开始，对其销售产品、销售地区、销售客户等各种信息的管理和统计，并可对销售数量、金额、利润、绩效、客户服务做出全面的分析。库存管理用来控制存储物料的数量，以保证稳定的物流支持正常的生产，但又最小限度占用资金，它能够结合相关部门的需求，随时间的变化动态地调整库存，精确地反映库存现状。采购管理是如何确定合理的订货量、选择优秀的供应商和保

持最佳的安全储备。它能够随时提供订购、验收的信息,跟踪和催促外购或委托加工的物料,保证货物及时到达;建立供应商的档案,用最新的成本信息来调整库存的成本。

随着企业对人力资源管理的日益重视,已经有越来越多的 ERP 厂商将人力资源管理也纳入了 ERP 系统。

二、会计信息系统与 ERP 的关系

会计信息系统是企业管理信息系统的一个核心子系统。ERP 系统强调企业资源管理,因此,会计信息系统必须与企业其他系统有机集成,即将会计信息系统的功能集成到 ERP 系统中,通过 ERP 系统能够真正地把财务的管理控制与业务的管理紧密结合在一起,企业各个部门之间能够共享信息,并协调业务活动。例如,当企业库存系统显示不足时,采购部门即可生成采购订单,此时,从采购部门、检验部门、仓储部门、运输部门到财务付款部门都能够共享采购订单的信息,在各个环节处理相应的业务并将信息存储在中央数据库,使得各个部门在信息共享的集成环境中,协同运作,完成从采购到付款的业务循环。通过将会计信息系统的信息融入 ERP 系统的集成环境中,能够使计划、预算、监控、分析的触角延伸到企业各个职能部门的最末端,从而为企业的整体运作提供更大的决策支持。

第五节 财务软件

一、财务软件的概念

财务软件是指专门用于完成会计工作的计算机应用软件,包括采用各种计算机语言编制的一系列指挥计算机完成会计工作的程序代码和有关的技术文档资料。从软件的功能与任务的角度看,财务软件是以会计制度为依据,以计算机及其应用技术为技术基础,以会计理论和会计方法为核心,以会计数据为处理对象,以提供会计信息为目标,将计算机技术应用于会计工作的软件系统。

二、财务软件的分类

(一)按软件适用范围划分

财务软件按适用范围可分为通用财务软件和定点开发财务软件。

通用财务软件是指在某一特定范围内普遍适用的财务软件,通常又分为适用于各行各业的全通用财务软件和适用于某一行业的行业通用财务软件。这类软件的共同特点是,它可以满足不同营运状况的企业或其他单位的需要,可让用户通过进行适合于自身情况的初始化设置,使软件适用于处理个别的业务,因而突破了空间和时间上的局限。

定点开发财务软件也称专用财务软件,是指仅适用于处理个别单位会计业务的财务软件。这类软件会受到空间和时间的限制,即只能在个别单位的一定时期内使用。

(二)按软件提供方式划分

财务软件按提供方式可分为商品化财务软件和非商品化财务软件。

商品化财务软件是指为销售而开发的财务软件,它是以商品形式提供给用户的。商品化财务软件具有通用性强、初始化工作量大、系统庞大、对硬件环境的要求高等特点。

非商品化财务软件则是用户为满足自己业务处理的需要而开发的财务软件，或由业务主管部门开发后提供给下属单位使用的财务软件。

从软件的通用性来看，商品化财务软件一般是通用财务软件，而非商品化财务软件一般属于专用财务软件或小范围通用软件。

(三)按提供信息的层次划分

财务软件按提供信息的层次可分为核算型财务软件和管理型财务软件。

核算型财务软件是指专门用于完成会计核算工作的应用软件，主要功能包括对账务、工资、固定资产、成本、应收款、应付款、存货、往来账款等内容的核算以及对会计报表的处理。

管理型财务软件是对核算型财务软件功能的延伸，它在全面核算的基础上突出或强化了会计在管理中的监督控制作用。

三、财务软件的功能

(一)主要功能

主要功能包括完成会计业务的一般工作，正确处理会计业务流程，填制会计凭证，登记会计账簿，输出财务会计信息等。一般的商品化财务软件，主要功能齐全，无论是账务处理还是其他子系统，都具有输入、处理与输出功能，但格式和处理方法各有不同。

(二)辅助功能

辅助功能是指为主要功能的实现提供辅助的功能，如提示、帮助、引导、全屏编辑、辅助计算器等一切有利于用户使用软件系统的功能。

(三)服务与控制功能

服务功能是为了保障会计信息系统的正常运行而设置的必要功能，如创建索引文件、恢复被破坏的数据、清理存储空间等功能。控制功能主要是完成内部控制在会计信息系统中的任务，制约会计信息系统按规范的、正确的会计工作流程进行处理，并防止非法和错误的输入、输出以及其他操作处理。控制功能越丰富，系统安全性越高，系统正常运行越有保障。

课堂思考

企业在选择财务软件时应考虑哪些因素？

本章小结

从会计信息系统的演变规律和发展趋势可知，目前公认的会计信息系统，指的是计算机会计信息系统，它与手工的会计信息系统在数据处理方式、数据处理流程、内部控制方式以及人员构成和工作组织体制等方面有着明显区别。会计信息系统主要由财务系统、购销存系统和管理与决策系统组成，每个系统又可以进一步分解为若干子系统。通过将会计信息系统的信息融入 ERP 系统的集成环境中，能够使计划、预算、监控、分析的触角延伸到企业各个职能部门的最末端，从而为企业的整体运作提供更大的决策支持。会计信息系统的核心是财务软件，不同的财务软件有不同的特点和适用范围，企业应根据自身管理水平和业务特点来选择。

第二章 系统管理

学习目标

通过本章学习，要求掌握在系统管理中设置操作员及其权限、建立账套的方法；熟悉账套的备份与恢复方法；了解年度账管理的内容和工作原理。

第一节　系统管理概述

如前所述，会计信息系统是由若干个子系统组成的，每个子系统下面又有若干个功能模块，这些模块共同为同一主体不同的管理需要服务，各个模块之间是相互联系、数据共享的关系，协同完成财务、业务一体化的管理。因此，这些模块之间必须具备公用的基础信息，拥有同一个账套和年度账，操作员和操作权限集中管理，共用一个数据库等。系统就要设立一个独立的系统管理模块，为整个会计信息系统下各个子系统提供统一的环境，对系统的公共任务进行统一的操作管理和数据维护。

系统管理通过账套管理和操作员权限设置来实现对总账、采购与应付管理系统、销售与应收管理系统、工资管理、存货管理、固定资产管理和报表管理系统等多个模块的统一管理。

一、系统管理的主要功能

系统管理是会计信息系统的一个公共管理平台，用于对整个系统的公共任务进行统一的管理，如账套管理、年度账管理、操作员及操作权限管理、系统安全管理等。

(一)账套管理

账套是一组相互关联的数据，每一个独立核算的企业都有一套完整的账簿体系，这一套完整的账簿体系建立在计算机财务软件系统中就被称为一个账套。账套管理主要包括账套的建立、修改、备份、恢复和删除。

(二)年度账管理

把一个账套所包含的所有数据按年份进行划分就称为年度账。年度账与账套是两个不同的概念，一个账套包含企业所有的数据，年度账包含的是一个会计年度的数据。年度账管理主要包括年度账的建立、清空、引入、输出和年度数据结转。

(三)操作员及操作权限管理

为保证系统及数据的安全与保密，系统管理设置了操作员及操作权限的集中管理功能，通过这个功能的实施，既可以避免与业务无关的人员进入系统，又可以对系统所包含的各个子系统的业务处理进行协调，保证各司其职、流程畅通。操作员及操作权限管理包括设定各子系统的操作员以及为操作员分配一定的权限。

（四）系统安全管理

系统运行管理的重心就是系统的安全运行、数据的安全存储。为此，系统管理必须设置强有力的安全保障机制，如设置对整个运行过程的监控机制、清除系统运行过程中的异常任务、设备系统的自动备份计划等。

二、系统管理应用流程

企业在应用会计信息之初，首先要在系统中为企业创建一个账套核算体系，这一过程就是建账。建账过程主要分为设置用户、创建账套、操作员赋权三个步骤。

为了加强总体控制，系统要设置一个系统管理员（admin），用于管理该系统中的所有账套。以系统管理员身份进入系统，可以实现对整个系统的管理和维护，包括进行账套的建立、引入、输出、操作员及权限的设置、系统维护等工作。系统管理员只能进入系统管理模块，不能进入建立的具体账套中。以账套主管的身份进入系统，可以实现对所主管的账套进行修改和管理，包括年度账的建立、清空、引入、输出和年末结账。账套主管还可以为其主管的账套设置操作员权限，既可以登录系统管理模块，也可以登录所主管的账套，进行账务处理。

第二节　操作员及权限管理

操作员及权限管理主要包括操作员管理（增加、修改、删除和注销）和权限管理（账套主管权限设置、权限分配管理、权限转授控制等）两部分。

一、操作员管理

通常，在企业财务管理软件系统中的系统管理员拥有该系统的全部操作权限。因此，只有系统管理员才有权限建立和管理操作员。操作员管理主要包括以下内容：

（一）增加操作员

（1）操作员编号：用来标志所设置的操作员，必须指定且该编号必须唯一。

（2）操作员姓名：是各个操作员登录各子系统时的用户名，不能为空。如果有操作员重名还必须增加区别标识。一般情况下，操作员姓名应输入真实姓名。

（3）操作员所属部门：指操作员所属部门的名称。

（4）口令：操作员登录系统时使用的口令，不能为空。操作员口令，初始化时由系统管理员赋予，待其登录系统后，可以由本人进行更改。

（二）修改或删除操作员

操作员信息中的用户名和口令可以修改，也可以删除。但通常所设置的操作员用户一旦以其身份进入过系统，便不能被修改和删除。

课堂思考

什么情况下会用到“注销操作员”?

二、操作员权限管理

操作员权限管理功能是用于对已建立的操作员进行赋权或取消赋权。系统管理员和账套主管都有权设置操作员权限,但两者又有区别。系统管理员不仅可以指定或取消各个账套的账套主管,还可以对各个账套的操作员进行赋权,账套主管只能对所管辖的账套的操作员进行权限设置。

(一)设定或取消账套主管

只有系统管理员才有权限进行账套主管的设置与取消的操作。一个账套可以定义多个账套主管。系统一般默认账套主管自动拥有该账套的所有权限。

(二)增加或删除操作员权限

系统管理要对所有子系统的权限进行统一管理。一般提供按子系统分组选择权限的方式,各个权限下还有不同的明细权限可以选择。系统管理员或账套主管可以对非账套主管的操作员已拥有的权限进行删除,但所设置的操作员权限一旦被引用,就不能被修改或删除,以便留下操作痕迹。

第三节 账套管理

企业可以为其每一个独立核算的单位建立一个核算账套,即每一个核算单位都有一套完整的账簿体系,也就是说,在计算机系统可以建立多个账套,各账套之间相互独立,互不影响。账套管理主要包括核算账套的建立、修改、备份、恢复和删除。

一、建立账套

(一)建立账套向导

设置操作员后,在正式运行系统之前,首先应该为本单位建立一个账套,只有系统管理员才拥有建立账套的权限。建立账套的过程可以分成以下四个步骤:

(1)输入账套信息,主要包括账套号、账套名称、账套存放路径、启用账套的会计日期。其中:账套号(或称账套代码)是区别不同账套的编号,代码不能重复,每个账套只能用一个账套代码表示;账套名称是与账套代码有对应关系的核算单位的名称,一般可输入核算单位的简称或特定的编号;账套存放路径,是指新建账套所存放在计算机系统中的位置,通常系统核算数据都存储在计算机系统某一指定目录下的数据库文件中,有些财务软件会指定某一路径为系统路径,用户不能修改;启用账套的会计日期是指新建账套被启用的会计核算日期,在第一次初始设置时设定,而且一旦设定将不能更改,一般的财务软件都按照国家统一会计制度的规定划分会计期间。

(2)输入单位信息,主要是本单位的基本信息,包括单位名称、单位简称、单位地址、法人代表、邮政编码、电话 、传真、电子邮箱、税号、备注。

(3)输入核算信息,用于记录本单位的基本核算信息,包括记账本位币代码、记账本位币名称、账套主管、行业性质、企业类型等。

(4)输入基础信息,主要包括对存货、客户、供应商是否进行分类管理。如果企业存货种类繁多,客户、供应商也较多,则要选择分类,否则选择不分类,直接设置存货、客户和供应商档案。

(二)分类编码方案

编码方案设置是对企业关键核算对象进行分类级次和各级编码长度的指定,以便于用户进行分级核算、统计和管理。系统管理对基础数据的编码进行分级设置,主要有存货分类编码、客户分类编码、供应商分类编码、收发类别编码、部门编码、结算方式编码、地区分类编码、成本对象编码和科目编码。

编码级次和各级编码长度的设置将决定用户单位如何编制基础数据的编号。

系统管理对编码级次和各级编码长度的设定,取决于核算单位经济业务的复杂程度。如用友软件将科目编码级次最大限制为六级十五位,假如某单位将科目编码设为4-2-2-2-2,则科目编码时一级科目编码是四位长,二至五级科目编码均为两位长。

(三)数据精度

为了适应各用户单位对数量、单价的核算精度的不同要求,系统管理提供自定义数据精度的功能,主要包括存货数量小数位、存货单位小数位、开票单价小数位、件数小数位和换算率小数位,用户可以根据需要进行设置。

知识链接

企业或核算单位在财务管理软件中创建账套之前,必须对手工方式下核算管理的相关信息进行科学合理的处理,在此基础上设计出适合财务管理软件处理要求的账套核算信息,并按照财务管理软件系统的要求依次录入计算机系统,财务管理软件系统会按照所输入的核算信息自动为单位建立一套符合核算单位要求的账簿体系。

二、账套修改

账套建立完成后,在未使用相关信息的基础上,可以根据业务需要,对某些已设定的内容进行调整。当系统运行一段时间后,如果发现账套的某些参数需要重新设置,也需要对已建立的账套进行修改。只有账套主管才有权限修改相应的账套,也并不是账套的所有信息都能修改。

课堂思考

一般情况下,哪些账套的信息不能修改?为什么?

三、账套的引入和输出

账套的引入功能就是将系统外某账套数据引入本系统中。引入功能特别有利于集团公司的操作,通过它子公司的账套数据可以定期被引入母公司系统中,便于进行有关账套数据的分析和合并工作。在建立账套时就应该为子公司规划好不同的账套号,避免引入子公司数据时因为账套号相同而覆盖其他账套的数据。

账套的输出功能是将所选的账套数据进行备份，既可以备份在硬盘上，也可以备份在外部存储设备上。其目的是为了保障数据安全，一旦系统内部数据由于主客观原因而导致损坏，可以通过恢复最近一次备份的内容及时恢复到上一次备份的水平，从而保证企业日常业务的正常进行。同时，为了内部牵制的需要，系统管理员拥有建立账套、引入和输出账套的权限，而修改账套的权限赋予账套主管。

知识链接

在计算机会计核算系统中常用AB备份法进行数据备份。基本做法是：每年度准备A、B两组不同的外部存储设备，并分别存放。假如A组先用作备份，那么B组可用作下一次的备份，两次备份的时间间隔根据具体情况制定。当硬盘数据发生损坏时，可使用A组设备恢复到最新状态，如果A组设备也遭到破坏，还可以用B组设备恢复到最新状态。AB备份法可以有效提高计算机核算系统数据的安全系数。

第四节　年度账管理

用户可以建立多个账套，每个账套中也可以存放不同年度的会计数据。对不同核算单位、不同时期数据的操作只要通过设置相应的系统路径即可。年度账管理主要包括年度账的建立、清空、引入、输出和年度数据结转。

1. 建立年度账

由账套主管进入系统后选定账套，直接建立年度账即可，由系统自动建立会计年度是所选账套当前会计年度加1的年度。

2. 引入和输出年度账

年度账的引入和输出与建立账套中的引入和输出基本一致，作用在于对数据的备份与恢复，区别在于年度账操作中的引入和输出不是针对整个账套，而是针对账套中的某一年度的年度账进行的。为了区分这两种不同类型的备份文件，系统会用特定的文件名称或扩展名来进行标识。

3. 结转上年数据

在会计假设中企业是持续经营的，因而会计工作也是持续不断进行的，每到年末，在启用新年度账时，就需要将上年度的相关账户的余额及其他信息结转到新年度账中。如果企业管理信息系统涵盖了财务、业务等多个模块，进行年度数据结转时还要注意先后顺序。

4. 清空年度账

如果年度账中错误太多，或者不希望将上年度的余额或其他信息全部转到下一年度，就可以使用清空年度数据的功能。“清空”并不是指将年度账的数据全部删除，而是还要保留一些信息的，如账套基础信息、系统预置的科目报表等。保留这些信息主要是为了方便用户使用清空后的年度账重新做账。

课堂思考

如果企业管理信息系统涵盖了采购系统、销售系统和应收应付系统，各系统间结转上年数据的顺序如何？

本章小结

会计信息系统是由若干个子系统组成的，每个子系统下面又有若干个功能模块，这些模块共同为同一主体不同的管理需要服务，各个模块既有各自独立的功能，又是相互紧密联系的，并且共用一个数据库，具有公共的基础信息，拥有相同的账套和年度账。为了实现财务业务一体化的集成运行，必须为系统提供一个统一的运行环境。系统管理就是这样一个对整个会计信息系统中各个子系统具有的基础信息进行设置和对各个子系统的公共任务进行统一管理的子系统。

系统管理子系统的基本功能有账套管理、年度账管理、操作员和操作权限管理、系统安全管理等。

第三章 账务处理系统

学习目标

通过本章学习，了解账务处理系统的定义、目标、特点以及数据流程、功能结构。理解并掌握账务处理系统的初始化设置，比如账套参数设置、会计科目设置、凭证类型设置等；账务处理系统日常业务处理、出纳管理、期末处理等内容。

账务处理系统又称总账系统，通过凭证的输入、审核、记账、对账、结账和报表输出，实现会计核算的记账、算账和报账处理。传统会计是在账务处理的基础上发展起来的，没有账务处理也就没有会计。在计算机会计信息系统中，账务处理系统仍然是一个最重要的系统。这一章在介绍账务处理系统的处理模型和数据模型的基础上，将较详尽地讨论它的功能与主要实现方法。

第一节 账务处理系统概述

账务处理系统是会计信息系统的核心，其他业务系统往往需要读取它的数据进行核算，并将处理结果以记账凭证的形式传送到账务处理系统再作处理。因此，账务处理系统不但要满足账务处理与控制的需要，而且要充分考虑与其他业务系统的数据共享需求。

一、账务处理系统的定义

在企业、行政事业单位，由于会计的主要任务是连续、正确、及时地反映和监督单位的资金流动情况，而要完成这一任务，就必须有一套完整的会计核算方法，即设置会计账户、复式记账、填制和审核会计凭证、登记和管理会计账簿、财产清查、成本计算、编制财务报表等。这其中的前四项内容，统称为账务处理。然而，在手工会计方式下并不是十分明确强调账务处理的概念，只有在会计电算化的条件下，为了加强各种会计核算方法之间的联系，同时也便于计算机进行数据处理，才把账务处理作为一个单独的系统来设计并进行管理。因此，我们就把专门用来完成账务处理工作的计算机软件系统统称为账务处理系统或总账系统。

账务处理系统是以凭证为原始数据，通过对凭证的输入和处理，完成记账、结账、银行对账、账证表的查询和打印、系统服务和系统管理等账务处理工作。

二、账务处理系统的目标

(1)及时、准确地输入各种凭证,保证会计信息输入的及时、正确和全面。
(2)保证会计信息处理的高效、准确。
(3)建立账务处理系统与其他系统的数据接口,实现会计信息的及时传递和数据共享。
(4)随时输出某会计科目的余额和发生额的信息,及时提供各个会计期间的各种账表。

三、账务处理系统的主要特点

计算机账务处理系统是建立在会计循环和会计恒等式基础上的一个通用系统,其数据源仍然是过去发生的、能以货币形式计量的数据,具体有以下主要特点:

(一)综合性强

账务处理系统以货币为主要计量单位,对供、产、销等经营环节的所有方面综合、全面、系统地反映,在整个会计核算系统中处于核心地位。其他核算子系统只是分别侧重于某一经营环节或某类经济业务的核算和管理,其数据必须经过加工处理,是对账务处理系统所需数据的预处理;同时,这些数据又都必须传输到账务处理系统进行汇总并处理。因此,账务处理系统具有很强的综合性和概括性。该系统除了处理各核算系统传输的数据外,还要把某些数据传送给其他子系统供其使用。账务处理系统成为整个会计核算系统数据交换的桥梁,它把其他各个子系统有机结合在一起,形成了一个完整的电算化会计核算系统。

(二)规范性强

账务处理系统输出的会计信息主要集中反映企业的各项经济活动,是单位内部管理阶层的决策依据,同时也为财政、税务、审计、投资者等外部信息使用者提供有用的信息。因此,要求账务处理系统必须严格按照公认的会计准则及规定的会计科目、报表编制要求来组织其数据体系,必须保证账务处理系统的正确性,保证结果的真实性,保证账簿文件的规范性。而其他核算系统则可以根据企业的管理要求和核算要求,在符合会计准则的前提下,根据不同用户的管理要求和核算要求,自行处理经济业务并核算。

第二节　账务处理系统的功能结构

一、手工环境下账务处理的流程分析

手工环境下,为了减轻财会人员记账的工作量,规模不同、业务量不同和业务性质不同的企业有可能采用不同的账务处理流程(也可以称为会计核算组织程序)。概括起来说,手工环境下主要有以下几种账务处理形式:

(1)记账凭证核算形式;
(2)科目汇总表核算形式;
(3)汇总记账凭证核算形式;
(4)日记总账核算形式;
(5)多栏式日记账核算形式。

不同的账务处理形式有不同的流程,其差别主要体现在登记总账的方法和依据不同。由

于科目汇总表核算形式在各类企事业单位中最为常见，现给出其业务处理流程如图 3－1 所示，并进行简要分析。

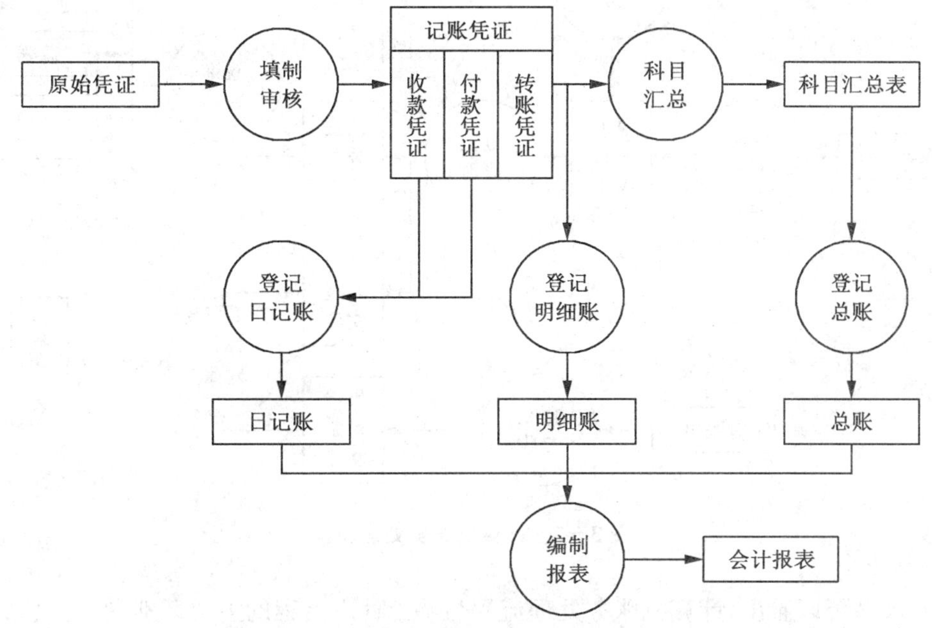

图 3－1　手工环境下科目汇总表核算形式流程

手工环境下科目汇总表核算形式主要包括以下四个处理步骤：

(1)编制记账凭证。财会人员将原始凭证进行收集、整理、汇总，并根据原始凭证或原始凭证汇总表编制记账凭证(包括收款凭证、付款凭证、转账凭证)。

(2)登记各种日记账和明细账。出纳根据收款凭证和付款凭证，登记现金日记账和银行存款日记账，有关会计人员完成各种明细账的登记工作，如应收和应付账款明细账、材料明细账、辅助材料明细账和低值易耗品明细账、费用明细账等。

(3)登记总账及结账。会计人员根据记账凭证定期(根据经济业务数量的多少确定时间间隔)汇总编制科目汇总表，根据科目汇总表登记总分类账并于月末结账。

(4)编制会计报表。月末财会人员根据日记账、明细账、总账中的数据编制各种财务报表，提供给会计信息的使用者。

二、计算机环境下账务处理的流程分析

手工环境下，根据原始凭证编制记账凭证，然后将记账凭证上的信息登记到各种账簿中，期末结账后，才能编制财务报表。因此，手工环境下的账务处理存在一些缺陷，比如数据大量重复、信息提供不及时、准确性差、工作强度大等。

计算机在会计工作中的应用，可以很好地解决手工环境下账务处理工作存在的问题。正是由于计算机具有强大的计算功能和自动处理功能，我们可以设计出适合计算机、效率更高、处理方式更合理的账务处理系统。目前，众多的会计软件公司设计的商品化的账务处理系统虽然各有不同，但其原理基本相同，如图 3－2 所示。

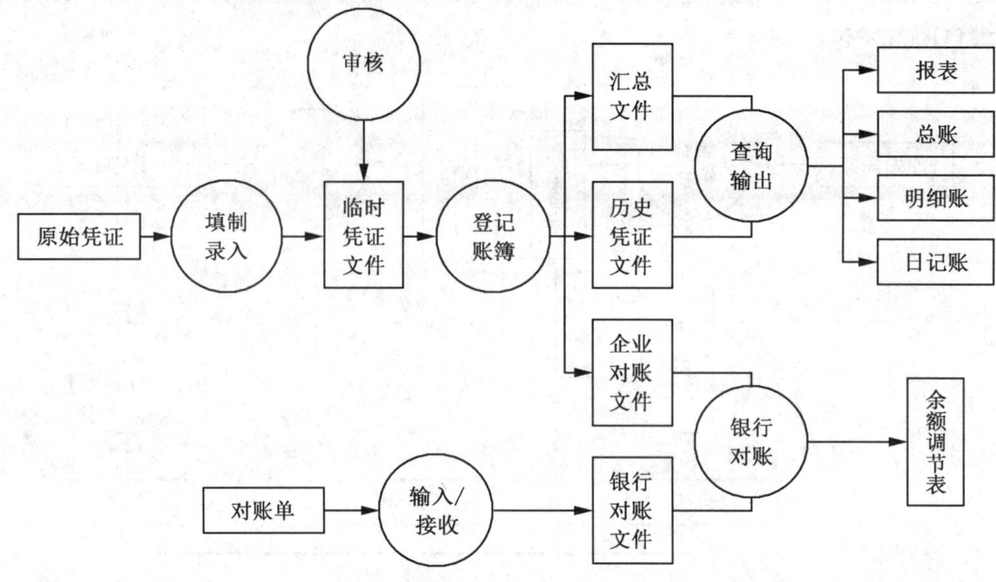

图 3—2 计算机账务处理流程

从图 3—2 可以看出，计算机账务处理流程与手工处理流程的主要区别在于汇总文件的作用与报表的编制依据。手工环境下必须在会计期末结完账后才能得到汇总数据，才能据以编制财务报表，而计算机账务处理流程则在本质上彻底摆脱了手工会计核算形式的束缚：第一，利用计算机快速处理数据的特点，将大部分数据存储改为数据流，即以快速的数据加工取代中间数据的大量存储；第二，变分散处理为实时处理，即利用计算机的快速处理能力，将手工核算的长时间、分步骤的核算过程视为可瞬间完成的计算机程序运行的过程；第三，变分工协作为集中处理，即不需要考虑采用分工协作方式来分散工作量的问题。

三、账务处理系统的功能结构

根据账务处理系统的数据流程和它的主要任务，按照结构化设计的思想，可以将它分解为图 3—3 所示的功能结构。但限于篇幅，功能结构图还没有细化到程序模块的程度，而且也没有给出功能模块间的通信即信息传递关系。

四、账务处理系统与其他系统的关系

账务处理系统是会计信息系统的核心，成本、报表、财务分析等多个系统需要读取账务处理系统的数据进行处理，而应收、应付、薪资、固定资产、存货、成本、资金等系统则将处理结果汇总生成记账凭证，送到账务处理系统记入总分类账。此外，账务处理系统还与其他系统共享编码原则、存货分类、存货档案、部门档案等基础数据。了解总账系统与其他系统之间的关系，可以进一步明确岗位责任，划清业务界限。

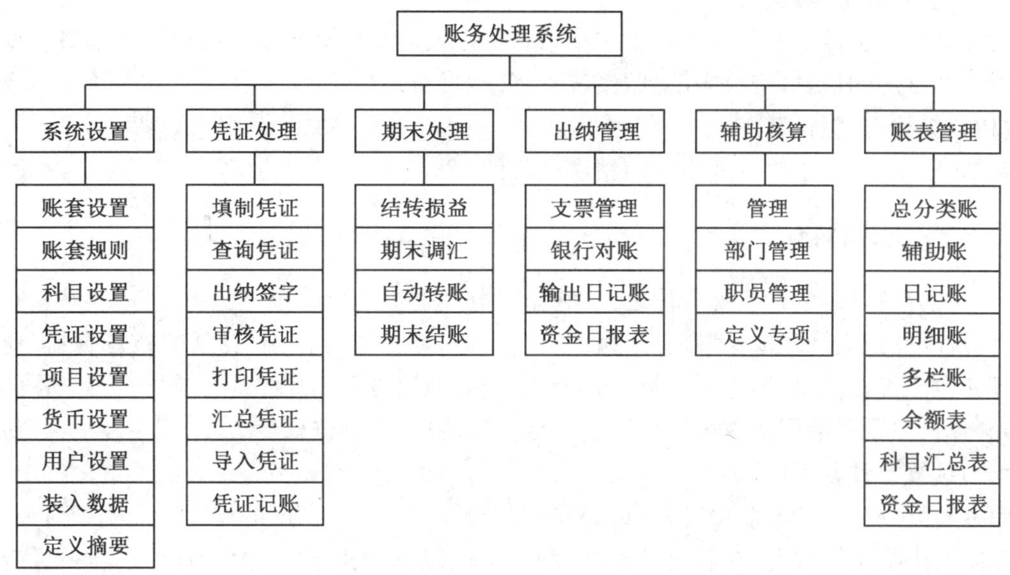

图 3—3　账务处理系统功能结构

第三节　账务处理系统的初始化

系统初始化是指从手工会计系统转化成计算机会计系统，或从旧的计算机会计系统转化成新的计算机会计系统所做的有关初始性工作。系统初始化工作是使用计算机会计软件的一项基础工作，只有完成了初始化工作，才能用会计软件进行日常的会计处理。因此，初始化工作在使用计算机会计软件过程中占有非常重要的地位，这项工作的好坏直接影响到能否顺利开展计算机会计信息系统工作及其质量，必须加以正确对待。

账务处理系统初始化的内容包括设置系统参数、会计科目、外币及汇率、凭证类别、结算方式、分类定义、编码档案、录入期初余额及设置操作员明细权限。

一、设置系统参数

系统启用后，如果默认账套参数与实际需要不符，用户应根据实际情况，通过设置“账务处理系统选项”，正确选择适合本单位的各种参数，以达到会计核算和财务管理的目的。

在“账务处理系统”窗口中，单击“设置”菜单中的“选项”，打开选项对话框，其中包含“凭证”“账簿”“会计日历”“其他”四张选项卡。

(一)“凭证”参数设置

包括“制单控制”“凭证控制”“凭证编号方式”“外币核算”“预算控制”“权限控制”等相关参数的设置。

(二)“账簿”参数设置

主要是对打印方式和格式的设置，包括“明细账(日记账、多栏账)打印方式”“凭证、账簿套打”“明细账查询权限控制到科目”“制单、辅助账查询控制到辅助核算”等相关参数的设置。

(三)"会计日历"参数设置

系统自动将会计期间的开始日期和结束日期以及启用会计年度和启用日期列表。此处只能查看会计日历的信息,修改需要到"系统管理"中进行。

(四)"其他"参数设置

包括"数量、单价小数位及本位币精度""部门、个人、项目排序方式"等相关参数的设置。

二、设置会计科目

建立会计科目是会计核算方法之一,它用于分门别类地反映企业经济业务核算资料,为填制会计凭证、登记会计账簿、编制会计报表奠定基础,便于提供详细、总括的核算资料,便于经营管理者做出经营决策,制定经营目标。因此,会计科目设置的完整性影响着会计工作的顺利实施,会计科目设置的层次深度直接影响会计核算的详细、准确程度。

(一)设置会计科目的原则

财务软件中采用的一级会计科目,必须符合国家统一会计制度的规定。而明细科目,各使用单位则可根据实际情况,在满足核算和管理要求以及报表数据来源的基础上,自行设定。具体设置原则如下:

(1)会计科目的设置必须满足会计核算与宏观管理和微观管理的要求,在会计核算时,资产、负债、所有者权益、成本、损益等各类科目中所有可能用到的各级明细科目均需设置。

(2)会计科目的设置必须满足编制财务会计报告的要求,凡是报表所用数据,需要从账务处理系统中取数的,必须设立相应的科目。

(3)会计科目的设置必须保持科目与科目的协调性和体系完整性,不能只有下级科目而没有上级科目,既要设置总账科目又要设置明细科目,用来提供总括和详细的会计核算资料。

(4)会计科目要保持相对稳定,会计年度中不能删除,如果已经使用,则不能增设下级明细科目。会计科目名称的设置,一级会计科目名称按国家会计制度的规定设置,明细科目的名称要通俗易懂,具有普遍的适用性。

(5)设置会计科目要考虑到与子系统的衔接。因为在账务处理系统中,只有末级会计科目才允许有发生额,才能接收各个子系统转入的数据,因此,要将各个子系统中的核算大类设置为末级科目。

(二)会计科目编码设计

在计算机应用于会计之前,人们就提出了会计科目的编码问题。用代码表示会计科目可以简化业务处理,提高查询和记账速度。在计算机应用于会计工作后,对会计科目进行编码更成为一项必不可少的工作,对会计科目进行编码化处理是计算机账务处理的前提。

1. 会计科目编码设计的意义

(1) 保证会计科目的唯一性。用一个代码唯一标识一个会计科目,可以避免产生歧义。

(2)简化会计数据的表现形式。对会计科目进行编码后,每个会计科目有唯一的科目代码,用代码表示既可表明会计科目,又可判断科目的属性和科目的级别。因此,使用会计科目编码可以简化会计数据的表现形式,有利于会计数据的输入、处理、存储和传输。

(3)有利于计算机分类、检索,加快计算机的运行处理速度。对会计科目进行编码后,计算机对数据编码的识别比文字要快得多,在记账、汇总和输出中运行的效率和精度都会大大提高。

2. 会计科目的编码设计方案

设计会计科目时，通常将会计科目编码分成若干段，每一段有固定位数，每一段表示不同的明细科目，每一段按照一定的标准进行顺序排列。会计科目编码的段数和每段的长度构成了会计科目编码结构。如 4-2-2-2-2 结构，表示会计科目编码结构最多可设置五级，一级科目长度为 4 位，二到五级科目长度均为 2 位，级长为 12 位。会计科目编码结构一旦确定，日常会计核算不得随意修改，避免造成系统混乱。对于所有的一级会计科目，财政部在制定企业会计准则及其指南时已经做出编码规定，如表 3—1 所示。

表 3—1　会计科目名称和编码

编码	会计科目名称	编码	会计科目名称
	一、资产类		二、负债类
1001	库存现金	2001	短期借款
1002	银行存款	2101	交易性金融负债
1012	其他货币资金	2201	应付票据
1101	交易性金融资产	2202	应付账款
1121	应收票据	2203	预收账款
1122	应收账款	2211	应付职工薪酬
1123	预付账款	2221	应交税费
1131	应收股利	2231	应付利息
1132	应收利息	2232	应付股利
1221	其他应收款	2241	其他应付款
1231	坏账准备	2314	受托代销商品款
1321	受托代销商品	2401	递延收益
1401	材料采购	2501	长期借款
1402	在途物资	2502	应付债券
1403	原材料	2701	长期应付款
1404	材料成本差异	2702	未确认融资费用
1405	库存商品	2711	专项应付款
1406	发出商品	2801	预计负债
1407	商品进销差价	2901	递延所得税负债
1408	委托加工物资		三、共同类
1411	周转材料	3101	衍生工具
1421	消耗性生物资产	3201	套期工具
1461	融资租赁资产	3202	被套期项目
1471	存货跌价准备		四、所有者权益类
1501	持有至到期投资	4001	实收资本（股本）

续表

编码	会计科目名称	编码	会计科目名称
1502	持有至到期投资减值准备	4002	资本公积
1503	可供出售金融资产	4003	其他综合收益
1504	可供出售金融资产减值准备	4101	盈余公积
1511	长期股权投资	4103	本年利润
1512	长期股权投资减值准备	4104	利润分配
1521	投资性房地产	4201	库存股
1522	投资性房地产累计折旧		五、成本类
1523	投资性房地产减值准备	5001	生产成本
1531	长期应收款	5002	开发成本
1532	未实现融资收益	5101	制造费用
1601	固定资产	5201	劳务成本
1602	累计折旧	5301	研发支出
1603	固定资产减值准备		六、损益类
1604	在建工程	6001	主营业务收入
1605	工程物资	6051	其他业务收入
1606	固定资产清理	6101	公允价值变动损益
1611	未担保余值	6111	投资收益
1621	生产性生物资产	6301	营业外收入
1622	生产性生物资产累计折旧	6401	主营业务成本
1623	公益性生物资产	6402	其他业务成本
1701	无形资产	6403	税金及附加
1702	累计摊销	6601	销售费用
1703	无形资产减值准备	6602	管理费用
1711	商誉	6603	财务费用
1712	商誉减值准备	6701	资产减值损失
1801	长期待摊费用	6711	营业外支出
1811	递延所得税资产	6801	所得税费用
1901	待处理财产损溢	6901	以前年度损益调整

(三)建立会计科目

各单位必须根据国家会计制度的规定使用总账科目，可根据实际情况，在满足核算和管理要求以及报表数据来源的基础上，自行设定明细科目。

1. 增加会计科目

如果用户使用的会计科目基本上与所选行业会计制度规定的一级会计科目一致，则可以在建立账套时选择预置标准会计科目。这样，在会计科目初始设置时，只需对不同的会计科目进行修改、对缺少的会计科目进行增加处理即可。

如果所使用的会计科目与会计制度规定的会计科目相差较多，则可以在系统初始设置时选择不预置行业会计科目，这样可以根据自身的需要自行设置全部会计科目。

(1)科目编码

科目编码必须是唯一的，且必须按级次的先后次序建立，即先有上级科目，然后才能建立下级明细科目。一般一级科目编码按财政部规定设置，明细科目编码按照参照设置中对科目编码级次和级长的规定进行设置。

(2)科目名称

科目名称是证、账、表上显示和打印的标志，是企业与外部交流信息所使用的标志。输入科目名称时，应尽量避免重名，以免影响科目运用的准确性。

(3)科目类型

按会计科目性质对会计科目进行划分。

(4)账页格式

规定每个科目的会计账页格式，账页格式一般有金额式、外币金额式、数量金额式、数量外币式等种类。当某科目只进行本位币(人民币)核算时，可选用“金额式”账页，这种账页只反映本位币的会计数据；如果某科目在进行本位币核算时，同时有数量辅助核算要求，则应选用“数量金额式”账页，这种账页能同时给出某科目本位币金额和相对应的数量发生额；如果某科目为外币核算科目，应选择“外币金额式”账页，这种账页能同时反映某账户的本位币和相应的外币发生额；如果某科目在进行外币辅助核算的同时，也进行数量辅助核算，这时该科目的账页格式应选择“数量外币式”，这种账页能同时给出该科目的外币及数量发生额。

(5)助记码

用于帮助记忆科目，一般可用科目名称中各个汉语拼音的头一个字母组成。例如，库存现金，其助记码可用 KCXJ，这样在制单或查账中如果需要用到“库存现金”科目，就可以输入 KCXJ，不必录入汉字，可以加快录入速度，也可以减少汉字录入量。

(6)辅助核算账类

设置会计科目是账务处理系统初始化过程中最重要的一项工作，会计科目设置的好坏，直接关系到日后核算工作的顺利、正确。在计算机系统设置会计科目，不应是手工会计科目的简单照搬，应该结合自身单位的业务特点和核算要求，对原有的手工会计科目进行优化调整，充分发挥系统提供的辅助核算功能，深化、强化企业的核算和管理工作。要做到这一点，就必须弄清楚科目的辅助核算账设置原理与工作原理。辅助核算账类，类似于手工会计业务中各种各样的备查账。所谓辅助核算功能，是指当一笔经济业务发生后，在进行记账处理时，不但要记入总分类账、明细账等正式账簿，还要求记入相应的辅助核算账簿。开设辅助核算账簿能起到较好的管理作用，但随着辅助账簿的建立，财务人员的初始化工作量将相应增加。

在账务处理系统中采用辅助核算功能，不但能简化科目结构、减少科目数量，而且还能方便地对一些特殊核算对象进行横向或纵向统计分析。这一切工作并不需要用户录入额外或重复的数据。账务处理系统提供的辅助核算账类功能有日记账辅助核算、银行账辅助核算、部门收支辅助核算、项目辅助核算。

①银行、日记、数量及外币核算账类的原理及作用

日记账核算用于标注需要生成日记账形式账簿的会计科目。在设置会计科目时，若某一

科目被设置为日记账，系统就认为该科目有进行登记日记账核算的要求，当该科目有经济业务发生，在记账时，不但要将发生额记入总分类账、明细账，还要登记相应的日记账。在日常账簿查询时，不但能以总账、明细账的形式对该科目进行查询，还能以日记账的形式对该科目发生的经济业务予以反映。在一般企业中，必须设日记账进行核算的科目有库存现金和银行存款。

银行账用于对某一科目登记待核银行账的处理。银行存款类科目有特殊的核算要求，需要定期将其发生的经济业务（各种银行票据的收支）和银行递交的银行存款对账单进行核对，借以生成银行存款余额调节表。当工商银行存款科目被设置为银行辅助核算账后，该科目发生经济业务，在填制凭证时，系统会要求用户输入结算方式和结算号。记账时，不但要将该笔经济业务记入总分类账、明细账，而且还要将结算方式、结算号、金额、方向、业务日期等内容记入“待核银行账”，等待与银行对账单进行核对。

如果某一会计科目要进行某币种的核算或数量核算，只需在建立会计科目时，在“外币名称”一栏输入相应的币名或在“计量单位”一栏输入相应的数量核算计量单位，系统即会自动为该科目设立相应的外币及数量辅助核算账。当该科目有经济业务发生，在填制凭证时，系统会要求用户确定该笔业务相应的外币信息或数量信息。在记账时，不仅要以人民币的形式登记总分类账和明细账，还要以外币的形式将该业务的外币发生额登入该科目相应的外币辅助账中。如果该科目有数量核算要求，填制凭证时，系统会要求用户确定相应的数量发生额，在记账时不仅以金额的形式记入总账和明细账，还要将数量发生额记入相应的数量辅助核算账中。数量和外币核算可同时应用，一个科目可同时进行数量和外币辅助核算。数量核算账的数量单位可以是汉字或字符，如千克、件、吨，外币核算账的币名指外币名称或代用符，如美元、US$等。

②个人往来、客户往来、供应商往来、部门辅助核算、项目辅助核算的原理及作用

个人往来是指企业与企业内部职工之间发生的往来经济业务，如销售人员的差旅费借款、私人借款等。

客户往来、供应商往来是指企业在经营过程中与企业外部单位发生的经济往来业务。

部门辅助核算适用于各种收支业务按部门进行核算的企业，如差旅费、办公费、招待费等。某些收入类科目也可按照部门进行核算，如销售收入、营业外收入等。

项目辅助核算主要用于生产成本、在建工程等业务的核算，以项目为中心为使用者提供各项目的成本、费用、收入、往来等汇总与明细情况，以及项目计划执行报告等。

当企业规模不大、往来业务较少时，可采用与手工方式一样的科目结构及记账方法，即将往来单位、个人、部门、项目通过设置明细科目来进行核算管理；而对于一个往来业务频繁，清欠、清理工作量大，核算要求严格的企业来说，应该采用账务处理系统提供的辅助核算功能进行管理，即将这些明细科目的上级科目设为末级科目并设为辅助核算科目，并将这些明细科目设为相应的辅助核算目录。一个科目设置了辅助核算后，它所发生的每笔业务将会登记在总账和辅助明细账上。有关往来管理、部门管理和项目管理将在第六节详细阐述。

知识链接

在设置辅助核算账类时，要注意：一个科目可同时设置两种专项核算，如对于管理费用，既想核算各部门的使用情况，也想了解各项目的使用情况，那么，可以同时设置部门核算和项目核算。

个人往来核算不能与其他专项一同设置，客户与供应商核算不能一同设置。辅助账类必须设在末级科目上，若只在上级科目设账类，其末级科目没有设该账类，系统将不承认。在设置辅助核算时要尽量慎重，因为如果科目已有数据，而又对科目的辅助核算进行修改，那么，很可能会造成总账和辅助账对账不平。

2. 修改会计科目

当科目属性有错误时，可以对错误属性进行修改。但是，已经使用过的末级科目不能再修改科目编码，也不能增加下级科目；非末级科目的编码不能修改或删除；已有数据的会计科目，应先将该科目及其下级科目余额清零后再修改。修改完毕后要及时将余额及凭证补上。

3. 删除会计科目

如果某些会计科目目前暂时不需要或者不适合企业科目体系的特点，可以在未使用之前将其删除。非末级科目及已经使用过的会计科目不能删除。

4. 指定会计科目

指定会计科目是指指定出纳的专管科目。系统中只有指定科目才能执行出纳签字，从而实现现金、银行存款管理的保密性，才能查看现金、银行存款日记账。被指定的“现金总账科目”及“银行总账科目”必须是一级会计科目。

三、设置凭证类别

许多企业为了便于管理或登账处理，一般对记账凭证进行分类编制，但各企业的分类方法不尽相同，可以按照本单位的需要对凭证进行分类。通常，系统会提供五种常用分类方式以供选择，包括：

(1)记账凭证；

(2)收款、付款、转账凭证；

(3)现金、银行、转账凭证；

(4)现金收款、现金付款、银行收款、银行付款、转账凭证；

(5)自定义凭证。

凭证类别设置完成后，一般在年度内不能修改或删除。某些类别的凭证在制单时对科目有一定的限制。例如：在制单时，如果凭证借方至少有一个限制科目有发生额，则可设置为“借方必有科目”，相反可以设置成“贷方必有科目”。还可以设置成“凭证必有”“凭证必无”“无限制”等属性。限制科目由用户输入，可以是任意级次的科目，科目之间用逗号分隔，数量不限，也可参照输入，但不能重复输入。

课堂思考

“凭证必无”科目属性适合哪种凭证类型设置？

四、设置结算方式

所谓结算方式，是指企业与银行进行资金结算票据的方式，如现金支票、转账支票、汇票等。在账务处理系统中，不但要由计算机生成待核银行账，还要由计算机进行银行账的自动核对。在这些过程中，结算方式、票号、票据日期等均是重要内容。要由计算机生成规范、统一、便于与银行对账单进行核对的银行账，就必须针对实际的结算方式进行明确定义。结算方式设置的主要内容包括结算方式编码、结算方式名称、票据管理标志等，结算方式最多可以分为2级。录入结算方式应注意：必须按照结算方式编码级次的先后顺序录入，结算方式的录入内容必须唯一，票据管理的标志可以根据实际情况选择是否需要。

五、定义外币及汇率

汇率管理是专为外币核算服务的。在此可以对本账套所使用的外币进行定义，以便在制单或进行其他有关操作时调用。当汇率发生变化时，应预先在此进行定义，否则，制单时不能正确录入汇率。使用固定汇率的单位，在填制每月的凭证前，应预先录入该月的记账汇率，否则将会出现汇率为零的错误；采用浮动汇率的单位，在填制当天的凭证前，应预先录入当天的记账汇率。

六、设置分类定义

关于分类定义涉及客户分类、供应商分类和地区分类，本书已在第二章系统管理中做了讲述，这里不再赘述。

七、设置科目备查簿

科目备查簿是在输入凭证时登记的某些科目的辅助明细信息，如担保、投资或项目开支等情况，以供备查之用。科目备查簿设置的内容包括备查项目档案设置和备查科目设置。

1. 设置备查项目档案

备查项目档案用于设置科目备查簿的表结构，定义表结构的字段信息。系统预置的科目备查簿含有四个字段：会计期间、凭证类型、凭证号、分录号。进入此功能后，左边是备查簿的属性信息，右边是对应表结构的字段信息。

2. 设置备查科目

备查科目设置用于定义哪些科目需要设置备查簿。

八、设置操作权限

系统对操作员的权限管理通过三个层次来实现：第一是功能级权限管理，第二是数据级权限管理，第三是金额级权限管理。其中，功能级权限分配在系统管理中已经设置完成，在这里主要完成数据级权限分配和金额级权限分配。

1. 数据级权限控制设置

必须在系统管理中定义角色或用户，并且分配完功能级权限后，才能在这里进行“数据权限分配”。

2. 金额级权限设置

金额权限设置用于设置用户可使用的金额级别，对业务对象提供金额级权限设置，如采购订单的金额审核额度、科目的制单金额额度。在设置这两个金额权限之前，必须先设定对应的金额级别。

九、期初余额的录入

为了保证会计数据的连续完整，并与手工账簿数据衔接，账务处理系统第一次投入使用前需要将各种基础数据录入系统。这些基础数据主要是各明细科目的年初余额和系统启用前各月的发生额，其上级科目余额和发生额由系统自动进行汇总。

在输入期初数据时，如果某一科目设置了辅助核算类别，还应输入辅助核算类别的有关初始余额。

1. 总账期初余额的录入

开始使用账务处理系统时，应先将各账户的当年 1 月至启用当月上一个月间的借方累计发生额和贷方累计发生额，以及启用月份的月初余额输入到账务处理系统中，系统将根据以上数据计算并显示年初余额。如果某科目为数量、外币核算，应录入期初数量、外币余额，而且必须先录入本币余额，再录入数量、外币余额；非末级科目余额不需录入，系统将根据其下级明细科目自动汇总计算填入。红字余额用负号输入。

如果企业选择某一年年初建账，各科目本年度无发生额，只需要录入各科目的期初余额，从而大大简化了数据准备工作，这正是很多企业选择年初建账的原因。

2. 辅助账期初余额的录入

在录入期初余额时，若某科目涉及辅助核算，则系统会自动为该科目开设辅助账页。相应地，在输入期初余额时，不能直接输入总账期初余额，必须调出辅助核算账，输入辅助账的期初明细。输完后，系统自动将辅助账的期初数之和记为该科目的总账期初余额。

3. 调整余额方向

在录入会计科目余额时，系统提供了调整余额方向的功能，即在还未录入会计科目余额时，如果发现会计科目的余额方向与系统设置的方向不一致，可以调整方向。这里只能调整一级科目的余额方向，且该科目及其下级科目尚未录入期初余额。

4. 试算平衡

所有期初余额输入完成后，要经过试算平衡，检验期初余额是否平衡。期初余额试算不平衡，将不能记账，但可以填制凭证；已经记过账，则不能再录入、修改期初余额。

第四节　账务处理系统的日常业务

在账务处理系统中，当初始化设置完成后，就可以开始进行日常业务处理了。日常业务处理的任务是通过输入和处理各种记账凭证、审核凭证，记账、查询和打印输出各种凭证、日记账、明细账、总分类账和各种辅助账。

一、凭证的填制

记账凭证是登记账簿的依据，是账务处理系统的起点，也是所有数据查询的最主要的来源。填制凭证是最基础和频繁的工作，在采用计算机处理账务后，电子账簿的准确与完整完全依赖于记账凭证，因此，在实际工作中，必须确保准确、完整地输入记账凭证。

在账务处理系统中，记账凭证的来源有三种：一是根据审核无误的原始单据直接在计算机上编制记账凭证，或是由人工编制记账凭证，再输入计算机内；二是从其他业务系统自动传递到账务处理系统中的凭证；三是从外部导入的凭证，如凭证引入或接口开发。

（一）录入凭证

在实际工作中，记账凭证输入方式一般有两种：一种是直接在计算机上根据审核无误准予报销的原始凭证填制记账凭证；另一种是先由人工填制记账凭证，然后集中输入系统。企业采用哪种方式应根据本单位的实际情况，一般来说业务量不多、基础较好和使用网络版的企业可采用第一种处理方式，而在第一年使用或人机并行阶段时，比较适合采用第二种处理方式。

记账凭证一般包括五部分：一是凭证头部分，包括凭证类别、凭证编号、凭证日期和附件张数等；二是凭证的基本内容部分，包括摘要、科目、借贷方向和金额等；三是附注和辅助账类信息，包括银行类科目的结算单据票号、结算方式、结算日期、数量金额式科目的数量和单价等；四是辅助类科目的备注信息，包括项目、部门、个人、客户、业务员等；五是操作员信息，包括记账人、审核员、出纳和制单员等。

1. 输入凭证头部分

填制记账凭证时，应先完成凭证头部分的录入。此项操作对于录入各种类型的凭证，其操作步骤都是类似的。

(1)输入凭证类别，即初始设置过程中所确定的凭证类别。可以直接输入凭证类别代码或名称，也可以在凭证类别下拉列表框中选择所需的凭证类别。

(2)输入凭证编号。有两种方法可以确定凭证编号：一种方法是系统自动编号。计算机自动按凭证类别按月对凭证进行顺序编号，对于网络应用模式，如果是几个操作员同时填制凭证时，在凭证的右上角，系统提示了一个参考凭证号，真正的凭证编号只有在凭证已填制并经保存完毕后才能正式给出，如果只有一个操作员在制单或在使用单机应用模式下，在制单时凭证右上角显示的凭证号，就是正在填制凭证的正式编号。第二种方法是手工编号。由手工直接录入凭证编号，系统将不会自动给定编号。

(3)输入填制凭证的日期。制单日期是指填制记账凭证的日期，凭证日期的正确性影响到经济业务在明细账和日记账中的顺序，所以，日期应随凭证号递增而递增，但不能超过当前系统日期。凭证日期应大于等于系统启用日期，小于等于当前系统日期。

(4)输入附件张数，即本张凭证所附有的原始凭证张数。

2. 输入凭证的基本内容部分

凭证头部分完成后，接下来输入凭证正文部分，这是填制凭证的重要环节，企业应根据具体经济业务内容，采用不同的方式填制凭证，而且每张凭证要求借贷平衡。

(1)摘要。输入本笔分录的业务说明，要求简明扼要，不能为空。许多账务处理系统提供了预先定义常用摘要(录入摘要时直接录入代码或简码)的功能，以方便用户输入摘要。

知识链接

企业在处理日常业务数据时，在输入单据或凭证的过程中，因为业务可能会重复发生，经常会有许多摘要完全相同或者大部分相同，如果将这些常用摘要存储起来，在输入单据或凭证时随时调用，必将大大提高业务处理效率。因此，许多账务系统软件都设有常用摘要库，用户可以将经常使用的摘要建立到摘要库中，以便在输入记账凭证时快速输入业务摘要。摘要库通常包括两个主要内容：摘要代码和摘要内容。调用常用摘要可以在输入摘要时直接输入摘要代码或参照输入。

(2)科目。必须输入最末级科目。输入会计科目有以下几种方法：一是直接输入末级会计科目；二是输入科目编码，系统自动转换为科目名称；三是输入科目的助记码，系统自动将助记码转换为科目名称；四是点击参照标志，系统自动弹出会计科目参照窗，即利用参照功能输入会计科目。

(3)金额、方向。借方、贷方金额是指本位币金额,金额不能为0,但可以为负数,表示红字金额。系统会对每笔分录的金额进行平衡校验,确保借贷相等。

3. 输入辅助账类信息、辅助类科目的备注信息

当会计科目有辅助核算要求时,在录制凭证分录过程中,系统会弹出辅助核算项窗口,要求输入辅助核算内容。在填制凭证过程中,对于系统提问的内容,如果不输入也允许继续操作,并没有出错提示,但这样就失去了建立辅助核算账簿的意义,在以后的查询中就得不到完整数据。因此,应认真对待辅助信息的录入。

(1)"银行科目"的辅助信息录入。当输入的科目为银行类科目时,要求输入对应的结算方式、票号和发生日期,这些信息在进行银行对账时使用。

(2)"外币科目"的辅助信息录入。当输入的科目有外币核算要求时,系统自动将凭证格式改为外币式,并要求输入外币金额和记账汇率,并以外币金额和记账汇率的乘积作为记账本位币金额自动填入借方或贷方金额栏内。

(3)"数量科目"的辅助信息录入。当输入的科目有数量核算要求时,要求输入数量和单价。系统根据"数量×单价"自动计算出金额,并将金额先放在借方,如果方向不符,可将光标移动到贷方,按空格键即可调整金额方向。

(4)"部门核算科目"的辅助信息录入。当输入的科目有部门核算要求时,要求输入部门。

(5)"个人往来科目"的辅助信息录入。当输入的科目有个人往来核算要求时,要求输入部门、个人、票号和发生日期。

(6)"客户往来核算科目"和"供应商往来核算科目"的辅助信息录入。当输入的科目有客户或供应商往来核算要求时,要求输入客户或供应商、业务员、票号、发生日期。

(7)"项目核算科目"的辅助信息录入。当输入的科目有项目核算要求时,要求输入部门、项目名称等。

4. 操作员信息

操作员信息是系统根据登录时的操作员自动生成的,不需要录入。

凭证全部输入完毕后,应保存凭证。在保存凭证时,系统会自动校验本张凭证借贷方金额是否平衡,如果不平衡,系统将提示并不予保存此凭证。凭证一旦保存,其凭证类型、凭证编号将不能修改。

5. 常用凭证设置

在单位中,会计业务都有其规范性,因此,在日常填制凭证的过程中,经常会有许多凭证完全相同或部分相同,如果将这些常用的凭证存储起来,在填制会计凭证时可以随时调用,必将大大提高业务处理的效率。常用凭证设置是为提高填制凭证的效率而设置的功能。所谓"常用凭证",实际上是设置一个凭证模板,在此模板中将日常发生频繁的业务凭证的摘要,对应科目预先进行定义,在填制记账凭证时,使用相应的操作键调出凭证模板,填入各科目的发生额,即可快速形成一张记账凭证。需要注意的是,常用凭证设置中的凭证编号是该常用凭证模板的编号,是这张凭证模板使用的,它不是记账凭证的编号。根据常用凭证模板生成的记账凭证的编号是在生成记账凭证时,由计算机系统根据编制月凭证的情况自动给出的。

(二)修改凭证

凭证输入时,尽管在填制凭证时系统提供了多种控制错误的措施,但仍然不可避免地会出现错误。如果在填制或审核凭证时发现凭证有误,则可以借助系统提供的功能对错误凭证进行修改。在计算机账务处理系统中,对错误凭证的修改要严格按照会计制度的要求进行。对

不同状态下的错误凭证,要求采用不同的修改方式。

1. 错误凭证的"无痕迹"修改

"无痕迹"修改是指不留下任何曾经修改的痕迹。以下两种状态下的错误凭证可实现无痕迹修改:一是对已经输入但未审核的错误凭证,通过凭证的编辑输入功能直接进行修改或删除,但凭证编号不能修改;二是对已经过审核但未记账的错误凭证,可以先取消审核,然后再通过凭证的编号输入功能进行修改。

2. 错误凭证的"有痕迹"修改

"有痕迹"修改是指通过保留错误凭证和更正凭证方式,留下曾经修改的线索和痕迹。如果已经记账的凭证发现有错,不能直接修改,这时对错误凭证的修改要采用有痕迹修改。修改的方法可采用红字更正法或者补充登记法。红字更正法是将错误凭证采用增加一张"红字"凭证全额冲销,然后再编制一张正确的"蓝字"凭证进行更正。如果原错误凭证是金额多计,也可采用此方法将多余的金额填写一张红字凭证冲销。补充登记法是将原错误凭证少计金额再按照原来的分录填制一张凭证,补充少计的差额。

外部其他系统传过来的凭证不能在总账系统中修改,只能在生成该凭证的系统中进行修改。

3. 作废及删除凭证

如果遇到有非法的凭证需要作废时,可在"填制凭证"窗口中单击"制单"菜单中的"作废/恢复"命令,将非法凭证作废。对于已作废的凭证,可再次单击"制单"菜单中的"作废/恢复"命令,即可取消"作废"标志,将当前凭证恢复为有效的凭证。

如果要将错误或不需要的凭证删除,可以通过"作废/恢复"功能先将其作废,然后再通过"凭证整理"功能,将不需要的凭证彻底删除。作废凭证不能修改和审核,记账时也不对作废凭证进行数据处理。

二、凭证的审核

为了保证会计事项处理正确和记账凭证填制正确,需要对记账凭证进行审核。审核凭证主要包括出纳签字、主管签字和审核凭证三方面的工作。

(一)出纳签字

会计凭证填制完成之后,如果该凭证是出纳凭证,且在系统"选项"中选择了"出纳凭证必须经由出纳签字",则应由出纳核对签字。

由于涉及企业现金的收入和支出,应加强对出纳凭证的管理。出纳人员可以通过"出纳签字"功能,对制单人填制的带有现金和银行存款科目的凭证进行检查核对,主要核对出纳凭证中出纳科目的金额是否正确,审查认为错误或有异议的凭证,应交由填制人员修改后再核对。

凭证一经出纳签字,就不能被修改、删除,只有取消签字后,才能进行修改和删除,取消签字只能由出纳人员本人进行。

(二)主管签字

在许多企业中,为了加强对会计人员制单的管理,常采用经主管会计签字后的凭证才有效的管理模式。因此,系统提供"主管签字"的审核方式,即其他会计人员制作的凭证必须经主管签字才能记账。使用前提:在"基础设置——选项"中选择"凭证必须经主管签字"。主管签字应注意:已签字的凭证不能再签字,取消签字只能由签字人本人取消,同时签字人不能与制单人相同。

（三）审核凭证

审核凭证是审核员按照会计制度，对制单员填制的记账凭证进行检查核对，主要审核记账凭证是否与原始凭证相符、会计分录是否正确、业务金额是否与原始凭证相符等。审查认为错误或有异议的凭证，应交予填制人员修改后再核对，只有具有审核权的操作员才能进行审核操作。

凭证一经签字，就不能被修改、删除，只有取消签字后，才能进行修改和删除。取消签字只能由审核人本人进行。

凭证审核有静态审核、屏幕审核和二次输入校验三种方法。

1. 静态审核

静态审核是将凭证文件中的记账凭证打印出来，然后由输入人员以外的工作人员对照手工凭证进行审核。

2. 屏幕审核

屏幕审核是指计算机会计信息系统将凭证文件中的记账凭证逐张显示在屏幕上，由输入人员以外的工作人员对照手工凭证进行审核。

屏幕审核的方式分为单张审核和成批审核两种。所谓单张审核方式，是指凭证审核人员在审核凭证时一张一张地进行审核。这种审核方式容易发现错误，但比较麻烦，适用于对凭证录入人员所录入的凭证有理由认为有错误的情形。所谓成批审核方式，是指凭证审核人员一次审核多张凭证。这种方式比较快，但不容易发现问题，适用于对凭证录入人员所录入的凭证有理由认为完全正确的情形。

如果审核人员在审核过程中错误操作，或已经审核通过的凭证在未记账前发现错误等，此时应取消签章。取消签章是指从已经签章的凭证上抹去审核人员的姓名，使得该张凭证成为未签章的凭证。取消签章的方式也分为单张取消签章和成批取消签章两种。

3. 二次输入校验

二次输入校验是指将有关数据交于两人，分别输入计算机，然后由计算机程序自动进行数据核对，如不相等，则显示出错信息。由于这种方式需要增加相应的人力、物力，工作量大，因此，在实际工作中应用不多。

课堂思考

系统提供多种凭证审核方式的目的是什么？

三、记账

记账凭证经审核签字后，即可用来登记总账和明细账、日记账、部门账、往来账、项目账以及备查账等。记账即登记账簿，计算机账务处理中的记账过程首先是一个数据传递的过程，把经过审核签章的、要求记账的记账凭证传输到记账凭证数据库文件中，经过记账的凭证是不能被修改的。其次，把记账凭证数据库中的数据分别向各相应账户归集、汇总，以便查询和输出账簿时使用。

在计算机账务处理系统下，记账是由有记账权限的操作员发出记账命令，由计算机按照预先设计的记账程序自动进行合法性检验、科目汇总、登记账簿等操作。

(一)记账处理过程

计算机在处理记账功能时,采用向导方式,使记账过程更加明确。人工无法干预记账过程。

1. 选择记账范围

记账前,系统首先列出各期间未记账凭证范围清单,并同时列出其中的空号与已审核凭证范围,要求用户选择记账月份、类别、凭证号范围等,其中月份不能为空。

2. 合法性检验

为了防止非法操作造成数据破坏,系统自动对选择的记账凭证进行再次检验,包括检验上月是否结账、检验凭证是否都经过审核、检验凭证是否平衡等内容。

3. 数据备份

记账前,系统自动进行数据备份,保存记账前数据。记账中一旦出现意外,系统即停止记账,并自动利用备份文件恢复系统数据。

4. 正式记账

完成以上工作后,系统自动将选定的记账凭证登记到会计账簿中。企业每月可进行多次记账,采用分时、分类、分批等方式将凭证记入有关账簿。业务多的单位可每天记一次账。但需注意:(1)第一次记账时,若期初余额试算不平衡,系统将不允许记账。(2)未审核凭证不能记账。(3)有不平衡或错误凭证时,系统停止记账。(4)在记账过程中,不得中断退出。

(二)取消记账操作

许多会计软件都提供恢复记账前状态的功能。在记账过程中如果由于断电或其他原因造成记账失败,系统会自动调用"恢复"功能,以使相关的账簿文件能恢复到记账前的状态。另外,由于某种原因,记账之后发现其中某些凭证尚有不妥,这时可以通过调用"恢复记账前状态"功能,将本月全部或部分凭证恢复到未记账的状态,以便进行必要的修改。有些软件将该功能设计成一个隐蔽的热键,而且只允许特权用户使用。

系统提供两种恢复记账前状态的方式:一种是将系统恢复到最后一次记账前状态,另一种是将系统恢复到本月月初状态。

课堂思考

取消记账功能给操作人员带来便利的同时,存在哪些安全隐患?

第五节 出纳管理

出纳管理是账务处理系统为出纳人员提供的一套管理工具,主要功能包括查询和打印现金日记账、银行存款日记账和资金日报表;登记和管理支票登记簿;输入银行对账单,进行银行对账,输出余额调节表,并可输出银行长期未达账项报告。

一、出纳管理方式

在会计软件中,出纳管理有两种设置方式:一种方式是将出纳工作纳入账务处理系统,并将有关功能分散在不同的模块中,例如在凭证处理过程中引入出纳签字和支票管理,在账表输出中包含有日记账和资金日报表；另一种方式是将出纳管理设计为一个独立的模块，有些软件甚至将其称为现金管理系统。两种方式的许多处理是相同的，独立系统的不同之处主要是有独立的输入与输出，因此需要进行系统初始设置，包括从账务处理系统引入库存现金和银行存款科目，录入初始数据、银行和企业的未达账，此外还要录入或从账务处理系统中引入现金和银行存款凭证。

二、出纳签字

如前所述，出纳签字是一项可选功能，一般在处理规则选项中做出选择。出纳签字如同凭证审核，即出纳人员对涉及库存现金、银行存款的凭证，认真核对科目与金额是否正确，若检查无误，则签字确认，否则通知制单人改正后重新审核。凭证一经出纳签字，就不能被修改或删除；如果想要修改或删除已签字的凭证，必须取消出纳签字，而且取消签字只能由出纳人员本人进行。

三、支票管理

银行支票领用一般通过支票登记簿进行管理，账务处理系统或现金管理系统提供的“支票登记簿”其实是一个数据文件，主要用于支票的领用与报销管理。

（一）支票登记簿的初始设置

银行结算票据如果使用支票登记簿，则在系统初始化定义结算方式时必须设置为票据管理，否则不能使用支票登记簿。

（二）支票的领用登记

领用支票时，出纳员应进入“支票登记簿”功能，按系统提示输入支票的领用日期、部门、领用人、支票号、支票用途、预计金额、备注等信息。

（三）支票的报销登记

填制涉及支票报销的凭证时，系统要求输入对应支票的结算方式与支票号，并自动将有关报销日期、金额等数据记入支票登记簿。

（四）其他功能

支票登记簿还具有删除、修改、查询、统计支票等功能。其中，统计功能主要用于统计支票的领用及报销情况，例如可按支票领用人或部门进行统计。

四、账表管理

由出纳管理的账表主要有日记账和资金日报表，资金日报表用于反映每日库存现金和银行存款科目的发生额与余额情况，每日编制资金日报表是出纳的一项重要工作，这不仅是企业财务管理的重要基础，也为出纳人员管理库存现金和银行存款提供了方便。

五、银行对账

由于企业与银行的账务处理与入账时间的差异，双方账面记录往往存在不一致现象，为了防止差错和正确掌握银行存款余额，企业必须定期执行银行对账。银行对账是在企业银行存款日记账和银行对账单两个文件之间进行的，其中企业银行存款日记账文件记录由凭证记账或定期从凭证文件检索取得，而银行对账单则从开户行获得。银行对账一般具有对账初始化、输入或导入银行对账单、自动对账、手工对账以及编制银行存款余额调节表等功能。

(一)银行对账初始设置

银行对账初始设置包括以下内容:

(1)设置对账启用日期。对账启用日期可以与账套启用日期不一致。

(2)引入会计科目与余额。如果出纳管理是一个独立于账务处理系统的系统,则必须从账务处理系统引入有关的会计科目及其期初余额。

(3)输入企业与银行未达账。即输入系统启用时刻的银行与企业双方的未达账项。

(二)输入对账单与账面余额

(1)企业对账单可以在凭证记账时自动形成,或者对账前自动从凭证文件中获取。

(2)银行对账单一般在对账前输入系统,当然,如果企业与银行系统有数据接口,则可通过网络直接从银行系统提取相应的对账单。输入对账单的工作量很大,因此解决自动引入对账单的问题具有重要意义。

(3)输入银行账面余额。企业银行日记账余额可以自动从总账文件中获取,而银行方面的本期账面余额则必须手工输入。

(4)删除前期双方已达账项。前期通过对账匹配的已达账项再无保留的必要,所以在本期对账之前可以将其删除。

(三)银行对账

银行对账在两个文件之间逐个进行,而且采用自动对账与手工对账相结合的方式。对账一般按顺序完成以下几项工作:

(1)选择银行。对账是逐个银行进行的,所以必须先选定对账的具体银行。

(2)内部冲销。由于银行调账、内部冲销或企业制作红字冲销凭证,在两个对账单文件中都存在一些借贷方向相同、金额绝对值相同、一正一负的记录,或借贷方向相反但金额相同的记录,在对账之前应先由系统分别在两个对账单文件中进行内部冲销。

(3)自动对账。自动对账是逐个匹配两个对账单文件中的记录,以找出不能匹配的未达账项记录。方法是首先由用户选择对账依据,例如选择支票号、结算方式、金额作为对账依据;然后按序从企业对账单文件中取出一个记录,并在银行对账单文件中查找在对账依据上能匹配的记录,双方记录一旦匹配上就分别在两个记录的对账标志字段上设置已达账标志。

(4)手工对账。手工对账是自动对账的补充,具体方法是由人工核对两个对账单文件,对自动对账没有找出的一些已达账项用“手工勾对”来进行调整。由于双方记录可能存在不规范,或者双方记录之间存在一对多、多对一、多对多等对应情况,所以手工对账是必要的,只有自动对账与手工对账结合执行才能保证对账的彻底正确。

(四)编制银行存款余额调节表

系统在对账完毕后,将根据勾对情况分别对企业银行存款账面余额以及银行对账单账面余额进行调整,自动编制银行存款余额调节表。余额调节表是对账的结果,分为总表和分表两种。总表列出各银行对账前的账面余额和对账后的存款余额;分表如表3－2所示,用于反映某一个银行的存款余额调节表,甚至给出具体的未达账项。用户可以显示或打印输出余额调节表。

表 3—2 **银行存款余额调节表** 单位:元

银行账户代码:100202

银行账户名称:建设银行 对账截止日期:2017—11—30

单位日记账		银行对账单	
日记账账面余额	75 300	银行对账单账面余额	82 425
+ 银行已收单位未收	4 000	+ 单位已收银行未收	2 000
— 银行已付单位未付	100	— 单位已付银行未付	5 225
调节后的存款余额	79 200	调节后的存款余额	79 200

(五)查询功能

对账模块一般还提供查询双方勾对情况、查询双方未达账项、查询长期未达账项等功能。

课堂思考

出纳管理的有关模块有哪些?

第六节 辅助核算与管理

辅助核算是账务处理系统中的一项很重要的内容,它是会计软件设计逐步走向成熟的标志,主要包括部门核算与管理、往来核算与管理及项目核算与管理等内容。

一、部门核算与管理

部门核算主要用于考核部门费用收支情况,及时控制各部门费用的支出,为部门考核提供依据。系统可以提供对各级部门总账、明细账的查询以及进行收支分析、部门计划执行分析。部门核算与管理结构如图 3—4 所示。

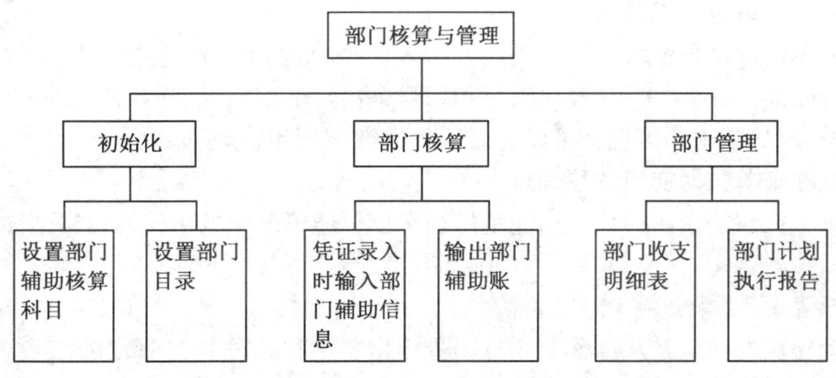

图 3—4 部门核算与管理结构

(一)初始化

在进行部门核算与管理前,必须首先完成部门初始化工作,主要包括设置部门辅助核算科目和设置部门目录。设置部门辅助核算科目在建立会计科目功能中完成,选择需要进行部门辅助核算的末级科目,加注部门辅助核算标记即可。设置部门目录就是建立单位部门一览表,在系统提供的建立部门目录功能中完成,主要包括设置部门代码与部门名称。

(二)部门核算

部门核算工作依附于凭证处理。在日常凭证录入过程中,输入部门辅助核算科目时,系统要求录入部门辅助信息,录入的部门辅助信息是进行部门辅助核算和管理的依据。

输出部门辅助账包括部门总账和部门明细账。系统可根据用户指定部门的核算科目和会计期间,输出该科目下核算的所有的总账和明细账,也可以根据用户指定部门和会计期间,输出该部门所有核算科目的总账和明细账,还可以根据用户指定核算科目、指定部门和会计期间,输出部门明细账。

(三)部门管理

部门核算模块不仅为管理部门深入核算企业内部各部门的收入情况和各项费用的支出情况提供了方便,而且通过部门核算产生的核算数据,为企业及部门对部门业务和各项费用的控制提供了信息。

部门收支明细表是对各个部门或部分部门指定期间内的收入情况和费用开支情况汇总分析的报表。统计分析的数据可以是发生额或余额。

部门计划执行报告是各部门的实际情况与计划数据的对比报表。通过部门计划执行报告,可以为管理者提供各部门完成计划的情况。部门计划执行报告主要有两种数据方式:一是各部门在某部门核算科目下的实际发生额与计划发生额的对比数据;二是各部门在某部门核算科目下的余额与计划的对比数据。

二、往来核算与管理

往来核算与管理包括个人(职工)往来核算与管理、单位(客户和供应商)往来核算与管理。往来管理模块的主要功能包括建立往来单位通讯录、设置期初未达账项、往来查询、往来核销、账龄分析、打印催款通知单等。

(一)建立往来单位通讯录

建立往来单位通讯录模块的功能是一一输入往来单位的档案,包括往来单位编号、名称、所属地区、电话、地址、邮政编码、开户银行和账号、税号、信用状况、联系人等,并存入往来单位通讯录文件中,定义了这些信息就可以为以后的详细核算和管理所用。

(二)设置往来单位期初未达往来账

设置往来单位期初余额模块的功能是将往来单位通讯录中的单位期初未达往来账项逐一输入系统。

(三)往来查询

往来查询模块的功能是从屏幕上或打印机输出各种往来核算与管理的账表,包括往来余额表、往来明细账等。

(四)往来核销

往来核销模块的功能是自动或手工勾销“两清”往来账,并且清理往来账。

(1)逐笔勾销。逐笔勾销模块的功能是计算机自动找出客户编码完全相同、发生额相等、借贷方向相反的业务(即一对一业务),自动勾销两条记录,并做“勾销”标志。

(2)全额核销。全额核销模块功能是找出客户编码完全相同、借贷发生额合计相等的若干条记录,并做“勾销”标志。

(3)手工核销。手工核销模块的功能是根据财会人员输入的客户编码,计算机自动找出该客户的全部往来业务,财会人员根据自己的判断逐笔进行核销,并做“勾销”标志。对于往来金额相同但缺少往来单位代码或由于其他原因计算机不能自动核销的业务,可以使用手工核销模块完成部分核销工作,这样就实现了对上述自动勾销功能进行补充和修改的目的。

(五)账龄分析

账龄分析模块的功能是根据财会人员输入的往来科目、时间期限,计算机自动输出某一往来科目下所有客户各个账龄期间内往来款项的分析情况表——账龄分析表。通过阅读账龄分析表,财会人员可以分析往来款的资金占用情况,及时催收或支付款项。此外,该模块还提供打印催款通知单的功能,辅助财会人员对未达往来款项的催款管理。

知识链接

实现往来核算与管理的基本原理

(1)在科目设置时,将具体往来单位从科目体系中剥离出来,将剩下的往来辅助核算定义为“往来”,即告诉计算机需要专门的往来核算与管理。

(2)将具体往来单位从科目体系中剥离出来后,通过“建立往来单位通讯录”模块,将往来单位信息存放在往来单位通讯录文件中进行统一管理。

(3)输入记账凭证时,遇到辅助核算为“往来核算”的科目时,系统将自动从往来单位通讯录文件中提取往来单位供财会人员选择,并将这些往来业务数据保存在凭证文件中或专门用于往来管理的数据文件中。

(4)当需要查询、输出各种往来信息时,又可以通过使用往来核算与管理模块来完成。

课堂思考

建立往来核算与管理的意义是什么?

三、项目核算与管理

在项目辅助核算功能中,所谓项目,可被认为是专门的经营对象或核算对象。例如,制造企业中的产品成本、施工单位的施工工程、科研单位的科研课题、出版社的图书成本,即可认为是一种项目核算。因此,项目核算功能主要用于对企业产品成本、施工工程、科研单位的科研课题、出版社的图书成本等成本对象进行管理,以这些成本对象或专门经营对象为中心,归集围绕其发生的一切投入、费用、产出、收入等。

在计算机环境下,进行项目辅助核算与管理的基本思路是:首先,在建立会计科目时,对需要进行项目辅助核算的会计科目加注项目辅助核算标志;其次,在初始化功能中建立项目目录,包括项目代码、项目名称、项目大类与明细项目、项目与核算科目的对应关系;再次,进行项目辅助核算,它与部门辅助核算类似,都是在平时凭证录入过程中,当输入项目辅助核算科目时，系统要求输入项目辅助核算信息，这些辅助核算信息与凭证数据相关联，依据辅助核算信息就可以实现项目核算与管理需要的账表。项目核算与管理的结构如图3—5所示。

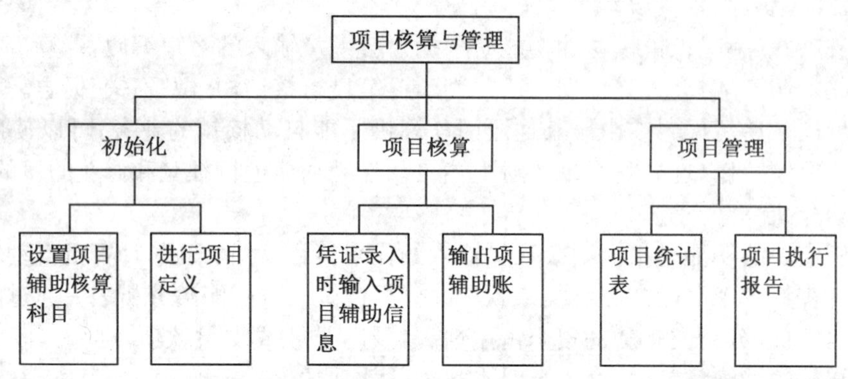

图3—5 项目核算与管理结构

(一)初始化

在进行项目核算与管理前，必须首先完成项目初始化工作，主要包括设置项目辅助核算科目和进行项目定义。设置项目辅助核算科目在建立会计科目功能中完成，选择需要进行项目辅助核算的科目，加注项目辅助核算标记即可。

项目定义包括定义项目大类、定义具体项目、录入项目期初余额和计划数等。定义项目大类是将项目按管理要求划分为若干类，将项目类别代码、项目名称等数据录入计算机，定义具体项目是在项目大类已定义的前提下进行，即定义每一项目大类下有哪些具体项目，并对各个项目做进一步说明，包括项目代码、项目名称、开始日期、完工日期、项目性质、项目负责人等。在定义具体项目时，系统一般还提供灵活设置数据项的功能，用户可以增加或减少具体项目数据项。在项目大类与具体项目之间，系统一般还提供用户设置中间管理项目，因此，建立的项目目录与会计科目相似，存在级次关系，在进行账套设置时，系统要求用户定义项目核算结构，类似科目编码结构，这一结构规范了项目目录建立时的项目代码编码规则。所以，在账套建立时，要求单位统筹考虑项目核算与管理的要求。在项目目录定义完成后，还需要定义项目与会计科目的对应关系，这一过程是在某一项目下，系统以一览表的形式提供用户选择会计科目设置过程中加注项目辅助核算的会计科目，确认某一科目或某几个科目后，即完成项目与科目的对应关系设置。

(二)项目核算

项目核算工作依附于凭证处理。在日常凭证录入过程中，输入项目辅助核算科目时，系统要求录入项目辅助信息，录入的项目辅助信息是进行辅助核算和管理的依据。

账务处理系统的项目核算功能可提供三种类型的项目账：一是项目总账。它是反映某项目大类中各个具体项目对应各个科目的各期发生额和余额的账簿。二是某科目的项目明细账。它是在某项目核算科目下，输出某一项目明细账。三是某项目的项目明细账。它提供某一具体项目对应各个科目的项目明细账。

(三)项目管理

项目管理是对某项业务的分项管理提供管理信息资料。它包括两个方面：一是项目统计表。项目统计表是反映各个对应科目下的期初余额、借贷方发生额及期末余额的汇总报表。

通过汇总报表，可为管理者提供各项目的进展情况及各项目开支情况，以便对项目进行管理和控制。二是项目执行报告。项目执行报告是各项目的实际执行情况与计划数的对比报告。项目执行报告有两种数据输出方式：一种是各项目在对应科目下的实际发生额与计划数的对比数据；另一种是各项目在对应科目下的余额与计划数的对比数据。

知识链接

实现项目核算与管理的原理

在科目设置时将需要按项目核算与管理的科目（如费用、成本、收入等）的性质定义为"项目"，将具体项目从科目体系中剥离出来；在项目核算与管理模块中定义项目；在凭证录入时，当凭证辅助核算为"项目"时，系统将要求财会人员录入或选择项目代码；记账后，即可在项目核算与管理模块中查询各种项目核算与管理所需的账表。

第七节　账务处理系统的期末业务

期末业务是会计部门在每个会计期末都需要完成的特定业务。在计算机条件下，由于各个会计期间业务具有很强的规律性，这些业务就可以由计算机系统根据用户的初始设置自动完成。

一、期末转账业务

期末转账业务几乎是所有组织在月底结账之前都要进行的固定业务，并且这类转账业务在组织管理体制或会计核算制度未改变的情况下，每月都要重复进行。简单来说，期末转账就是把某几个会计科目中的余额或本期发生额结转到一个或多个会计科目中。

（一）期末转账业务的特点

一般来说，期末转账主要有如下几个特点：

(1)期末转账业务大多在各个会计期末进行。

(2)期末转账业务大多数只有会计人员自己编制的会计凭证，不同于一般业务，没有具体反映该业务的原始凭证。

(3)期末转账业务大多数要从会计系统中提取数据，这就要求在处理期末转账业务前必须先将其他具体业务全部登记入账。

(4)有些期末转账业务必须依据另一些期末转账业务产生的数据，这就产生了期末转账业务的分批按步骤处理问题。

（二）自动转账模块

由于期末转账业务要求财会人员编制大量凭证，而且有些凭证非常复杂，手工操作下，常常出现一借多贷或者一贷多借的凭证，而通过自动转账可以有效解决上述问题。

自动转账模块可以完成的转账业务主要包括："费用分配"的结转，如工资分配等；"费用分摊"的结转，如制造费用等；"税金"的结转，如所得税等；"提取各项费用"的结转，如提取福利费等；"年终收益、费用"的结转，如收入转入利润等；"部门核算"的结转。

在账务处理系统中，建立自动转账模块，将其划分为两个子模块：定义自动转账分录模块和生成转账凭证模块，其自动转账基本原理如图 3—6 所示。

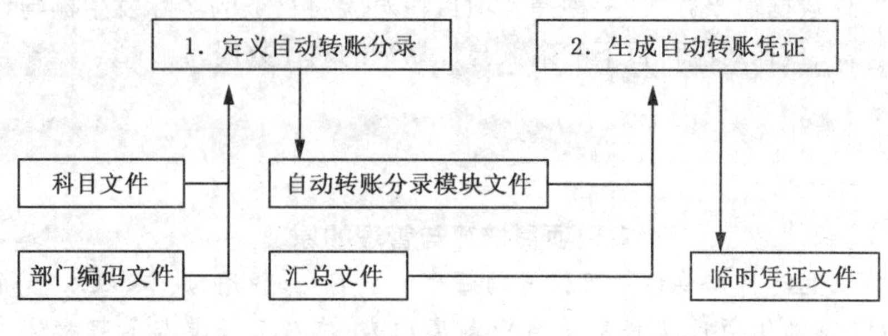

图 3—6 自动转账基本原理

1. 定义自动转账分录

定义自动转账分录模块的功能是为财会人员提供定义自动转账业务的凭证，财会人员一一定义自动转账分录模板（即告诉计算机此类凭证的摘要、借贷方科目、金额计算公式等），并将定义的转账分录存放在自动转账分录模板文件中。

2. 生成自动转账凭证

生成自动转账凭证模块的功能是计算机根据自动转账分录模板文件中的自动转账分录，按定义的公式从凭证文件和其他有关文件中提取数据并计算出数值，自动生成一张记账凭证（计算机自动生成的凭证称机制凭证），并将其保存在临时凭证文件中。

（三）使用转账模块应注意的问题

（1）自动转账凭证模块必须事先进行设置。

（2）转账凭证中各科目的数据都是从会计信息系统内的相关模块中提取并经处理后生成的，为了保证数据的完整、正确，在调用转账凭证模块生成转账凭证前必须将本月发生的各种具体业务全部登记入账。

（3）期末的摊、提、结账业务具有严格的处理顺序，其基本的处理顺序如图 3—7 所示。

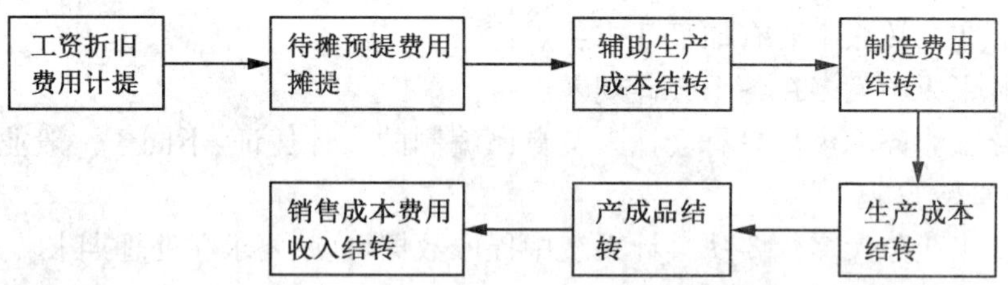

图 3—7 期末的摊、提、结账业务处理顺序

结转顺序如果发生错误，即使所有的转账凭证模块设置正确，转账凭证中的数据也可能是错误的。为了避免结转顺序发生错误，转账凭证模块提供了转账序号。进行期末的摊、提、结转业务处理时，通过指定转账顺序号就可以分期、分批完成转账和记账工作。

（4）结转生成的记账凭证系统将存于未记账凭证库，这些凭证还需要进行审核和记账操作才能记入账簿。对这些凭证的审核主要是审核结转是否正确。对于错误的结转凭证，系统一般不提供修改功能，修改这些凭证的错误只能通过修改设置来进行。

(5)期末结转工作是一项比较复杂而重要的工作,应由指定的专人进行。

二、期末结账业务

会计业务的处理要求日清月结,因此,账务处理系统都设有结账功能。结账主要是计算和结转各个会计科目的本期发生额和期末余额,同时结束本期的账务处理工作。在计算机会计信息系统中,结账工作由计算机自动完成。

(1)保存结账前状态。保存结账前状态,防止结账过程被中断,一旦因断电或其他原因造成结账过程中断,可以自动恢复到结账前状态。

(2)结账前必要的检查工作。具体包括:上月未结账,则本月不能结账;本月还有未记账凭证时,则本月不能结账;检查正确,计算本月各账户发生额合计,计算本月各账户期末余额并将余额结账至下月月初;如果是结 12 月份的账,则必须产生下年度的空白账簿文件,并结转年度余额;做结账标志,结账是一种批处理,只允许每月结账日使用一次。

在计算机环境下,可以在上月未结账的情况下,输入下一个月的凭证并记账,甚至在上年 12 月份未结账的情况下,输入下一个月的凭证并记账,这就是采用计算机后特有的跨月记账。

三、账务处理系统的输出

在手工条件下,财会人员必须记账才能得到总账、明细账和日记账,通过编制报表才能得到三张基本报表。会计信息系统中,将手工加工账簿和编制报表的流程删除,取而代之的是计算机自动输出账簿和会计报告,会计报告的输出将在本教材的第四章详细阐述。其基本原理如图 3—8 所示。

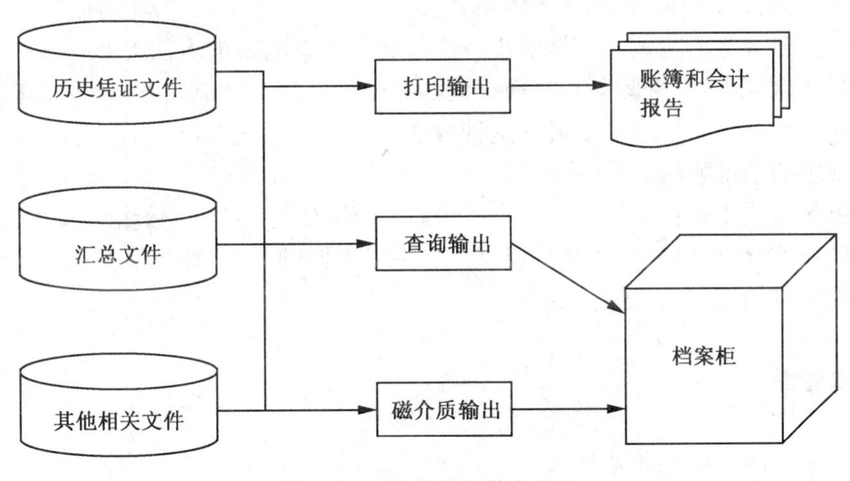

图 3—8　账务输出基本原理

(一)输出方式

输出方式主要包括打印输出、磁介质输出、查询输出。

(1)打印输出,即从打印机上输出各种账簿和报告。

(2)磁介质输出,即将各种账簿和报告保存在外部磁盘和光盘上,作为长期档案保存。

(3)查询输出,即根据会计信息使用者的要求将各种账簿和会计报告通过网络,实时传递到计算机终端上。只要该组织的网络连接到的地方,任何有查询权限的投资者、债权人、管理者,都可以在其权限范围内实时获取账簿和报表信息。

与此同时,由于查询工作是系统自动完成的,因此,用户可以根据需要实行综合查询,即通过综合查询模块实现任意条件的组合查询。当财会人员输入指定条件(如按摘要、按日期范围、按金额大小、按支票号、按经手人、按审核人等)或组合条件时,系统自动将满足条件的所有记录筛选出来,并显示在屏幕上。

(二)记账凭证、科目汇总表和账簿的输出

1. 记账凭证的输出

记账凭证是账务处理系统最主要和最基本的数据来源,记账凭证的数量往往很多。因此,对记账凭证进行查询和打印时,为了提高查询的速度一般需要给出查询条件,通常可以作为查询条件的有日期、类别、编号、科目代码、摘要关键字、发生额等。如前所述,既可以按单个条件进行查询,也可以按几个条件组合进行综合查询。由于系统中的记账凭证可能处于不同的处理状态,因此凭证的查询分为两种情况:一种是包括未记账凭证在内的所有记账凭证的查询;另一种是已记账的记账凭证的查询。

2. 科目汇总表的输出

为了提供某一个科目某一时间范围的发生额和余额,系统应提供凭证汇总的功能。凭证汇总同样需要输入汇总条件和汇总凭证的范围。只要运行凭证汇总功能,系统自动进行凭证汇总并生成科目汇总表。需要打印时,执行对应的功能键,系统即可将结果打印输出。科目汇总表有已记账凭证、未记账凭证和所有凭证汇总三种情况,并允许选择凭证类型进行查询、打印。

3. 账簿的输出

账簿输出分为日报单输出、日记账输出、明细账输出、总账输出和辅助账输出。每种输出均有查询和打印两种输出方式。查询输出方法与凭证查询输出的方法类似。

在多数财务软件中,系统除了在账簿查询功能中设有打印功能外,还设置了单独的账簿打印功能供用户打印全部结账后的账簿。这种打印功能用户不能选择打印范围,运行后系统自动打印制度规定的全部账簿。

账簿输出的格式由科目设置中的账类所决定,可以输出三栏式、数量金额式、多栏式等用户需要的各种账簿,也可以输出各种日报单。与手工不同的是,计算机账务处理系统在任何一级会计科目都可以输出对应账簿。

课堂思考

总账系统的发展趋势是什么?

本章小结

账务处理系统是会计信息系统的核心子系统,它不仅改变了会计数据的处理方式,而且由于计算机数据处理特点,部分改变了传统会计的业务流程。本章先从账务处理系统特点、功能分析入手,具体介绍了手工系统与计算机系统数据处理流程有关内容的对比,然后主要集中讲述账务处理系统中,系统初始化、日常业务处理、出纳管理、辅助核算与管理、期末业务处理等内容。

第四章 固定资产管理系统

学习目标

通过本章学习，要求了解固定资产管理系统的功能、特点以及相关流程；熟悉固定资产管理系统的数据代码及功能模块；掌握固定资产管理系统初始化设置及日常业务处理的相关内容。

第一节　固定资产管理系统概述

《企业会计准则第4号——固定资产》规定，固定资产是指同时具备以下特征的有形资产：第一，为生产产品、提供劳务、出租等经营管理而持有的；第二，使用寿命超过一个会计年度。可见，固定资产作为企业生产经营中使用的主要劳动资料，对企业经营活动的开展具有十分重要的作用。为了保证固定资产安全完整，保持其良好的使用状态，提高其使用效率，并正确核算与固定资产有关的各项成本和费用，企业应加强固定资产的管理和核算。对固定资产进行有效管理，并准确、及时地反映其状况，可以通过企业会计信息系统中的子系统——固定资产管理系统来实现。

一、固定资产管理系统的功能

企业固定资产根据不同的管理需要及核算要求可以分为不同类型。通常按照经济用途和使用情况可以将其分为：生产经营用固定资产，如生产经营用房屋、建筑物、机器、设备、器具、工具等；非生产经营用固定资产，如职工宿舍、食堂、浴室、理发室等使用的房屋、设备；经营租出的固定资产；不需用的固定资产；未使用的固定资产；融资租入的固定资产等类别。

企业的固定资产在长期参加生产经营活动中虽然能够保持其原有的实物形态，但其价值随着损耗逐渐地、部分地转移到生产的产品中去，构成产品成本的一部分。固定资产管理及核算是企业财务核算的重要组成部分，为此，固定资产管理系统应当具备以下主要功能：

(一)管理固定资产卡片

提供固定资产卡片项目及样式的定义，批量复制，批量变动，固定资产分类、分部门汇总及打印等功能。

(二)固定资产变动业务的操作管理

提供固定资产增加、减少、部门间的转移、使用状况的变动、折旧方法调整、类别调整、使用年限调整、净残值调整、资产评估及资产减值损失的计提等功能，并能查询、打印输出相关汇总表和明细表。

（三）计提折旧、计算净值

提供折旧公式的自定义功能，自动进行折旧计算，计提折旧并生成折旧分配表，同时按照分配表自动生成记账凭证。

课堂思考

企业根据会计准则和会计制度的要求确定是否计提折旧以及计提折旧方法，该项选择在保存初始化设置后是否可以进行随意修改？

（四）与其他子系统数据接口

固定资产的增加、减少以及折旧等相关数据都要通过记账凭证的形式传输到账务处理系统，同时，通过“对账”保持固定资产管理系统与账务处理系统的账目平衡。而且，固定资产管理系统与成本核算也密切相关，需要将折旧信息传递到成本管理系统中。

二、固定资产管理系统的特点

固定资产管理系统是会计信息系统的重要子系统之一。但是，由于企业的固定资产种类繁多、构成较复杂，并且固定资产是用于企业的生产经营活动而非出售，因此与其他会计信息系统子系统相比，固定资产管理系统具有以下特点：

（一）数据量大、数据保存时间长

固定资产管理系统为每一项固定资产设置卡片进行管理，卡片上记录关于固定资产的类别、型号、存放地点、使用方式等数据。换言之，固定资产文件的记录个数多，同时数据项目也多。此外，已经报废的固定资产的数据也需要保留，以加强固定资产的管理，保留必要的审计线索，因此，数据的保存时间较长。

（二）日常数据处理量较少

固定资产的增减变动并不是企业经常发生的业务，且固定资产折旧的计提和分配一般每个月处理一次即可。因此，相对于采购与销售等管理系统，它的处理频率明显要低得多。

（三）数据处理方式较为简单

固定资产的增减变动可以通过固定资产卡片的增加、删除以及编制各种固定资产变动单来处理，处理方法较为简单。此外，固定资产每月计提折旧的处理，只需要在初始设置中定义好各种折旧方法的计算公式，并设置每一项固定资产的折旧方法，就可以在每月末由系统自动完成每项固定资产的折旧计提；并且，在设置好不同部门的对应折旧费用科目的情况下，系统可以根据固定资产的所在部门直接完成折旧费用的分配，然后生成自动转账凭证，由用户修改、确认。

（四）数据综合查询和统计要求较强

固定资产是企业的重要资产，对之加强管理是非常必要的。根据固定资产的初始数据和后来的业务数据，可以生成大量的账表，提供丰富的信息，以满足管理的需要。为满足企业对固定资产的核算和管理的多方面需要，固定资产管理系统应该具有较强的查询功能。

（五）与成本管理系统和账务处理系统存在数据传递关系

折旧费用的计提和分配形成的数据在传递时也是周期性的，这一点与薪酬管理系统相似。

成本核算系统中折旧费用的数据来自固定资产管理系统中折旧费用计提和分配的结果。固定资产增减变动、折旧的计提分配、固定资产减值准备的计提等形成的记账凭证须传递到账务处理系统中去。

第二节 固定资产管理系统流程

在固定资产管理系统中，固定资产卡片的管理、变动单的处理、折旧的计算和分配、减值准备的计提和分配是该子系统的主要内容。本节我们以工业企业为例，介绍固定资产子系统的业务流程与数据流程。

一、固定资产管理系统的业务流程

企业的固定资产业务流程较为简单，包括固定资产增加和减少的处理、变动单的处理、折旧的处理和减值准备的处理，并且将相关的凭证传递到账务处理和成本核算系统进行相关的数据处理。在日常的业务处理中，除了传递数据到其他子系统以外，并没有什么严格的先后顺序。下面对企业手工方式下的固定资产核算业务流程进行简要说明，如图 4－1 所示。

（1）根据固定资产调拨单、领用单、验收单、报废清理单等原始凭证，登记固定资产卡片、固定资产登记簿以及固定资产总账。

（2）根据固定资产领用单、验收单、固定资产卡片等登记固定资产使用及增减明细账。

（3）根据固定资产明细账，计提固定资产折旧，编制固定资产折旧分配表，并据以登记固定资产总账。

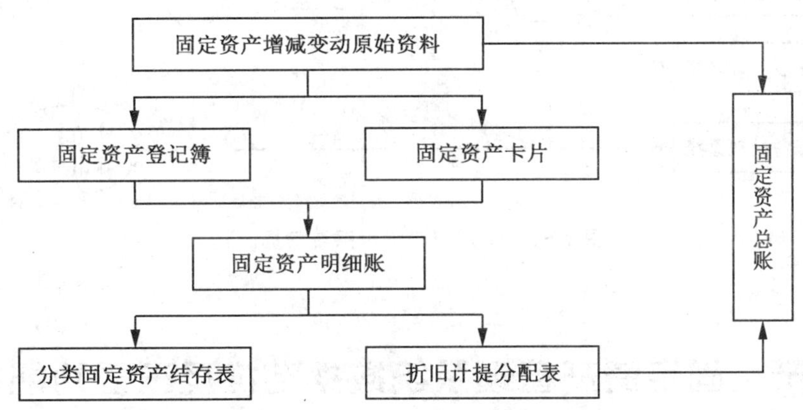

图 4－1 固定资产管理系统业务流程

二、固定资产管理系统的数据流程

固定资产管理系统的数据流程如图 4－2 所示，该流程图包括以下几个方面：

（1）初始化设置。用户完成账套参数的设置、部门对应折旧科目设置、资产类别设置、增减方式设置、使用状况设置、折旧方法定义、卡片项目及样式设置和原始固定资产卡片的输入。系统将这些数据保留在基础信息文件和固定资产卡片文件中，以备随时调用。

(2)输入。依据固定资产增减变动数据,输入新的固定资产卡片,固定资产减少单、变动单,更新固定资产增减变动文件和固定资产卡片文件以及减值准备的计提数据的输入和处理。

(3)计算。月末根据固定资产工作量等文件、基础信息文件、固定资产卡片文件中的数据,执行折旧计算的处理,形成折旧清单文件。

(4)生成。月末依据折旧清单文件、基础信息文件、固定资产卡片文件中的数据,执行折旧费用分配处理,生成折旧分配文件,同时自动生成转账凭证并转入账务处理系统。

(5)更新。根据固定资产增减变动文件更新固定资产卡片文件,以反映企业当前固定资产的实际情况。

(6)输出对账。根据固定资产折旧文件分类统计、汇总折旧费用分配数据,并将该数据传递到成本管理系统供计算成本时使用,同时也为报表系统提供数据支持。

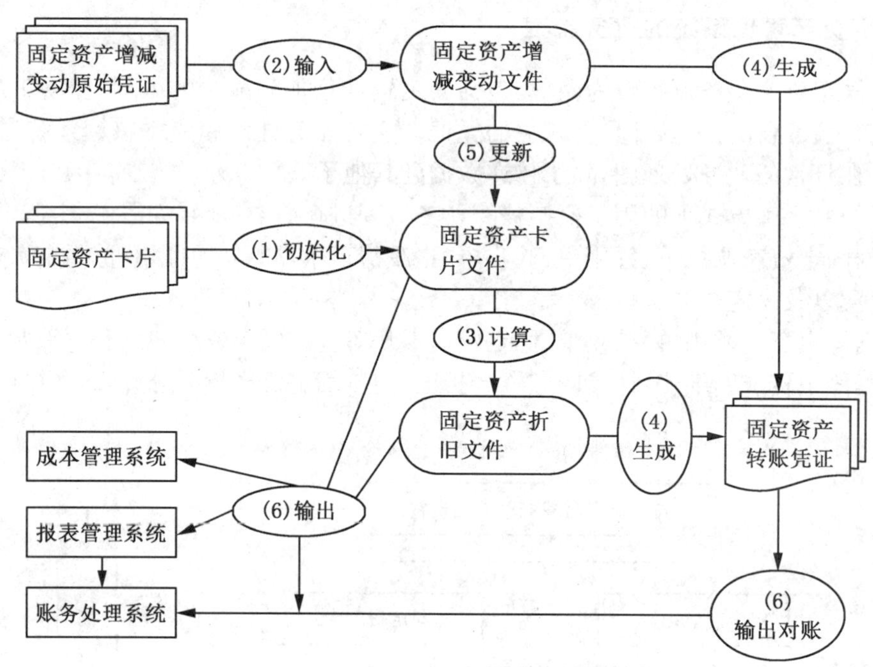

图 4—2 固定资产管理系统数据流程

第三节 固定资产管理系统数据结构及主要功能模块

一、固定资产管理系统的数据结构

固定资产管理系统主要设置的文件有固定资产卡片文件、资产增加文件、资产减少文件、资产变动文件、资产减值准备文件、资产备查文件、折旧分配文件以及各种基础资料文件。以下简单介绍两种文件内容及结构。

(一)固定资产卡片文件

固定资产卡片文件是固定资产管理系统最基本的数据文件,一般每件资产或一类资产一个记录。卡片文件的结构一般由系统设定，也有一些软件由用户根据企业管理的需要来定义。但不管何种方式，其字段一般如表4—1所示，主要包括资产编号、资产名称、规格型号、数量、资产类别、使用部门、使用状态、资产来源、购建日期、启用日期、币种、外币原值、汇率、原值、净残值率、净残值、折旧方法、总工作量、月工作量、累计工作量、累计折旧、可用月数、已用月数、折旧分摊科目、注销原因、1月折旧、……、12月折旧等。

表4—1　固定资产卡片文件

资产编号	资产名称	规格型号	数量	资产类别	使用部门	使用状态	资产来源	……
03101	计算机	PC	1	办公设备	财务部	在用	外购	
03102	小汽车	东风	1	经营用车	销售部	在用	外购	
……								

其中，使用部门是指对资产进行保管和使用的部门。有些软件直接根据使用部门确定折旧费用的分配，例如管理部门的资产折旧一般记入“管理费用”，而生产车间的资产折旧则先记入“制造费用”，然后系统性地将其分配到“生产成本”。

（二）折旧分配文件

折旧分配文件用于存储按部门或类别汇总的折旧费用，用于生成折旧转账凭证以及为成本核算系统提供各部门的折旧费用。折旧分配文件如表4—2所示，主要字段为部门代码、部门名称、科目代码、科目名称、折旧金额等。折旧分摊科目如管理费用、制造费用，折旧分配文件中实际给出了转账凭证的借方科目，而贷方科目则是累计折旧。

表4—2　折旧分配文件

部门代码	部门名称	科目代码	科目名称	折旧金额
001	财务部	6602	管理费用	12 000.00
002	办公室	6602	管理费用	6 000.00
003	销售部	6601	销售费用	8 400.00
004	生产车间	5101	制造费用	326 500.00
……				

二、固定资产管理系统主要功能模块

固定资产管理系统主要的功能模块包括基础设置、日常处理、期末处理、账表输出、系统服务五个模块，每个功能模块下又可设置若干个相对独立的子模块，如图4—3所示。

固定资产管理系统必须将日常处理的资产增加或减少、涉及原值或累计折旧的变动、减值准备，以及每月的计提折旧数据，都以记账凭证的形式传递给账务处理系统。同时，通过对账保持固定资产账目的平衡。

固定资产管理系统每月或定期按部门分配折旧费，并将分配结果提供给成本核算等系统。

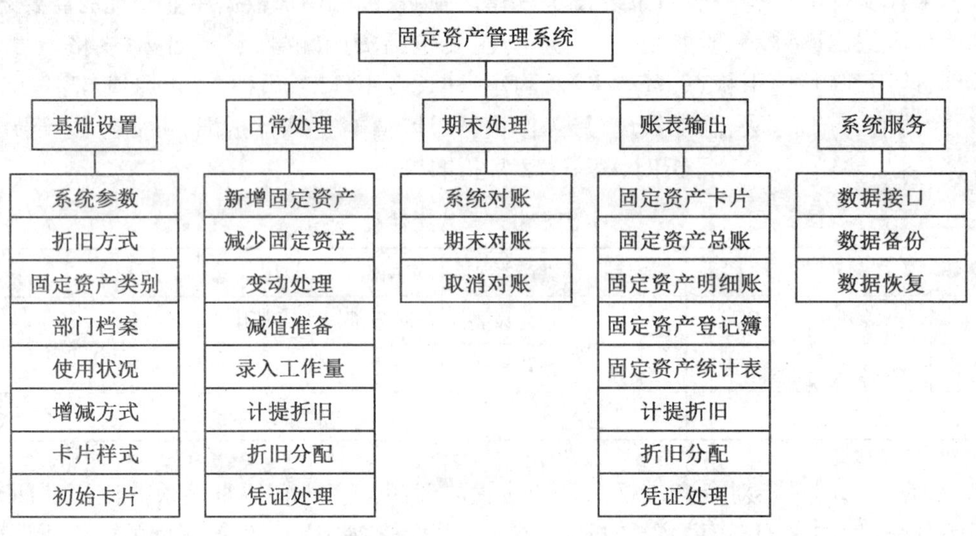

图 4－3 固定资产管理系统主要功能模块及结构

三、固定资产管理系统与其他系统间的关系

固定资产管理系统与账务处理、成本管理、报表管理等系统都有数据联系，一般是固定资产系统向这些系统提供数据，其关系如图 4－4 所示。

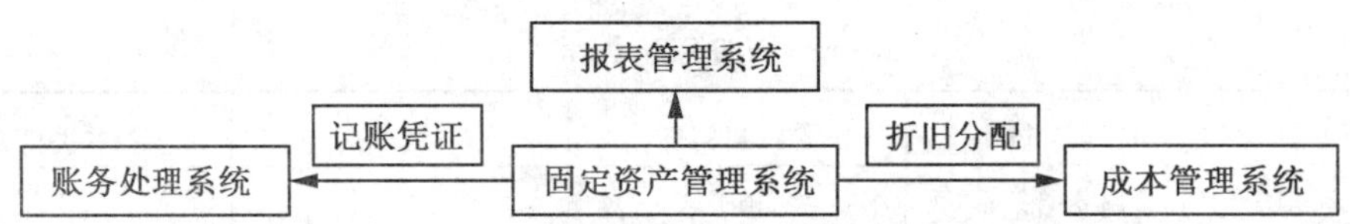

图 4－4 固定资产管理系统与其他系统间的关系

第四节 固定资产管理系统的初始设置

固定资产管理系统的初始设置是为用户在计算机上处理企业的固定资产业务提供一个合适的运行环境而设计的模块，其目的是使通用的固定资产业务管理系统能够适应本企业固定资产业务的管理需要，同时，也提供了企业在经济业务处理发生变化时对已有的设置进行修改的平台。固定资产系统的初始设置主要包括参数设置、基础设置和录入初始卡片三方面内容。

一、账套的参数设置

固定资产账套的参数主要包括：

(1)启用月份。启用月份将决定从哪个月份开始计提折旧。

(2)折旧规则。确定账套是否计提折旧、最后一个月份是否将剩余折旧全部提足以及折旧汇总分配周期等。折旧分配周期一般为 1 个月，也可指定几个月分配一次。

知识链接

固定资产系统提供折旧汇总分配周期调整功能，使企业可根据所处行业和自身实际情况确定计提折旧和将折旧归集计入成本与费用的周期。

(3)财务接口。确定是否需要与账务处理系统对账，如果选择对账则确定对账科目。例如指定固定资产、累计折旧、减值准备科目。

(4)编码方案。包括确定资产、类别、部门等代码的编码规则。

(5)其他参数。例如指定被注销资产卡片的保存期限。

二、基础设置

(1)资产类别设置。即定义资产如何分类，一般分大类以及明细类别，设置内容有类别编码、名称、使用年限、净残值率、计量单位、计提属性、折旧方法、卡片样式等。

(2)部门档案设置。设置固定资产的使用部门，部门档案主要包含部门编码、名称、负责人、部门属性等信息。

(3)部门对应折旧科目。资产折旧可按部门归集，因此需要为每一个部门选择一个折旧科目，以便在录入卡片时自动显示折旧分摊科目，并在生成部门折旧分配表后据此自动编制折旧分配记账凭证。

(4)增减方式设置。企业资产增加的方式主要有直接购买、投资者投入、捐赠、盘盈、在建工程转入、融资租入等；减少的方式主要有出售、盘亏、投资转出、捐赠转出、报废、毁损、融资租出等。

(5)使用状况设置。资产使用状况主要有在用、季节性停用、经营性出租、大修理停用、不需用、未使用等。企业据此进行统计可以了解资产的利用效率以及是否需要计提折旧，例如未使用、不需用的固定资产是不计提折旧的。

(6)折旧方法设置。设置折旧方法的目的是提供资产录入时对折旧方法的选择。系统一般预设有几种主要折旧方法，包括不提折旧、平均年限法、工作量法、年数总和法、双倍余额递减法，此外还提供折旧方法的自定义功能，即由企业定义折旧方法以及相应的计算公式，例如可定义如下折旧计算公式：

月折旧额＝(原值－累计折旧－净残值)/(12×使用年限－已用月份)

(7)卡片项目设置。为了满足企业对固定资产的管理需求，一些固定资产管理软件允许用户自定义卡片项目。一般做法是将卡片项目分为两种：一种是系统提供的基本项目，称为系统项目；另一种是由用户根据企业需要定义的项目，称为自定义项目。为此，这些系统一般需要提供卡片项目的设置、修改、删除等功能。

(8)卡片样式设置。卡片样式是指卡片的显示格式，一些软件除了提供默认的通用卡片样式之外，还提供样式设置功能。企业可根据需要设置卡片不同的样式，甚至可以对不同的资产设置不同样式的卡片。卡片样式设置包括表格线、对齐形式、字体字号等格式，以及所包含的项目和项目在屏幕上的位置。

三、录入初始卡片

初始卡片指系统启用之前已经开始使用的固定资产卡片记录。为了保持历史资料的连续性和正确地计提折旧，录入初始卡片是系统初始设置的一项必不可少的内容。但由于企业固定资产数量繁多，录入工作量很大，而且卡片资料往往不完整，例如手工管理一般不单独记录每件资产的累计折旧额，为此，录入之前必须将账面上的累计折旧额逐一分摊到每一件固定资产。录入初始卡片的工作最好在系统正式启用之前完成，但考虑到录入工作量太大，有些软件允许在第一个期间结账前完成，甚至任何时候都可以录入初始卡片。

第五节　固定资产管理系统的日常业务处理

固定资产的主要日常业务处理包括增减变动处理、减值准备处理、计提折旧与分配处理、制单处理、期末处理、账表输出与分析等。

一、固定资产的增减变动处理

固定资产增减变动处理功能一般包括增减变动数据的录入、修改、删除、审核、制单、查询、打印输出等。其中，审核输入数据之后一般需要更新卡片文件并作相应处理；制单指根据增减变动资料编制相应的记账凭证存入总账系统。

（一）固定资产的增加及处理

企业购进或通过其他方式增加资产必须录入相应的固定资产卡片，输入界面如图 4—5 所示。

固定资产卡片

卡片编号	00055			日期	2017-11-30
固定资产编号	032102001	固定资产名称	福特牌轿车		
类别编号	032	类别名称	非生产用设备		
规格型号	B700	部门名称	财务部		
增加方式	外购	存放地点	5 号大厦		
使用状况	在用	使用年限	10 年	折旧方法	平均年限法（一）
开始使用日期	2017-11-30	已计提月份	0	币种	人民币
原值	500 000.00	净残值率	1%	净残值	5 000.00
累计折旧	0.00	月折旧率	0	月折旧额	0.00
净值	500 000.00	对应折旧科目	管理费用	项目	
录入人	demo			录入日期	2017-11-30

图 4—5　新增固定资产的输入界面

（二）固定资产的减少及处理

固定资产被淘汰后需要进行资产减少处理。减少可以单件或批量进行处理，如果要减少的资产较少，则通过输入资产编号将资产添加到资产减少表中；如果要减少的资产较多并且具有一定共性，则可通过设置条件进行批量处理。资产减少需要输入的信息主要有减少日期、减少方式、清理收入、清理费用、清理原因等。系统提供对已减少资产卡片的查阅功能，只有超过保留期限才可将其从系统中完全删除。另外，由于减少资产当月仍然需要计提折旧，所以一些软件规定减少操作必须在当月折旧之后执行。

知识链接

系统提供了固定资产减少的恢复纠错功能，当月减少的资产可以通过本功能恢复使用。通过资产减少的资产只有在减少的当月可以恢复。如果资产减少操作已制作凭证，必须删除凭证后才能恢复。

(三)固定资产的变动及处理

资产变动情况比较复杂，一般把与计算和报表汇总有关的项目的调整称为资产变动操作，主要包括原值变动、部门转移、使用状况变动、使用年限调整、折旧方法调整、净残值(率)调整、工作总量调整、累计折旧调整、资产类别调整。此类变动操作必须通过变动单进行处理。系统可以为不同类型的变动单分别提供不同的操作界面。图4—6为原值变动单处理界面，其操作包括选择变动类型、输入资产编号、输入增减金额以及变动原因等。

固定资产变动单

—原值增加—

变动单编号	00005			变动日期	2017-11-30
卡片编号	00043	固定资产编号	0421011007	开始使用日期	2017-10-31
固定资产名称			计算机	规格型号	
增加金额	2 000.00	币种	人民币	汇率	1
变动的净残值率			4%	变动的净残值	
变动前原值	8 000.00	变动的原值			10 000.00
变动前净残值	320.00	变动后净残值			400.00
变动原因					市场价格波动
				经手人	张萌

图4—6　固定资产变动单(原值增加)输入界面

(四)资产评估的输入与处理

资产评估往往涉及资产的原值、累计折旧、净值、使用年限、工作总量、净残值率，所以一般也属于资产变动处理。用户一般需要录入评估后的数据或通过自定义公式生成的评估后数据。系统将生成评估单，显示固定资产被评估的项目在评估前和评估后的数据。

二、固定资产的减值准备处理

资产减值准备处理本质上是一种变动处理。在系统启用之前，对已经计提的固定资产减值准备，作为期初数据，随原始卡片输入系统。计提减值准备时，减值准备按单项资产计提，即期末或年末逐项检查固定资产，如果由于市价持续下跌或技术陈旧等原因导致其可回收金额低于账面价值，则将差额作为减值准备处理。系统一般通过计提减值准备变动单界面进行具体处理，如图 4—7 所示。

固定资产变动单

—计提减值准备—

变动单编号	00006			变动日期	2017-11-30
卡片编号	00042	固定资产编号	022101002	开始使用日期	2008-12-01
固定资产名称	消防设备			规格型号	
减值准备金额	10 000.00	币种	人民币	汇率	1
变动的净残值率	4%			变动的净残值	
原值	50 000.00	累计折旧	29 920.00		
累计减值准备金额	10 000.00				
可收回市值	10 080.00				
变动原因	市场价格波动				
				经手人	张萌

图 4—7 固定资产变动单(计提减值准备)输入界面

三、固定资产的计提折旧与分配处理

固定资产计提折旧与分配处理一般包括输入工作量、计算折旧、折旧分配、编制折旧转账凭证等功能，其中后三项功能一般是集成的，即一气呵成地完成。

(一)输入工作量

如果账套内的资产使用工作量法计提折旧，则计提折旧前必须录入这些资产当月的工作量。具体方法是：由系统自动列出采用工作量法计提折旧的所有资产，提示用户输入当月工作量。

(二)计提折旧

计提折旧在卡片文件中进行，即逐项对应提折旧的资产计算其月折旧额，并将计算结果自动累加到累计折旧项目。系统每期计提折旧一次，计提折旧之后可以输出折旧清单，其中列示资产编号、资产名称、应计折旧额、月折旧率、净残值、月工作量、月折旧额等信息，全年的折旧清单还列出各项资产在 12 个月内的月折旧额、累计折旧等信息。

表 4—3 折旧清单

资产编号	资产名称	原值	应计折旧额	本月折旧	累计折旧	净残值	折旧率
合　计							

(三)折旧分配

系统在计提折旧的同时自动按部门或类别分别生成折旧分配表。但如果系统允许定义折旧分配周期,则每个分配周期的期末才生成折旧费用分配表。例如,假定选择每个季度分配一次折旧费用,则分别在 3、6、9、12 月计提折旧之后才汇总三个月的折旧费并生成折旧分配表。折旧分配表是编制记账凭证、把计提折旧额分配到成本和费用的依据。折旧分配表存入折旧分配文件,其中按部门编制的折旧分配表如表 4—2 所示。

四、固定资产的制单处理

固定资产管理系统需要为账务处理系统编制记账凭证的业务包括资产增加、资产减少、原值变动、累计折旧调整、资产评估、减值准备、折旧分配等。系统一般设计两种制单方式:

(一)即时制单

即时制单是指在一项业务完成后,通过"制单"命令立即编制记账凭证。

(二)集中制单

若一项业务完成后没有立即编制记账凭证,系统则将该业务记录在批量制单表中,以便期末由"集中制单"功能成批进行记账凭证的编制。由系统自动编制的凭证,有些可能是不完整的,例如根据资产增加编制的凭证可能只有借方科目和金额,这需要用户通过编辑以补充贷方科目,以使凭证完整。此外,需要注意的是,如果要删除已制作凭证的卡片、变动单、评估单,重新计提、分配折旧,或进行资产减少的恢复等操作,必须先删除相应的记账凭证。

五、期末处理

固定资产系统的期末处理主要包括对账与结账两项功能。

(一)对账

为了确保固定资产管理系统中的相关资产价值与账务处理系统固定资产科目的数值相等,每个会计期末必须执行对账功能。对账操作一般不限制执行的时间,即任何时候均可进行对账。但期末结账前必须自动对账一次,给出对账结果,并据此确定是否允许结账。

知识链接

固定资产管理系统中"对账"最主要的意义在于与总账管理系统的核对。以折旧为例,固定资产管理系统中计提折旧后相关卡片信息便随之更新,但是相应的总账数据信息必须等生成凭证并记账后才会有相应变化。所以,如果总账账务处理系统未对固定资产管理系统生成的相关凭证进行记账,那么通常固定资产管理系统在对账中就会出现"固定资产与总账对账不平"这种情况。

(二)结账

期末结账必须在自动对账平衡之后进行,而且每月必须结账一次,结账后当期的数据不能修改。12 月结账时还要求本年应该编制的记账凭证已全部编制完成。

课堂思考

折旧等固定资产系统自动生成的凭证,在账务处理系统未对此进行审核记账前,固定资产系统是否可以进行月末结账?

六、账表输出与分析

为了让企业及时了解固定资产的数量、质量、分布、使用等情况,系统要提供有关固定资产卡片、账簿、折旧表、统计表和分析表的查询与打印输出功能。

(一)固定资产卡片

不仅提供对现有卡片、已经减少的卡片以及它们的变动记录的查询,而且在方法上提供按部门、按类别等确定性查询以及组合条件查询。

(二)账簿

包括固定资产总账、明细账以及登记簿,其中明细账分为部门或类别明细账以及单件资产明细账。固定资产总账可以按部门和类别设立,列示每一期间企业全部资产的原值、累计折旧以及净值。固定资产总账如表 4—4 所示。

表 4—4　固定资产总账

资产类别:　使用部门:　日期:

期间	原值			累计折旧			净值
	借方	贷方	余额	借方	贷方	余额	
合　计							

(三)固定资产折旧表

主要包括部门或类别折旧汇总表、固定资产折旧清单、固定资产折旧计算明细表、固定资产及累计折旧表。其中,部门折旧汇总表如表 4—1 所示,固定资产折旧清单如表 4—2 所示。此外,类别折旧汇总表反映各类资产的折旧情况,包括上月计提、上月原值变动和本月计提情况。

(四)固定资产统计表

主要包括评估汇总表、评估变动表、固定资产统计表、盘盈盘亏报告表、役龄资产统计表、逾龄资产统计表、固定资产原值一览表、固定资产到期列表。其中,原值一览表按使用部门和类别交叉汇总资产的原值、累计折旧和净值。

(五)固定资产分析表

主要包括部门构成分析表、价值结构分析表、类别构成分析表、使用状况分析表。其中,部门构成分析表是对企业各部门的资产状况的分析,如表 4—5 所示。

表 4—5　　固定资产部门构成分析表

单位：　　期间：

使用部门	资产类别	原　值		累计折旧		净　值	
		金额	占总值%	金额	占总值%	金额	占总值%
总　计							

(六)固定资产减值准备表

主要包括资产减值准备表、减值准备余额表、减值准备总账。其中,减值准备总账反映固定资产在各期间计提减值准备的汇总数。

本章小结

本章主要介绍了固定资产管理系统的功能、特点与流程,固定资产管理系统的初始化设置与日常业务处理等内容。

固定资产管理系统是会计信息系统的重要子系统之一,而固定资产卡片的管理、变动单的处理、折旧的计算和分配、减值准备的计提和分配是该子系统的主要内容。固定资产管理系统的初始设置是为用户在计算机上处理企业的固定资产业务提供一个合适的运行环境而设计的模块,主要包括参数设置、基础设置和录入初始卡片三个方面的内容。固定资产的主要日常业务处理包括增减变动处理、减值准备处理、计提折旧与分配处理、制单处理、期末处理、账表输出与分析等。

第五章 薪资管理系统

学习目标

通过本章学习，掌握薪酬管理系统初始化设置、日常业务处理及期末处理的相关事项；理解薪酬管理系统的功能模块；了解薪酬管理系统的相关业务流程。

《企业会计准则第 9 号——职工薪酬》规定，职工薪酬是指企业为获得职工提供的服务或解除劳动关系而给予的各种形式的报酬或补偿。职工薪酬包括短期薪酬、离职后福利、辞退福利和其他长期职工福利。职工薪酬的核算和管理是企业人力资源管理的重要组成部分，涉及企业每一位员工的切身利益。它在调动员工工作积极性、正确处理企业与员工之间的经济关系方面具有重要的作用。

第一节 薪资管理系统概述

在会计信息系统软件中，薪资管理系统普遍具有明显的自动计算和汇总功能，能够使财务人员从日常工资核算的烦琐工作中解脱出来，并且大大减少了由于手工计算所导致的差错，使薪资管理系统在实践中得到广泛的应用。

在使用薪资管理系统处理日常薪资计算及汇总功能之前，需要根据企业自身特点及实际情况对企业进行部门设置、人员编码设计以及人员类别的划分，并且整理好相关工资项目及核算的方法。另外，还需要准备好人员档案的数据、工资数据等基本信息。

一、薪资管理系统的功能

(一)工资类别管理

薪资系统提供处理多个工资类别的功能。如果单位中所有员工的工资项目、工资计算公式全部相同，那么只需要建立单个工资类别，即可对员工的工资进行统一管理；如果单位按周或按月多次发放薪资，或者对单位中不同类别(部门)的人员，采用不同的薪资发放项目，薪资计算公式也不同，那么可选择建立多个工资类别。

(二)员工档案管理

可以设置员工的基础信息并对员工人事变动进行信息调整，系统同时还提供了设置人员附加信息的功能，可以设置诸如人员类别、人员所属部门、代发工资的银行名称等。

课堂思考

在员工档案初始设置中还需对人员进行统一编码，此处的人员编码与公共平台的人员编码是否需要保持一致？

（三）薪资数据管理

不同企业可以自行根据本企业情况设计工资项目和工资计算公式；管理所有员工的工资数据，并对日常的工资变动进行调整；自动计算个人所得税，结合本单位工资发放形式进行扣零处理或向代发的银行传输工资数据；自动计算、汇总工资数据；自动完成工资分摊、计提和转账业务；同时，系统还提供对不同工资类别数据的汇总，从而实现对工资统一核算的功能。

（四）账簿管理

满足按多种条件查询总账、日记账及明细账等需求，具有总账、明细账和凭证联查的功能。

（五）薪资报表管理

薪资核算的结果最终是要通过报表和凭证来体现的。薪资管理系统提供了各种工资表、汇总表、明细表、统计表和分析表等，并且提供了凭证查询和自定义报表的查询功能。

知识链接

当企业的工资是以现金的形式发放时，经常需要对发放工资的零头进行特殊的处理，如对于一些尾数，几角几分或几元，在发放时十分不方便，因此需要将零头进行累积达到一定数目后再发放。系统提供了扣零处理的功能，以协助企业完成类似业务的处理。在扣零设置中，一般可以选择扣零至元、扣零至角，或者扣零至分。目前，大多数单位均采用银行代发工资，工资直接转账到个人账户，所以此项设置也就失去了意义。

二、薪资管理系统与其他系统的主要关系

薪资管理系统与系统管理共享基础数据；薪资管理系统将工资分摊的结果生成转账凭证，传递到总账管理系统；另外，薪资管理系统向成本核算系统传送相关费用的合计数据。

第二节　薪资管理系统流程

一、手工方式下的薪资结算流程

在手工方式下，薪资业务处理涉及各基层单位（如部门、车间、班组等）、人事部门和财务部门。薪资结算业务的处理过程如下：

（1）工资的发放单位（包括企业内部各单位，如车间、部门、班组等）将考勤表和工资表交给人事部门，由人事部门审核工资表的合法性和真实性。

（2）人事部门将审核后的工资表交到财务部门，再由财务部门审核工资表的准确性，并将

各发放单位的工资表进行汇总,编制"工资汇总表",审核无误后到银行取款,办理手续,取回工资(以非"现金"形式发放工资的企业没有取现过程)。

(3)财务部门将工资表及工资发给工资发放单位,工资表一联由领款人盖章后返回财务部门作账务处理。由此完成个人工资计算、部门工资汇总及工资发放工作。

(4)财务部门根据"工资费用汇总表"编制"工资费用分配表",将工资按用途进行分配,分别记入"生产成本"和相关账户。

从以上业务处理流程可以看出,手工作业需要花费大量的人力和时间来进行工资核算与管理,因此,很多企业的计算机会计信息系统的开发都是从薪资系统开始的。

二、薪资管理系统处理流程

薪资管理系统原始数据量大,涉及的部门比较多。为提高原始数据输入的效率,可对输入数据进行分类,以便根据不同数据的性质,采用相应的输入方法。一般可按数据变动频率大小,将其分为基本不变数据和变动数据两类。基本不变数据是指在日常业务中基本保持固定不变的数据,如职工姓名、代码、基本工资、基本工作时间等。变动数据是指每月都有可能发生变化的数据,如病事假时间、某些不固定的津贴和代扣款项等。

在规模较大、数据量较多的企业,可以将以上两部分数据分别建立基本不变数据文件和变动数据文件。基本不变数据文件供系统长期调用,只有在人员变动时更新此文件数据。每月核算都可以直接调用这些数据,无须重新录入。变动数据文件中的数据需要每月输入。

图 5—1 是一个相对独立的工资系统流程。图中各部门的职责如下:人事部门负责采集关于职工的基本情况数据、考勤记录和扣款数据记录;数据处理部门负责将人事部门采集的数据输入计算机系统,进行薪资计算、汇总、分配和转账等操作。

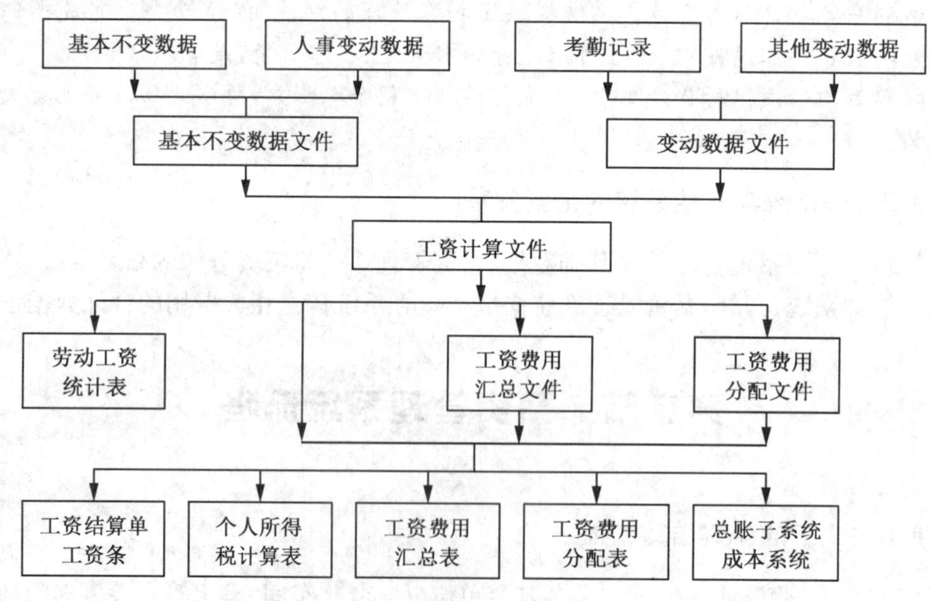

图 5—1　相对独立的薪资管理系统处理流程

(1)在系统初始化时,将基本不变数据输入系统,供以后各月调用;当人事出现变动时(如雇员新进,离职或岗位变动),更新人事变动数据。根据以上两类数据生成基本不变数据文件。

(2)根据每月考勤记录、其他变动数据生成变动数据文件。

(3)以职工代码作为关键词,将基本不变数据文件和变动数据文件数据进行结合匹配,形成工资计算文件,同时进行有关工资数据的计算。

(4)根据工资计算文件,按工资发放单位汇总工资数据,形成工资费用汇总文件;按不同部门及不同工作类别汇总,分配工资费用,形成工资费用分配文件。

(5)根据工资计算文件、工资费用汇总文件、工资费用分配文件,输出工资结算单和工资条、工资费用汇总表和工资费用分配表等。

(6)根据工资计算文件,按部门进行不同工作类别的工资汇总,输出劳动工资统计表,以满足企业劳资管理的需要。

(7)将工资费用分配的结果,编制记账凭证,作自动转账处理,供总账子系统和成本系统调用。

第三节　薪资管理系统的功能结构

根据上述对薪资处理程序的分析,进行系统功能模块的设计,其功能模块设计如图 5—2 所示。

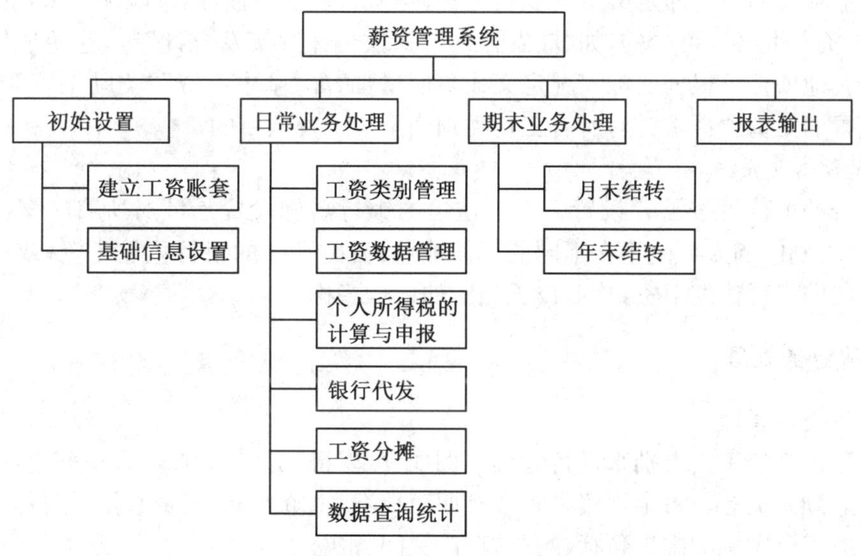

图 5—2　薪资管理系统的功能结构

一、初始设置

计算机处理薪酬管理,程序基本类似于手工,只不过用户要做一次性初始设置,如部门、人员类别、工资项目、公式、个人工资、个人所得税设置,银行代发设置,各种表样的定义等,每月只需对有变动的数据进行修改,系统自动进行计算,汇总生成各种报表。

薪资管理系统初始设置包括建立工资账套和基础信息设置两部分。

（一）建立工资账套

工资账套与系统管理中的账套是不同的概念，系统管理中的账套针对的是整个核算系统，而工资账套只针对薪资管理子系统。要建立工资账套，前提是在系统中首先建立本单位的核算账套。建立工资账套时，根据软件设计，一般分为参数设置、扣税设置、扣零设置与人员编码设置。

（二）基础信息设置

建立工资账套后，要对整个系统运行所需的一些基础信息进行设置，包括以下几项：

1. 部门设置

首先，应设置部门代码与部门名称对应关系，以满足提示、查询和打印的需求。其次，设置部门代码文件维护的功能，当增加、减少部门和部门代码变动时及时对数据进行整理输入。

2. 人员类别设置

人员类别与工资类别的分配、分摊有关，以便于按人员类别进行工资汇总计算。

3. 人员附加信息设置

此项设置可增加人员信息，丰富人员档案的内容，以便于对人员进行更加有效的管理。例如，增设人员的学历、职称、婚姻状况等信息。

4. 工资项目设置

工资项目包括工资结算单上所列的各个项目和与计算这些项目有关的原始项目和中间过渡项目。工资项目的设置即定义工资项目名称、类型、宽度、小数位、增减项。系统中有一些固定项目，是工资单上必不可少的，如“应发合计”“扣款合计”“实发合计”等，这些项目不能删除和重命名。其他项目可根据实际情况定义或参照增加，如“基本工资”“奖励工资”“请假天数”等。在此设置的工资项目是针对所有工资类别的全部工资项目的。

5. 银行名称设置

发放工资的银行可按需要设置多个。这里的银行名称设置是针对所有工资类别的。例如，同一工资类别中的人员由于在不同的工作地点，需由不同的银行代发工资；或者不同的工资类别由不同的银行代发工资，均需设置相应的银行名称。

二、日常业务处理

（一）工资类别管理

薪资管理系统按工资类别来进行管理。例如，可以将人员分为在岗人员和退休人员，或者业务人员和后勤人员等。每个工资类别下有职工档案、工资变动、工资数据、报税处理、银行代发等设置。对工资类别的维护包括建立、打开、关闭、汇总等操作。

1. 人员档案

人员档案的设置用于登记工资发放人员的姓名、职工编号、所在部门、人员类别等信息，这些数据一般属于基本不变数据，只在发生人事变动，即职工调入、职工调出和职工在本企业内部的岗位调动等情况发生时进行修改。人员档案的操作是针对某个工资类别的，即应先打开相应的工资类别。人员档案管理包括增加、修改、删除人员档案，人员调离与停发处理，查找人员等。

2. 设置工资项目和计算公式

此处的工资项目设置与初始设置中的工资项目不同。系统初始设置中的工资项目包含本单位各种工资类别所需要的全部工资项目。而在日常操作中，不同的人员类别在计算工资时所用的工资项目不同，计算公式也不同，因此，应对各个具体的工资类别进行工资项目设置并定义此工资类别的工资数据计算公式。

课堂思考

假设某单位的工资类别分为在岗人员和退休人员，他们各自的工资项目有什么区别？

(1)选择本工资类别的工资项目

只能选择系统初始化设置的工资项目，不可自行输入。工资项目的类别、长度、小数位数、增减项等不可修改。

(2)设置计算公式

定义某些工资项目的计算公式及工资项目之间的运算关系。此模块是工资核算的核心，所有数据都要经过这一模块处理。因为工资项目繁多，计算数据量大，而工资核算本身对准确性和及时性要求较高，所以设计时主要考虑的是计算技巧和运算速度。原始数据输入后，就可以采用一定的计算方法计算职工个人的应发工资和实发工资。

例如，

缺勤扣款＝ 基本工资/月工资日 * 缺勤天数

应发工资＝基本工资＋固定津贴＋变动津贴－缺勤扣款

运用公式可以直接表达工资项目的实际运算过程，灵活地进行工资计算处理。定义公式可通过选择工资项目、运算符、关系符、函数等组合完成。

定义工资项目计算公式要符合逻辑。系统对公式进行合法性检查，不符合逻辑的，系统将给出错误提示。

课堂思考

定义工资项目计算公式时要注意什么顺序？

(二)工资数据管理

第一次使用薪资管理系统必须将所有人员的基本工资期初数据录入计算机，作为工资计算的基础数据。平时如每月发生数据的变动也在此进行调整。企业所有职工的全部基本不变数据在系统初始设置时就可输入系统，这部分数据一经输入便可长久使用。

日常处理只需输入变动数据。这些数据包括工资核算与管理组织变动数据。为保证原始数据输入的准确性、合理性和合法性，一般要对其进行校验或检测。检测或校验的方法很多。键盘输入时，可以采用人机对话，目测检验，也可以编制检验错误的程序，用检验程序来检查输入原始数据的错误。

(三)个人所得税的计算与申报

鉴于许多企事业单位计算职工个人所得税工作量较大，会计信息系统软件提供个人所得税自动计算功能，用户只需自定义所得税率和个人所得税计算公式，系统自动计算个人所得税。其中，对扣税标准和个人所得税税率文件的维护在初始设置中完成。

(四)银行代发

目前社会上许多单位在发放工资时都采用银行代发的方式。银行代发是指银行接受委托单位的委托，将委托单位向本单位职工发放的工资、奖金等收入，通过转账划入指定职工在银行开立的活期储蓄账户内的一项业务。这样做既减轻了财务部门发放工资的繁重工作，又有效地避免了财务人员去银行提取大笔款项所承担的风险，同时还提高了员工个人工资信息的私密程度。

(五)工资分摊

工资是人工费用最主要的组成部分，还需要对工资费用进行工资总额的计提计算、分配及各种经费的计提，并编制转账凭证，供登账处理之用。

会计信息系统根据工资计算数据进行工资分配，形成工资费用分配文件，同时产生工资分配业务的转账凭证。具体设计如下：

生成工资分配业务数据。系统初始化时，根据会计制度规定输入工资费用分配文件中表明部门代码、工作类别与会计科目代码对应关系的数据。以下简单列示部分部门名称、工作类别和会计科目名称之间的对应关系，输入时，部门和会计科目要使用相应代码，如表5－1所示。

表5－1　　工资分配业务数据表

部门	工作类别	会计科目
基本生产车间	生产	生产成本
基本生产车间	管理	制造费用
辅助生产车间	生产	生产成本
辅助生产车间	管理	制造费用
厂部办公室	管理	管理费用
销售部门	管理	销售费用

工资费用数据由工资计算文件产生，按车间或科室和工作类别进行应付工资汇总。还要按照财务制度规定的工资总额比例，计提“五险一金”、工会经费和教育经费等。

当月工资业务处理完毕后，系统自动编制转账凭证，生成记账凭证数据文件，传输到总账子系统。

月终，将本月应发的工资进行分配，并提取各种社会保险、住房公积金、工会经费和教育经费等职工薪酬。对此，要建立凭证文件，以存放工资分配业务转账数据，其结构与总账子系统中记账凭证文件的结构相同。工资分配业务要做如下转账凭证：

借：生产成本
　　制造费用
　　管理费用
　　销售费用
　　贷：应付职工薪酬

(六)数据查询统计

工资数据处理结果最终通过工资报表的形式反映。薪资管理系统提供了主要的工资报表，具有灵活的查询功能，能够按某一特征来查询需要的信息。例如：

(1)按职工代码查询：查询任意职工的任意工资项目数据。

(2)按部门查询：查询任意部门的任意工资项目数据。

(3)按工作类别查询:查询任意类别职工工资汇总数据。

(4)按工资项目查询:查询任意工资项目的任意职工个人数据和任意部门汇总数据。

(5)按自由方式查询:如根据用户输入的选择条件查询工资数据及查询任意数据库的任意工资项目数据。

除此之外,工资系统需要输出的内容还包括“工资条”(提供给职工个人)、“个人所得税计算表”(为“工资结算单”中个人所得税扣除项目)、“工资汇总表”(工资费用按班组或小组、车间或科室和全厂三级组织逐级汇总,用内部表格形式打印输出)、“工资费用分配表”和“劳动工资统计表”等各种工资分析表,供决策人员使用。

三、期末业务处理

(一)月末结转

月末结转是将当月数据经过处理后结转至下月。每月工资数据处理完毕后均可进行月末结转。由于在工资项目中,有的项目是变动的,即每月的数据均不相同,在每月工资处理时,均需将其数据清零,然后输入当月的数据,此类项目即为清零项目。因月末结转只有主管人员才能执行,所以应以主管的身份登录系统。月末结转只有在会计年度的1～11月进行,且只有在当月工资数据处理完毕后才可进行。若为处理多个工资类别,则应打开工资类别,分别进行月末结转。若本月工资数据未汇总,系统将不允许进行月末结转。进行期末处理后,当月数据将不允许变动。

(二)年末结转

年末结转是将工资数据经过处理后结转至下年。进行年末结转后,新年度账将自动建立,只有处理完所有工资类别的工资数据,对多工资类别,应关闭所有工资类别,然后在系统管理中选择“年度账”菜单,进行上年数据结转。其他操作与月末处理类似。

年末结转只有在当月工资数据处理完毕后才能进行。若当月工资数据未汇总,系统将不允许进行年末结转。进行年末结转后,本年各月数据将不允许变动。若用户跨月进行年末结转,系统将给予提示。年末结转只有主管人员才能进行。

四、报表输出

薪资管理系统输出的工资报表可以分为两大类:一类是各种工资报表,另一类是各种工资统计分析表。除工资单、银行代发工资文件、工资费用分配表外,其余的工资报表都可引出为自定义报表。

课堂思考

工资的月末和年末处理功能应由谁来完成?

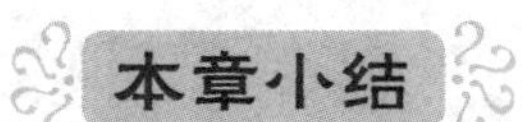

职工薪酬,是指企业为获得职工提供的服务或解除劳动关系而给予的各种形式的报酬或补偿。职工薪酬包括短期薪酬、离职后福利、辞退福利和其他长期职工福利。

薪资管理系统的功能主要包括工资类别管理、员工档案管理、薪资数据管理、账簿管理、薪资报表管理。

薪酬管理系统各部门职责如下：人事部门负责采集关于职工的基本情况数据、考勤记录和扣款数据记录；数据处理部门负责将人事部门采集的数据输入计算机系统，进行薪资计算、汇总、分配和转账等操作。

薪资管理系统初始设置包括建立工资账套和基础信息设置两部分；日常业务处理包括工资类别管理、工资数据管理、个人所得税的计算与申报、银行代发、工资分摊、数据查询统计。期末业务处理包括月末结转和年末结转。

第六章 采购与应付管理系统

学习目标

通过本章学习，了解采购与应付账款管理系统的内容、特点及目标；掌握采购与应付账款管理系统的业务流程设计思路；掌握采购与应付账款管理系统的初始设置以及日常业务流程。

第一节 采购与应付管理系统概述

一、采购与应付管理系统的内容

采购与应付管理系统是企业日常经营活动中一个非常重要的业务流程。采购是企业物资供应部门按已确定的物资采购计划，取得企业生产经营活动所需要的各种物资的过程。当企业采购的物资是通过赊购实现的时候，物资的采购时间与采购价款实际支付的时间就会产生差异，从而形成应付账款。

行业不同，采购与付款的流程也不相同，即使同一行业，经营业务的复杂度也会使流程复杂程度不尽相同。但一般的采购与付款流程基本涉及请购部门、采购部门、验收部门、财务部门等。企业从采购到付款一般都要经历的流程如图6－1所示。

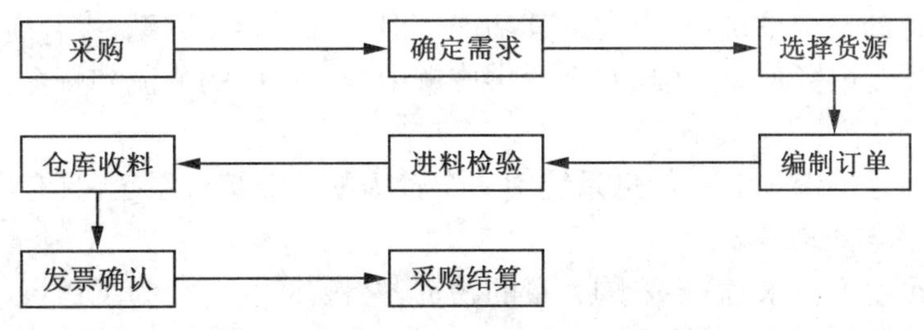

图6－1 企业采购到付款一般流程

具体来说，采购业务内容如下：

(1)及时并准确地完成采购订货管理，反映和监督采购订单的制定、审核和执行情况。

(2)完成采购的日常业务处理，包括采购入库、采购退货、发票处理和采购结算等日常处理工作。

(3)完成应付账款的核算和管理,包括应付账款的日常核算、债务状况、资金支出等,从而合理安排还款计划。

(4)实现供应商管理、价格及供货信息管理、物料对应管理和质检管理等。

(5)完成采购分析和统计工作,同时传递相关信息到其他业务流程。

二、采购与应付管理系统的目标

采购与付款过程的目标是为企业的生产过程提供必需的资源,一个完善的采购与应付账款管理系统的目标应包括以下几个方面:

1. 反映采购日常业务

(1)明确对物资质量、数量和到货时间等方面的要求,确保采购需求合理有效。

(2)选择合适的供应商,协商合理价格,并及时签订采购合同和订单。检验到货商品,确保采购需求能得到有效满足。

(3)有效控制到货商品,防止其丢失、被盗和损坏。

(4)对已验收的商品,及时并正确付款,维护良好的企业信誉和稳定的物资供应。

2. 加强对资金的管理

核算采购与付款过程中发生的成本和费用,分析薄弱环节,改善采购和支付过程的效率和效益。动态地反映从供货商的发票到处理付款为止的数据处理流程,反映和监督存货采购交易过程中资金的支出和应付情况,跟踪应付账款的到期日,及时提供债务总额和现金流量。

3. 提供各种核算和管理信息

系统及时反映采购与付款相关的各种信息,输出各种相关报告。

三、采购与应付管理系统的特点

采购管理是通过采购申请、采购订货、进料检验、仓库收料、采购退货、发票处理、供应商的管理、价格和供货信息管理、订单管理、质量检验管理等功能实现从订货、验货到结算的全过程跟踪控制;应付管理系统主要用于核算企业与供应商之间的往来款项,完成采购的会计核算和应付款管理。

采购系统与付款系统二者相互联系又有区别,区别在于采购系统属于供应链一部分,付款系统属于财务会计的一个系统,各自完成其功能。但二者又相互联系,综合应用可以提供更完整全面的物流业务与财务信息,实现对企业供应链中物资供应的物流和资金流的全面、全程管理和核算。

采购与应付管理系统是会计信息系统中一个较为复杂的综合系统,具有以下特点:

1. 数据储存量与处理量大

企业为了满足生产需求,需要采购大量的物资、材料;商业企业为了销售,也要采购大量商品。这些存货品种规格繁多,有的多达几万种,对每一项采购业务都要进行详细、全面的反映。此外,每一个供应商信息、每一笔应付款业务等也都需要完整保存。因此,采购与付款核算与管理需要存储和处理大量数据。

2. 数据变化频繁

要保证生产和销售的顺利进行,必须经常进行存货的采购活动;要保证采购质量,必须动态了解供应商报价、存货品种和质量等信息;当确认发票时,需要动态获取订单、发票、验收报告，并经过审核后方可确认；无论是确认发票还是付款后，都要进行大量的会计核算和账务处理，保证财务信息的正确反映。因此，采购与应付管理系统的数据输入频率和处理频率都相当高，数据变化相当频繁。

3. 管理要求高

采购与付款业务流程不仅要正确反映采购订货、验收入库、采购发票以及付款等经济活动，而且要严格进行采购管理。因为过多的库存会使企业产生额外的库存管理费用，造成资本的僵化，使资金周转紧张，使物资陈旧而变成废料或贬值，导致收益的恶化。因此，采购与付款流程必须提供丰富的管理信息，杜绝管理不善所导致的生产缺料或物料过多问题。

4. 与其他系统的关系紧密

采购与付款流程要为存货子系统提供到货以及检验合格的信息，与存货子系统联合使用可以追踪存货的出库信息，把握存货的畅滞信息，从而减少盲目采购，避免库存积压，并且可以将采购结算成本自动记录到存货成本账中，便于财务部门及时掌握存货采购成本；要为总账子系统提供各种账务处理信息，正确反映存货的价值变化、流动负债的增减变化，以及现金流出等信息。

四、与其他业务系统的关系

采购与付款过程是企业生产经营过程中的重要组成部分，它从销售过程和生产过程得到对各种材料物资的需求情况，并且结合库存数据，在预算管理过程的控制下形成有效的采购需求；为库存管理和存货核算提供入库成本和数量信息；对现金管理过程提出付款请求；向财务核算和分析过程提供采购成本和费用等数据。

课堂思考

采购与应付管理系统在整个会计信息系统中的作用是什么？

第二节　采购与应付管理系统流程

一、采购与应付管理系统流程的构建原则

企业的经营业务的复杂程度影响采购与应付管理系统的业务流程的构建，为使采购与付款流程更加顺畅，采购与应付管理流程的构建原则如下：

(1)“数出一门，共同使用”，即一旦采购订单被确认，质检部门的验收入库业务、财务部门的发票控制与结算业务、财务部门的应付与付款业务，都以“采购订单”为依据进行相应的业务处理。

(2)整个业务流程采用统一的数据库，在数据库中以“采购订单”文件为主要数据文件，即各个部门和岗位的业务都必须从“采购订单”文件中提取数据，并对该文件中的关键属性进行确认。

(3)在关键环节设计控制点，强化实时控制。控制方式：一是柔性控制，即控制者根据自己的判断进行实时控制；二是刚性控制，即设计控制准则，并将其嵌入系统，由系统进行实时

控制。

二、采购与应付管理系统的典型业务流程

企业的生产经营活动存在多种采购和付款流程。一般来说，采购可分为现购、赊购、直接采购、受托入库采购以及退货等类型。应付款的处理又可以分为发票付款、其他应付单付款、未付款退货、已付款未核销退款退货、已付款已核销退款退货等。

现购是指货物的接收与货款的支付同时完成。赊购是指赊销双方利用商业信用进行交易，货物检验合格后支付货款，形成应付账款。直接采购是指企业接受客户的订单后，与第三方供应商签订采购订单，由第三方供应商根据采购订单组织货源直接向客户发出货物。受托入库采购是委托代销的一种对称业务，它通常用来处理代理商向已经签订代销协议的上游分销商和生产厂商进行订货的业务。退货则是由于质量问题、延期或其他原因等退回供应商的货物。

发票付款是指根据发票确认应付账款和申请付款，然后付款记账。其他应付单付款是指根据其他应付单确认其他应付款和申请付款，然后记账付款。未付款退货是指物资已经采购入库但货款尚未支付时需要退货，则使用红字发票冲回应付账款。已付款未核销退款退货是指物资已采购入库并且货款已支付未核销时需要退货，则使用红字发票冲回应付账款，同时使用退款单退回已付款；然后将退款单与付款单核销，将红蓝字发票对等核销，或者将红字发票与退款单核销，蓝字发票与付款单核销。已付款已核销退款退货是指如果物资已采购入库并且货款已核销时需要退货，则使用红字发票冲回应付账款；同时使用退款单退回已付款，然后将红字发票与退款单核销。

以下分别介绍现购流程、赊购流程以及退款流程。

1. 现购流程

现购的基本流程如图 6—2 所示。

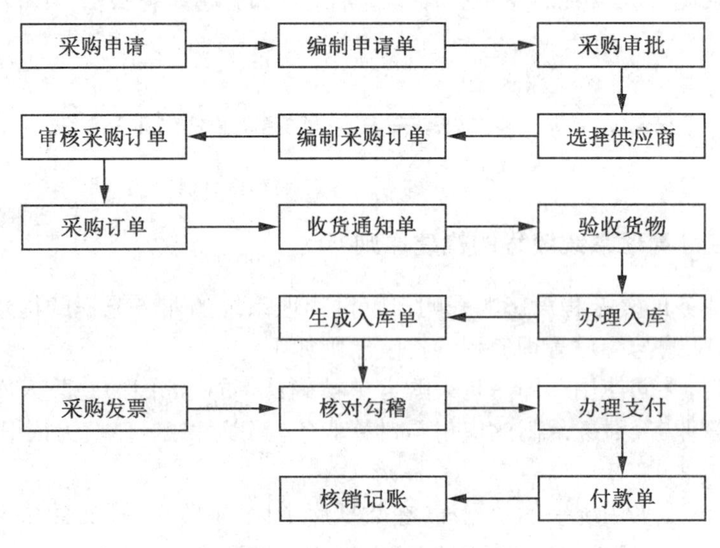

图 6—2 现购基本流程

(1)业务人员根据企业的实际需要，基于销售订单、库存情况或零星的采购需求，编制采购

申请单。

(2)采购业务人员依据采购申请、采购配额信息和采购价格，向供应商下达采购订单。

(3)采购业务人员跟踪订单执行情况，及时填制收货通知单，并通知企业接收货物。

(4)质检人员根据订单要求，检验接收货物的质量，并提交质检报告。

(5)仓管人员根据质检合格报告和收料通知单，办理入库业务，并填写外购入库单。

(6)会计接受采购发票，与订单和入库单核对，勾稽发票和入库单，并通知出纳办理付款。

(7)出纳付款。

(8)会计记账，核算采购成本和费用，并核销相关单据。

2. 赊购业务流程

赊购的基本流程如图 6—3 所示。

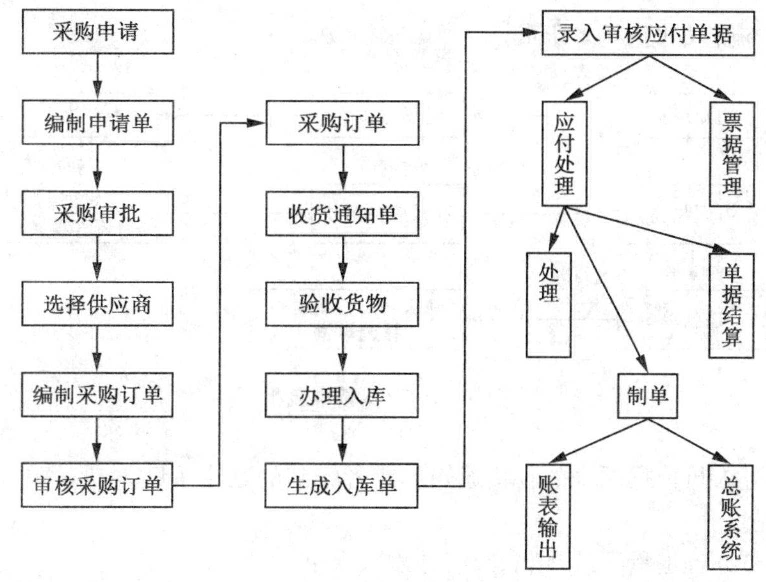

图 6—3　赊购基本流程

(1)业务人员根据企业的实际需要，基于销售订单、库存情况或零星的采购需求，编制采购申请单。处理请购单的方式大致有三种：一是请购者编制购买存货的请购单，经领导批准后，通过录入模块将请购单输入计算机，并保存在请购单文件中；二是库存管理系统自动传入，该系统可以自动判断每项存货的再订货点，一旦存货低于或等于再订货点，库存管理系统就自动生成一份要求订货的记录存入请购单文件；三是物资需求计划传入，有些企业建立了物料需求计划系统，该系统经过运算后自动生成采购计划，并将其传递到请购单文件。

(2)采购部门的相关业务人员从请购单文件调出请购单，根据当前库存量计算采购计划中物资净需求量，并将净需求量与存货文件中的最高库存量和最低库存量进行比较。审核通过后，进入下一环节。

(3)采购订单编制人员根据请购单的请求，从供应商档案文件和采购价格文件中提取数据，从订单交货文件中获取信息，系统自动按照供应商的选择条件，如供应商的交货记录、服务、价格、质量等给出供应商的排名，并保存在供应商排名文件中。

(4)采购业务人员依据采购申请、采购配额信息和采购价格，编制采购订单，采购订单经审核通过后，向供应商下达采购订单。

(5)采购业务人员跟踪订单执行情况，及时填制收货通知单，并通知企业接收货物。

(6)质检人员根据订单要求，检验接收货物的质量，并提交质检报告。

(7)仓管人员根据质检合格报告和收料通知单，办理入库业务，并填写外购入库单。

(8)会计接受采购发票，与订购单和入库单核对，勾稽入库单和发票，记账确认应付账款，经审核后录入应付账款管理系统。以票据结算的，对应付票据进行管理，主要是记录票据的详细信息及票据的处理情况。对日常业务中涉及的预付款冲减应付款、应付款冲抵应收款、应付款转销等业务进行转账处理；对应付发生、应付结算、核销的转账处理等需要登记有关总账和明细账的业务进行制单处理，编制相关凭证并传递到总账系统。对相关单据、业务账表、科目账表等输出后进行统计分析，同时也可以对往来账款、到期账款进行分析。

3. 退货流程

退货的基本流程如图 6—4 所示。

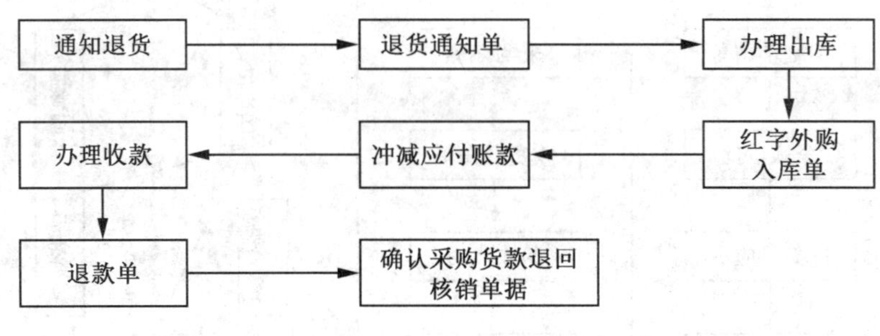

图 6—4　退货基本流程

(1)采购业务人员依据原来的收货通知单或者收到的红字采购发票，填制退货通知单，并通知仓库准备退货。

(2)仓库人员办理退货手续，填制红字外购入库单。

(3)会计根据红字采购发票和红字外购入库单，勾稽入库单和发票，并记账冲减应付账款。

(4)如果已经支付了货款，则由出纳办理退款手续。

(5)会计记账确认采购货款退回，并核销相关单据。

综上所述，我们讨论了现购流程、赊购流程以及退货流程，这三项流程基本涵盖了采购与付款流程。虽然不同的企业采购流程有很大差别，但是通过对上述流程的基本面分析，可以帮助企业建立适应自己采购与付款流程的基本框架。

课堂思考

信息化环境下与手工环境下，采购与付款流程的区别在哪里？

第三节　采购与应付管理系统的功能结构

在现代企业中，采购管理系统与应付管理系统一般结合在一起作为会计信息系统的一个子系统，但是在一些企业中，两者是分开的，即独立运行。但是无论如何划分，采购与应付管理系统都是用于支持物资采购、付款及核算等业务的，两者有着密切的联系。

一、采购与应付管理系统的总体结构设计

（一）采购与应付管理系统的数据编码设计

采购与应付管理系统涉及大量数据编码设计问题，如存货编码、存货类别编码、仓库编码、供应商编码等。因此，数据编码设计的好坏直接影响到系统运行的效率和数据的正确性。数据编码设计是任何一家企业建立信息系统时必须做的基础工作，有些存货品种多、仓库多、供应商多，使得编码工作需要持续几个月的时间。因此，必须重视编码设计问题。

1. 制定编码的原则

(1)一致性原则。供应商来自全国各地甚至不同国家，而不同国家或地区在行政管理上已经给出了统一的编号，如北京区号 010，南京区号 025。因此，供应商编码应该与国家行政区号保持一致。

(2)层次性原则。供应商来自不同的省、市、县，因此，在编码上要体现层次性，便于按省市进行统计和分析。

(3)简单性原则。编码的长度影响到系统的数据库存、处理速度等，因此，编码应力求简单、精练。如供应商是法人，每个法人都有区别于其他法人的电话号码，因此，在编码设计时采用电话号码，便于使用和记忆。

2. 选择合理的编码方法

目前，常用的编码方法有以下几种：

(1)顺序编码，是按编码对象顺序进行编号的一种方法。在编制顺序码时，每一个编码对象的编码均需比前一个对象的编码大。

(2)位数编码，是将编码的每一位或几位赋予一定的含义进行编号的一种方法。

(3)分组编码，是按数字顺序进行分组，由某一特定号码至另一特定号码代表某一类项目的一定类别名称的一种编码方法。

对供应商进行编码时采用位数编码和分组编码相结合的方法。供应商来自全国各地，因此，可以采用分组编码的方法，将供应商编码分成两组：

××××－××××××××

第 1～4 位表示供应商所在城市或地区的区号，可以采用国家统一规定的区号，如北京 010，长沙 0731，不足四位补空格；第 5～12 位便是供应商编号，可以用电话号码作为编码。

（二）采购与应付管理系统的数据文件设计

采购与应付管理系统中基本可以分两类数据文件：第一种是包含供应商档案文件、部门档案文件、结算方式文件以及付款条件文件等的基础类数据文件；第二种是包含请购单文件、采购订单文件、采购发票文件、付款单文件、入库单文件等的业务数据文件。在这两类数据文件中，供应商档案文件、请购单文件、采购订单文件、入库单文件、付款单文件是采购与应付管理系统的主要数据库文件。

以下主要列举供应商档案文件和采购订单文件。

1. 供应商档案文件

(1)供应商档案文件的作用。供应商档案文件用于储存所有供应商的固定信息，文件中每个记录对应一个供应商，根据此文件可以查询供应商的各种信息。该文件的建立主要是为企

业的采购核算和管理、存货核算和管理、应付账款核算和管理等提供服务，并保证在填制采购入库单、采购发票，进行采购结算、应付款结算和有关供应商单位统计时，提供一致的供应商信息，提高数据处理速度，减少工作差错。

(2)供应商档案文件的数据结构设计如表6—1所示。

表6—1　　供应商档案文件的数据结构

序号	项目名称	说　明
1	供应商编码	编码必须唯一
2	供应商名称	汉字或英文字母
3	供应商地址	汉字、数字或英文字母
4	邮政编码	供应商通信地址所在地邮政编码
5	供应商电话	数字
6	开户银行	供应商所在地开户银行名称
7	银行账号	供应商在其开户银行中的账号
8	纳税编号	供应商在工商管理部门登记的税号
9	法人	供应商企业法人代表的姓名
10	E-mail地址	供应商的电子邮件地址
11	信用等级	供应商的信用等级
12	信用额度	供应商提供的赊购额度
13	信用期限	作为结算供应商超期应付款项的计算依据，其度量单位为“天”
14	付款条件	用于采购单据中付款条件的缺省值
15	发展日期	与供应商建立供货关系的日期
16	停用日期	与供应商停止供货关系的日期
17	交货评价	对供应商交货是否及时的评价指标值
18	服务评价	对供货商服务质量的评价指标值
19	质量评价	对供货商提供货物质量的评价指标值

此外，企业可以根据对供应商的管理需要增加项目。

(3)储存策略与方式。供应商档案文件作为查询用的目录文件，可以采用一年一个文件。供应商档案文件按供应商编码建立索引文件。

2. 采购订单文件

(1)采购订单文件的作用。采购订单文件用于储存企业确认的各种采购订单的数据文件，该文件是整个处理流程的核心和基础文件。

(2)采购订单文件的数据结构设计如表6—2所示。

表6—2　　采购订单文件的数据结构

序号	项目名称	说　明
1	日期	订单日期

续表

序号	项目名称	说　明
2	订单号	每张采购订单有唯一编号，该编号由计算机自动产生
3	供应商编码	与供应商档案一致
4	付款条件	即企业为了鼓励客户偿还货款而允诺在一定期限内给予的折扣优惠。这种折扣条件通常可表示为"5/10，2/20，n/30"
5	订货部门	与部门档案文件中的部门一致
6	运费	如运输费等
7	业务员	业务员姓名
8	计划周期	采购计划周期，如旬、月、季、年等
9	运货方式	如铁路、公路等
10	送货地址	企业指定的送货地点
11	存货编码	与存货档案文件一致
12	订货数量	
13	订货单价	
14	税率	
15	已收数量	入库数量
16	存货质检状态	具体取值：合格，不合格
17	发票处理状态	具体取值：已处理，未处理
18	付款状况	具体处理：已付，未付
19	付款到期日	每一订单的具体付款到期日
20	制单人	制单人姓名
21	审核人	审核人姓名
22	状态	用于记录订单的状态，如录入、审核等

此外，为了满足管理的需要，企业还可以增加各种项目。

(3)储存策略与方式。采购订单文件中一张采购订单只能对应一个供应商，一张采购订单又可以同时包含数笔不同内容的采购业务。因此，既可将采购订单文件设计为一个文件，也可以将采购订单文件分成两个相互联系的文件，即采购订单固定信息文件和采购订单变动信息文件，两个文件用一个关键字——订单号连接。可以采用一年一个文件。

二、采购与应付管理系统的主要功能模块

从采购与应付管理系统的目标出发，根据系统的处理流程，可以得出系统的功能结构图(见图6—5)。

1. 初始设置

系统初始设置是日常业务处理的前提，是一项比较繁重、复杂的工作。采购与应付管理系统的初始设置主要包括参数设置、基础信息设置、业务流程设置、期初数据输入等几个方面。

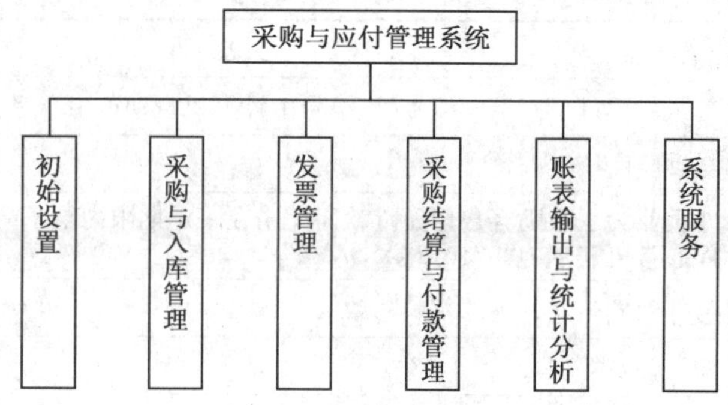

图 6—5 采购与应付管理系统总体结构

2. 采购与入库管理

采购订单是企业与供应商之间签订的采购合同、赊销协议等，是采购管理系统的核心。这一过程又可以分为编制采购订单、修订和审核采购订单、关闭采购订单等功能。采购部门在物料到达企业后，根据业务需要可先填制采购到货单，登记由谁验收以及哪个仓库入库等，便于物料的跟踪与查询。根据此单进行收货质检，检验合格的物料才能入库。入库时填制采购入库单。采购入库管理就是对物料收到、验收入库进行处理和对有关单据实施管理。

3. 发票管理

企业在收到供货单位的发票后，应完成采购发票的输出、审核。

4. 采购结算与付款管理

采购核算人员根据采购入库单、采购发票核算采购入库成本。应付管理以采购发票、其他应付款单为原始单据，记录采购业务及其他业务所形成的应付账款，处理应付款的支付、核销以及转账等，完成采购的核算。

5. 账表输出与统计分析

此功能包括查询采购、入库、付款等业务的各种账表，如采购明细表、入库明细表、结算明细表、未完成业务明细表、采购综合统计表等。另外，还可以对采购流程中各项主要业务的处理结果和运作情况进行分析，如采购成本分析、采购类别结构分析、采购资金比值分析、应付款账龄分析等。

6. 系统服务

系统服务模块主要包括采购管理与应付管理系统相关的数据备份、数据恢复、系统维护和修改口令等功能。

知识链接

电子招标采购环节：采购需求方编制采购方案，发出采购公告；准入筛选通过后的供应商对公告进行响应、在线投标；采购方的专家进行评标，确认中标供应商，发布中标通知；中标的供应商进行响应，执行采购后续流程。

第四节　采购与应付管理系统的初始设置

在现实中，企业采购的存货、供应商档案、付款条件以及结算方式都是实实在在存在的，并且差异比较大，企业要利用计算机完成对采购与付款业务的核算和管理，需针对本企业特性进行系统设置。系统的初始设置是日常业务处理的前提，是原来手工处理的数据进入计算机系统进行计算机处理的起点，也是通过对资金流、物流全面跟踪、管理最终提高企业管理整体水平的基础，是影响整个系统运作质量和效率的直接因素。

一、采购管理系统初始化

初始化工作主要可分为参数设置、基本信息设置、业务流程设置、期初数据输入和启用系统等几部分。参数设置是对数据基本处理原则和方法、业务操作的基本规则、业务流程规范等进行设置，以及为使系统正常运转和简化日常处理工作，预先定义系统涉及的一些信息；基本信息设置是将企业基础资料和管理资料进行整理、汇总后录入系统的过程；业务流程设置是由用户自定义业务处理的环节和相互关系，系统将根据用户的设置进行相关控制，从而满足企业特定业务流程需要；期初数据输入是输入系统启用期之前的业务数据；启用系统是结束初始化设置开始日常处理的操作。

1. 参数设置

需要设置的参数一般可以分为核算参数和系统参数两大类。

(1)核算参数设置

核算参数定义系统的基本处理方式，这部分内容在“系统设置”→“初始化”→“采购管理”→“核算参数”中设置。系统需要设置的核算参数包括以下内容。

启用年度和启用期间：系统默认为系统年度和日期，用户可以更改，选择业务实际的启用年度和期间。

核算方式：有“数量核算”和“数量、金额核算”两种方式，如果核算方式定义为“数量核算”，则系统日常处理中将只核算存货的数量，不核算金额；“数量、金额核算”是核算存货的数量和成本。对于管理一体化系统，供销链与财务系统是相互联系的，因此必须定义为“数量、金额核算”；如果企业只是进行购销存的物流管理，不需要核算其价值，则可以选择“数量核算”方式。

库存结余控制：主要是让用户确定是否允许负结存。如果选择不允许负结存，则在库存单据中不允许出现库存即数量为负数的情况；如果选择允许负库存，则系统单据数量和金额允许为负数，但系统会控制不允许单价为负数的情况。

库存更新控制：主要是针对即时库存更新的处理。系统有两种选择：如果选择“单据审核后才更新”，则系统将在库存类单据进行审核后才将该单据的库存数量计入即时库存中，并在反复审核该库存单据后进行库存调整；如果选择“单据保存后立即更新”，则系统将在库存类单据保存后就将该单据的库存数量计入即时库存中，并在修改、复制、删除、作废及反作废该库存单据时进行库存调整。

(2)系统参数设置

系统参数是定义业务操作的基本信息、操作原则和方法，即系统运行的规范和控制，如设置单据编码规则、打印设置、设置单据类型、根据业务特点和需要设置业务处理规则和处理惯例选项等。

有些系统参数适用于供应链管理涉及的多个子系统，例如，审核人与制单人是否可为同一人；是否使用几种计量单位来衡量物料的收、发和结存；单据是否可手工录入编号；单据操作权限是否控制到操作员；单据打印前是否自动保存；等等。这部分内容在"系统设置"→"采购管理"→"系统参数"→"供应链整体选项"中设置。

有些系统参数则仅适用于采购管理子系统，例如，录入采购订单、采购发票或直接在供应商供货信息中设置采购价格和折扣时是否需要采购最高限价预警；采购申请单选择销售订单时，销售订单上的单价、金额等信息是否可以看到；采购订单的单价、供应商供货信息中的报价及采购的最高限价是否是含税价格；检验方式不为免检的物料是否允许不检查；现购发票是否传递到应付款管理系统；等等。这部分内容在"系统设置"→"采购管理"→"系统参数"→"采购系统选项"中设置。

2. 录入基础资料

基础资料的初始设置和日常维护是使用供应链管理系统最重要及最基本的环节，系统的所有子系统都需要调用基础资料的信息，因此其设置的合理性、录入的正确性、资料之间相互关系的合理性直接关系到初始设置的成果和整个系统能否正常运行和运行效率的高低等。

供应链管理涉及的基础资料主要包括会计科目、核算项目、凭证字、币别、计量单位、仓库和仓位、客户、部门、职员、物料、供应商及结算方式等，其中会计科目、核算项目、凭证字、币别、部门、职员和结算方式等资料的录入参见总账子系统；仓库和仓位资料的录入参见仓库管理子系统；客户资料的录入参见销售管理子系统。

(1)定义计量单位

计量单位是物料的附属资料。实际业务处理时，有些存货财务核算所用的计量单位和业务活动所用的统计单位不相同，如衣服可以按"件"计量，也可以按"箱"统计。在信息系统的处理中，一般通过定义计量单位组来管理多个计量单位，每个计量单位组中有一个基本计量单位，同时可以定义若干个辅助计量单位与基本计量单位的换算关系。这部分内容在"系统设置"→"基础资料"→"公共资料"→"计量单位"中设置。

(2)建立供应商档案

供应商是企业采购业务流程的起点，需要建立所有供应商档案。供应商信息主要包括基本信息设置、联系信息、信用信息和其他信息等。

基本信息设置的栏目主要包括供应商总公司、所属行业、税号、法人、开户银行、银行账号等。

供应商联系信息的主要栏目包括地址、到货地址、发运方式以及到货仓库。

供应商信用信息的主要栏目包括应付余额、折扣率、信用等级、信用期限、付款条件、最后交易日期、最后交易金额、最后付款日期、最后付款金额等。

供应商其他信息的主要栏目包括分管部门、专营业务员、发展日期、停用日期、使用额度。

(3)建立物料档案

物料是对原材料、半成品、产成品等企业生产经营资料的总称，是企业经营运作、生存获利的物质保证。物料信息主要包括基本资料、物流资料、质量资料等。

基本资料：包括物料代码、物料名称、规格型号、物料属性、计量单位、来源数量精度、单价精度、最低存量、最高存量及安全库存数量等物料的基本信息。

物流资料：描述物料流转方面的信息。

质量资料：描述物料的检验方式、检验周期、检验方案及检验人员等信息。

(4)维护供应商供货信息

供应商供货信息在物料档案与供应商档案之间建立联系，它既说明供应商对某物料的内部编码、最小采购批量范围及采购配额比例，也提供了采购价格管理手段，因此，能够维护不同供应商、物料、采购批量范围、币种、时间段内的价格和折扣情况十分必要。

3. 采购类型设置

采购类型设置可根据用户管理的需要，允许用户将采购类型信息输入计算机保存，如设置生产采购、产品开发采购、定量采购、进口采购等。

4. 结算方式设置

典型的结算方式如表 6—3 所示。

表 6—3　　结算方式设置

结算方式编码	结算方式名称
1	现金
2	支票
201	现金支票
202	转账支票
3	商业汇票
301	商业承兑汇票
302	银行承兑汇票
4	银行汇票
5	其他

5. 输入期初数据

企业在系统启用日期之前，可能因为单据不全或者业务需要分期处理，会有一些业务没有处理完毕或者存在结余。比如，在采购业务中没有收到对方开出的发票时，由于无法确定已入库的货物成本而只能暂估入账，导致出现业务日期在系统启用期之前的暂估入库单。为了保证经营运作的连贯性和启用期前、后业务处理的平滑连接，实现初始设置与正常业务的融合，需要将启用期前未完成的业务处理或存在的结余逐笔反映到信息系统中。

在“系统设置”→“初始化”→“采购管理”→“初始数据录入”中，录入启用期前库存物料结余数量和成本。采用不同计价方法和不同管理方法的物料，其录入的信息和录入的方法均不相同。

在“系统设置”→“初始化”→“采购管理”→“录入启用期前的暂估入库单”中，录入启用期前的暂估入库单。启用期前单据不能调整期初余额，其发生额也不计算到本期报表及即时库存中。

6. 启用业务系统

初始化的最后一项工作就是启用业务系统，即将初始化工作中所输入的业务和管理信息转化为业务日常处理所需要的格式，为日常处理提供基础信息、初始数据及管理信息来源。一旦启用账套，就意味着关闭初始化界面，这一过程是不可逆的。

二、应付管理系统初始化

应付管理系统的初始化主要包括参数设置、录入基础资料、录入期初数据和启用系统几个部分。

1. 参数设置

这部分内容主要在"系统设置"→"应付款管理"→"系统参数"中设置，包括公司信息、会计期间、科目设置、单据控制、合同控制及核销控制等。其中，"科目设置"部分需要设置单据类型科目，包括其他应付单、采购发票、付款单、预付单及退款单等。还需要设置应付票据科目代码和应交税金科目代码，并选择核算项目类别。当不根据凭证模板产生凭证时，会用到在"科目设置"中定义的内容。

2. 录入基础资料

在"系统设置"→"基础资料"→"公共资料"→"结算方式"中对结算方式进行设置。系统预设了一些结算方式，用户可以根据需要修改，每一种结算方式可以指定对应的会计科目。付款单、预付单及退款单生成凭证时，根据结算方式，可以自动找到对应的会计科目填充。

在"系统设置"→"基础资料"→"应付款管理"→"类型维护"中对票据类型、合同类型、偿债等级、现金折扣、担保类型、应付单类型及付款单类型进行设置，以实现不同类型业务的分类管理。

在"系统设置"→"基础资料"→"应付款管理"→"凭证模板"中定义各种业务类型的凭证模板，包括模板编号、模板名称、凭证字号、科目来源、金额来源及摘要等内容。

在"系统设置"→"基础资料"→"应付款管理"→"采购价格管理"中可以设置不同供应商、物料、采购批量范围、币种、时间段内的价格和折扣情况。

3. 录入期初数据

在启用系统前，需要将应付账款科目的期初余额、本年借方累计发生额、本年贷方累计发生额、预付账款科目的期初借方余额、本年借方累计发生额，以及还没有进行付款结算的应付票据等信息输入系统。这部分工作主要在"系统设置"→"初始化"→"应付款管理"→"初始化数据—应付账款""初始采购普通发票—新增""初始采购增值税发票—新增""初始采购其他应付单—新增""初始预付单—新增""初始应付票据—新增""初始数据录入—期初坏账"等中完成。

4. 启用系统

在成功执行初始数据检查和初始数据对账操作后，即可启用系统以开始日常业务处理。

课堂思考

为什么要进行初始设置？

第五节 采购与应付管理系统的日常业务处理

采购与应付管理系统的日常业务包括各种单据的输入、处理和各种账表的统计输出工作。其中，及时、准确、完整地输入各种交易数据是日常业务处理的关键。下面从采购管理和应付账款管理两方面详细分析其日常业务处理。

一、采购管理的日常业务处理

采购管理的日常业务是按采购业务流程涉及的采购单据划分的，通过对采购请购单、采购订单、采购到货单、采购入库单、采购发票等单据的处理和管理实现采购管理的目标。

(一)请购单处理

请购单处理模块的功能包括：

1. 录入请购单

请购者需要购买存货时，通过录入请购单模块将申请采购的部门、采购的存货、采购时间、交货时间等信息输入计算机，并保存在请购单文件中。请购单文件为编制采购订单提供依据。

2. 自动获取请购单

自动获取请购单模块的功能是根据用户的需要，系统自动从存货系统、MRP 系统等获取请购单，并保存在请购单文件中。

3. 审核请购单

审核请购单模块的功能是通过系统界面对请购单进行审核，即将请购与存货文件中的最高储量和最低储量进行比较，审核请购单是否合理。如果请求合理，则批准请购单，并作为编制采购订单的依据。

(二)采购价格管理

采购价格管理模块的功能是帮助用户解决如何管理供应商们在各个时期产品的报价，如何随时提供给采购部门最新、最完整的存货采购价格，如何处理存货的新老报价等问题。

1. 提供采购价格管理格式

采购价格管理模块一般提供多种采购价格管理的显示格式，其中以下两种是经常使用的格式。

第一种，以供应商为关键字显示该供应商所有存货报价信息，如表 6—4 所示。

表 6—4　　采购价格管理界面

供应商：××公司

存货型号	存货名称	报价日期	有效日期	数量	单价	其他

第二种，以存货为关键字显示该存货不同供应商的报价信息，如表 6—5 所示。

表 6—5 采购价格管理界面

存货名称:×××

供应商	存货型号	数量	单价	优惠条件	报价日期	其他

2. 采购价格获取

为了动态反映不同时期供应商提供的存货采购价格信息,应该设计采购价格获取模块,以帮助管理者定期获取供应商提供的存货价格信息。该模块一般提供两种方法获取供应商的存货采购价格信息。

方法一:通过采购价格管理界面,将供应商提供的存货采购价格信息(纸张)一一输入计算机,并将相应数据保存在采购价格文件中。

方法二:自动获取,即充分发挥计算机网络功能,管理者通过选择系统提供的"自动获取"功能,指挥计算机自动从网上获取供应商的存货采购价格信息,并将相应数据保存在采购价格文件中。

3. 修改采购价格

一般来讲,采购价格管理还需要设计修改采购价格模块,以满足对采购价格调整的需要。修改采购价格的方法很多,其中以下两种方法最常用。

方法一:以"供应商+存货"为关键字,从采购价格文件中自动获取信息,并允许管理者对各种存货采购价格进行修改。

方法二:以"存货+供应商"为关键字,从采购价格文件中自动获取信息,并允许管理者对各种存货采购价格进行修改。

此外,还可以根据企业的特殊需求,提供其他修改采购价格信息的方法。

知识链接

供应商的选择也是采购管理中重要的内容,供应商选择的合理与否,直接影响企业采购水平,即影响采购价格、质量、供应商及时性等关键要素,因此对供应商的管理一般要通过供应商准入管理、建立供应商评价指标体系及自动生成供应商排名等手段来进行。

(三)采购订单管理

采购订单是企业与供应商之间签订的一种协议或者经济合同,主要包括采购什么货物、采购多少、由谁供货、什么时间到货、到货地点、运输方式、价格、运费等。采购订单管理是企业采购管理中十分重要的内容。

采购订单管理模块的功能主要包括编制采购订单、修改和审核采购订单、关闭采购订单等。编制采购订单的典型格式如图 6—6 所示。

业务类型　普通采购

订单日期　2017－12－25　　订单编号　000000001　　采购类型 ______

供货单位 ______　　部门 ______　　业务员 ______　　税率 ______

付款条件 ______　　备注 ______　　币种 ______　　汇率 ______

序号	存货编码	存货名称	规格型号	主计量单位	数量	原币含税单价	原币单价	原币金额	原币税额	原币价税合计
1										
2										
3										
4										
5										
合计										

图6—6　采购订单

1. 主要项目说明

业务类型：根据企业应用可分为三种业务类型，即普通采购业务、受托代销业务和直运业务。其中，普通采购业务是适合大多数企业的一般采购业务。

订单日期：即订单的编制日期，系统自动取当前日期作为订单日期，可以修改。

订单编号：录入或自动生成。同一类型的单据编号保证唯一性。

采购类型：录入或参照，可为空。默认为采购类型设置的默认值，可修改。

供货单位：输入或根据供应商排名文件选择供应商。

业务员：输入负责该订单的采购业务员。

税率：根据专用发票默认税率代入，可修改，可输入。

存货编码：输入采购货物的编码。采购货物的编码可以输入，也可以根据存货档案选择相应的存货。

存货名称、规格型号、主计量单位：当输入了存货编码后，系统自动从存货档案文件中提取相应的存货名称、规格型号、计量单位，并显示在相应的位置。

数量：即订购数量。必须录入且大于零。

原币单价、原币含税单价：根据实际情况输入。

原币金额：可以由“数量×原币单价”计算得出，也可以直接输入。

原币税额、原币价税合计：不必录入，根据以下公式自动计算出：

原币税额＝原币金额×税率

原币价税合计＝原币金额＋原币税额

2. 采购订单的编制

编制采购订单的方法有三种：

(1)录入采购订单。当企业与供货单位签订采购意向协议，可以将采购协议输入计算机，并打印出来报采购主管审批或由供货单位确认。

(2)根据请购单编制。当企业通过请购方式产生了请购单时，可以根据请购单编制采购订单。在编制采购订单时，通过使用系统提供的“调请购单”功能，从请购单文件中获取所需请购的请购单，并将有关数据输入采购订单。

(3)根据供应商排名选择供应商。执行“查询排名”命令，系统自动从供应商排名文件中根据排名顺序，将供应商的物品及相应的报价信息显示在屏幕，供采购订单签订人选择合理的供应商,并将选择的结果输入临时采购订单中。

3. 采购订单的审核

采购订单编制后,必须由采购订单审核岗位对订单进行审核,审核通过后方可进入采购订单文件,作为正式的采购订单。

(四)采购入库管理

采购的货物运送到企业时,经过企业的质检部检验合格后需要进行入库处理,并填制入库单。

1. 采购入库单的类型

采购入库单是根据采购到货签收的实际数量填制的单据。该单据按进出仓库的方向,划分为入库单、退货单;按业务类型,划分为普通业务入库单、受托代销入库单(商业)。

2. 采购入库单录入方式

采购入库单可以直接录入,也可以由采购订单或采购发票自动生成。

(1)直接录入。用户可以根据到货清单直接在计算机上填制采购入库单,或者先由人工制单后集中输入。具体采用哪种方式应根据本单位实际情况而定。

(2)根据采购订单生成采购入库单。这种方式是指计算机根据订单号自动将采购发票文件中该张采购订单的数据复制到采购入库单中,然后由用户补齐其他数据。此时生成的入库单是实际入库单。

(五)采购发票编制

采购发票编制模块的功能是支持用户在计算机输入和审核采购发票,并将结果保存在发票文件中。

1. 采购发票分类

采购发票按发票类型,分为专用发票、普通发票和运费发票。按业务性质,分为蓝字发票和红字发票。红字发票是蓝字发票的反向单据,代表采购退回,两者内容一致、数量相反。

2. 采购发票内容

一般来说,发票管理模块只提供一种发票格式,通过选择发票类型,实现满足各种发票处理的需求。典型发票格式如图6—7所示。

业务类型 普通采购

发票类型 专业发票　　订单编号 000000001　　开票日期 2017—12—25

供货单位 ______　　代垫单位 ______　　采购类型 ______　　税率 ______

部门名称 ______　　业务员 ______　　外币名称 ______　　汇率 ______

发票日期 ______　　付款条件 ______　　备注 ______

序号	存货编码	存货名称	规格型号	主计量单位	数量	原币含税单价	原币单价	原币金额	原币税额	原币价税合计
1										
2										
3										
4										
5										
合计										

结算日期 ______　　制单 ______　　审核 ______

图6—7 专用发票

发票类型：用户根据需要选择各种发票类型，可供选择的发票类型包括专用发票、普通发票、运费发票、废旧物资收购凭证、免税农产品收购凭证、其他收据。

发票号：录入或自动生成。用户可以设定单据生成规则，同一类型的单据号保证唯一性。

开票日期：必须录入，可以自动取系统日期作为开票日期，可以修改。

供货单位：录入或通过供应商对照表选择录入，录入的单位必须在供应商档案文件中存在。

代垫单位：代垫单位是指与之进行采购货款结算的单位，该项目是可选项目，可以输入，也可以不输入。录入代垫单位，一是为了对运费发票进行处理，即由货物提供单位（代垫单位）代垫运费，收到运输单位（供货单位）开具的运费发票；二是为了集团企业采购管理，即向货物提供单位（供货单位）采购，与该单位的上级主管单位（代垫单位）结算。

采购类型：可选项目。录入采购类型是为按采购类型进行统计分析提供依据。

部门名称：可选项目。录入部门名称是为按部门进行统计分析提供依据。

业务员：可选项目。录入业务员是为按业务员进行统计分析提供依据。

存货编码：必须录入，该编码必须是存货档案文件中存在的编码。

存货名称、规格型号、主计量单位：当输入存货编码后，存货自动从存货档案文件中提供存货名称、规格型号、主计量单位，并显示在相应的位置。

3. 采购发票的生成方式

（1）直接录入。采购发票是从供货单位取得的进项发票及发票清单，在收到供货单位的发票后，如果没有收到供货单位的货物，可以对发票压单处理，待货物到达后，再将发票输入计算机作采购结算处理。此外，也可以先将发票输入计算机，以便及时掌握在途货物。

（2）根据入库单产生发票。如果货到入库，那么可以选择根据入库单和采购订单自动生成发票，加快发票的输入速度。此时执行“调入库单”或者“采购订单”命令或点击相应的功能按钮，系统自动从入库单文件或者采购订单文件中选择与发票有关的信息，显示在屏幕上。

4. 采购发票实时控制方式的设计

在手工环境下，采购发票的控制受人为因素影响比较大，其结果是无效的采购发票进入企业，财会人员被动地编制凭证、记账，导致采购过程失效，采购成本居高不下。在现代化信息技术环境下，由于财会人员能够实时从数据库中获得采购订单、入库单等控制依据，因此，对采购发票进行实时控制成为可能。在设计采购与应付账款管理系统时，应该改变观念，将事后控制转变为实时控制，并用实时控制的方法控制采购活动。

事实上，现代企业为了保证运作有效，在经营过程中采用了各种各样的控制规则，如在采购发票处理流程中常常采用这样的控制规则：如果采购发票金额大于采购订单金额，则对采购发票不予理会。通过设置控制准则模块将准则保存在控制准则文件中。当采购业务发生时，系统自动从控制准则文件中提取相应的准则，并对采购发票处理业务进行实时控制。其控制原理为：系统自动从采购订单文件中提取数据，从控制方法文件中提取控制准则，与采购发票进行对比，并将结果显示在界面上。其控制基本原理如图 6－8 所示。

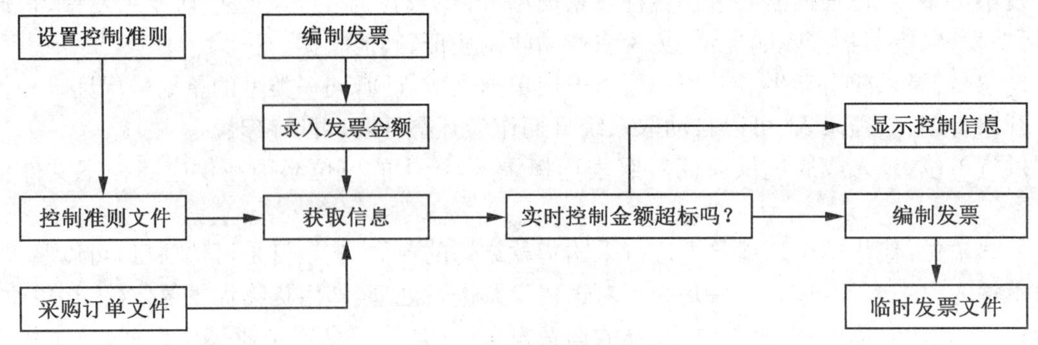

图 6—8 采购发票实时控制原理

课堂思考

解释对采购发票进行控制的重要性。

（六）采购结算

在传统手工环境下，采购业务员拿着经主管领导审批过的采购发票和仓库确认的入库单到财务部门，由财会人员确认采购成本。在现代信息技术环境下，各系统之间可以实现数据共享，系统提供"自动采购结算"和"手工辅助采购结算"来自动确认采购成本。

1. 自动采购结算

自动采购结算模块的功能是系统根据采购订单号，自动从采购订单文件、存货核算系统中的入库单文件，选择与正在录入的发票相关的数据进行核对，即将发票中的单价与采购订单文件中的订货单价和暂估入库单价核对，将发票中的数量与入库单文件中的收货数量核对。如果核对结果完全相符，则生成结算单，并在入库单文件、采购发票文件、采购订单文件中做采购结算标志。如果不完全相符，则提示采用手工辅助采购结算。

2. 手工辅助采购结算

手工辅助采购结算模块的功能是当发现入库货物的暂估单价与发票单价不相符时，将反映出该笔先入库后报销的采购入库业务的入库单、供应商发票以及采购订单数据进行三方审核，如图 6—9 所示。在企业实务中，针对尚未收到发票就已验收入库的商品，企业需要先合理估计商品的入库成本，进行暂估入库，当收到发票后，若发票金额与暂估成本有差异，则需要进行冲销。冲销的方式有三种：单到回冲、月初回冲和单到补差。下面以单到回冲为例，说明处理方式。

供应商发票、入库单、采购订单三方审核

发票号：000000001　　采购订单编号：0000000001　　供应商：大海公司

存货编号	订单数量	采购数量	订货单价	采购单价	暂估入库单价
001	200	200	80	83	80
合　计					

图 6—9 供应商发票、入库单、采购订单三方审核

首先对单据进行审核，如果发票单价超过订货单价和暂估入库单价，应及时查明原因，如果认为原因合理，审核人员发出"审核通过"命令，系统自动根据该张入库单生成一张红字入库单，并根据采购发票结算出存货成本，生成一张蓝字入库单，自动传入存货核算系统；同时在入库单文件、采购发票文件、采购订单文件中做采购结算标志，生成采购结算单。

(七)月末结账

月末结账是逐月将每月的单据数据封存，并将当月的采购数据记入有关账表中。值得注意的是，结账前用户应检查本会计月度工作是否已全部完成，只有在当前会计月度所有工作全部完成的前提下，才能进行月末结账，否则会遗漏某些业务。月末结账之前一定要进行数据备份，否则数据一旦发生错误，将造成无法挽回的后果。没有期初记账，将不允许月末结账。不允许跳月结账，只能从未结账的第一个月逐月结账；不允许跳月取消月末结账，只能从最后一个月逐月取消。上月未结账，本月单据可以正常操作，不影响日常业务处理，但本月不能结账。月末结账后，已结账月份的采购管理系统入库单、采购发票不可修改、删除。

(八)账表输出和统计分析

采购管理有关的统计表主要有到货明细表、采购明细表、入库明细表、结算明细表、未完成业务明细表、费用明细表、采购综合统计表以及采购计划综合统计表，采购计划综合统计表是可以按照存货或存货分类对入库、出库、结存、采购订货、销售发货、结存情况进行汇总统计，从而综合地反映企业的购、销、存情况。

采购账簿主要有在途货物余额表以及暂估入库余额表。在途货物余额表是普通采购业务的采购发票结算情况的滚动汇总表，反映供货商的采购发票上的货物采购发生、采购结算以及未结算的在途货物情况。暂估入库余额表是普通采购业务的采购入库单结算情况的滚动汇总表，反映供货商的采购发生、采购结算以及未结算的暂估货物情况。

采购分析表主要有采购成本分析表、采购结构类型分析表、采购资金比重分析表等。

二、应付账款的日常业务处理

应付账款管理系统对包括应付款、其他应付款、预收款和应付票据等在内的应付款项进行全面核算、管理、分析、预测和决策。

(一)单据处理

应付款日常核算的原始单据包括采购发票、其他应付单、付款单、预付单和应付退款单等。单据处理就是对以上单据执行新增、修改、删除、审核及输出等操作。

1. 采购发票和其他应付单

采购发票和其他应付单记录了应付账款的产生，采购发票是指采购业务中的各类普通发票和专用发票；其他应付单是由非采购业务产生的应付原始凭证，它与采购发票的最大区别在于其他应付单没有存货的信息资料，主要用于记录一些零星的应付账款。

企业若在同时使用采购管理子系统和应付款管理子系统，那么采购管理子系统中的采购发票会直接传入应付款管理子系统，而采购管理子系统中的采购费用发票会传入应付款管理子系统形成其他应付单；应付款管理子系统可以进行查询、审核、核销及生成凭证等操作，如果没有使用采购子系统，则各类发票和应付单均应在应付系统录入并审核。

2. 付款单、预付单

付款单是支付应付款项后填写的付款凭证；预付单则用于记录预付款，即按照购货合同规定预付给供应单位的款项，它不能与发票、其他应付单进行关联；如果需要与发票、其他应付单进行勾稽，应采用普通付款单。

(二)票据管理

票据管理是对公司因采购商品及接受劳务等而付出的商业汇票进行管理，包括银行承兑汇票和商业承兑汇票。它记录票据详细信息和处理情况，包括票据新增、审核、付款、退票等处理过程。

新增应付票据保存并审核后，系统即自动生成一张付款单或预付单，默认是付款单。该付款单是未审核、未核销状态，除实付金额、币别和汇率外，其他内容允许修改。该付款单或预付单经审核后进行凭证处理，生成付款业务凭证。对应付票据则不进行凭证处理，只有审核后的应付票据才能执行付款或退款等业务处理。

应付票据到期进行付款处理时，只需录入结算日期、金额、应付利息、付款时支付的银行手续费、应付票据的对方会计科目等信息，并生成应付票据付款凭证，不需要录入付款单。

如果由于资金不足或票据过期等多种原因，导致应付票据不能兑付时，必须进行退票处理。对已审核的票据进行退票处理时，必须反核销原已核销的相关记录。退票成功后系统自动生成一张退款单，单中注明“票据退票”，该单与原票据新增审核后生成的付款单进行核销。应付票据退票的凭证只能在“凭证处理”→“凭证生成”中的“应付票据退票”中进行处理，退票的凭证不能通过采用凭证模板的方式生成。

(三)核销

核销处理是确定付款单与原始发票、应付单之间对应关系的操作，即指明每一次付款是支付哪几笔采购业务的款项。因为只有核销的应付单据才能真正作为付款处理，所以核销处理是正确编制账龄分析表、到期债务列表和应付计息表的基础。

核销处理时，可以一张发票或付款单分次核销，也可以一张发票一次对应多张付款单核销、一张付款单一次对应多张发票核销或多张发票对应多张付款单核销。无论采用何种方式，应付款的本次核销金额必须等于付款的本次核销金额。

核销类型主要是按单据的不同分类。

(1)付款结算：主要是付款单、退款单与采购发票、其他应付单核销，或付款单与退款单互冲，红字采购发票、其他应付单与蓝字采购发票、其他应付单互冲，不包括预付单。

(2)预付冲应付：解决的是预付单的核销问题，包括预付款与采购发票、其他应付单核销，或预付单与退款单互冲。预付冲应付与付款结算的区别在于预付冲应付要根据相应的核销记录生成预付冲应付凭证，而付款结算则不用。

(3)应付冲应收：解决的是采购发票、其他应付单与销售发票及其他应收单的核销问题。

(4)应付款转销：属于单边核销，即从一个供应商转为另一个供应商，实际应付款的总额并不减少。

(5)预付款转销：属于单边核销，即将预付款从一个供应商转为另一个供应商，实际预付款的总额并不减少。

(6)预付款冲预收款：解决的是预付单与预收单的核销问题。

(7)付款冲收款：解决的是付款单与收款单的核销问题。

(四)制单处理

制单即生成凭证，也就是说，业务处理完成后生成相应的记账凭证，并传递到总账系统的过程。应付账款系统需要进行制单的业务包括发票制单、应付单制单、结算单制单、核销制单、票据处理制单、转账制单等。制单处理一般分为立即制单和批量制单两种方式。立即制单是相应的业务处理完成后立即生成凭证。批量制单是在所有业务处理完成后，使用制单功能进行批量处理制单。

（五）月末结账

如果确认当月的各项处理已经结束，如对所有单据进行了审核、核销处理，相关单据已生成了凭证，同时与总账等系统的数据资料已核对完毕，可以进行月末结账处理。月末结账后，该月将不能再进行任何处理，系统进入下一个会计期间。

结账时应注意：如果上一个月没有结账，则本月不能结账；应付账款系统与采购管理系统集成使用，应在采购管理系统结账后，才能对应付账款系统进行结账处理；如果本月的结算单还有未审核的，不能结账；如果结账期间是本会计年度最后一个期间，则本年度所有的核销、转账等处理均已制单，否则无法结转。

（六）账表输出和统计分析

通过查询应付账款系统的业务账表，可以及时地了解一定期间内期初应付款结存汇总情况，应付款发生、付款发生的汇总情况、累计情况及期末应付款结存汇总情况；还可以了解各个供应商期初应付款结存明细情况，应付款发生、付款发生的明细情况、累计情况及期末应付款结存明细情况，能及时发现问题，加强对往来款项的监督管理。具体而言，主要有业务总账、业务余额表、业务明细表、对账单等。

通过统计分析，可以按用户定义的账龄区间，进行一定期间应付款账龄分析、付款账龄分析、往来账龄分析，了解各项应付款周转天数、周转率，了解各个账龄区间内应付款、付款及往来情况，能及时发现问题，加强对往来款项动态的监督管理。统计分析的主要内容有：

（1）应付款账龄分析，主要分析客商一定时期内各个账龄区间的应付款情况。

（2）付款账龄分析，主要分析客商一定时期内各个账龄区间的付款情况。

（3）欠款分析，分析截至某一日期，供应商、部门或业务员的欠款金额，以及欠款组成情况。

（4）付款预测，预测将来的某一段日期范围内，供应商、部门、业务员等对象的付款情况。

此外，用户可在此进行不同角度的科目账表的查询，主要包括科目余额表与科目明细表。

本章小结

采购与应付管理系统是企业日常经营活动中一个非常重要的业务系统。并且由于行业不同，采购与付款的流程也不相同，即使同一行业，经营业务的复杂度也会使流程复杂程度不尽相同。因此，本章首先介绍了采购与应付管理系统的基本流程，及会计信息系统软件中采购与应付管理模块的总体结构设计。再对采购与应付管理子系统的初始设置及日常业务操作进行具体阐述。

第七章 销售与应收管理系统

学习目标

通过本章学习，了解销售与应收管理系统的内容与目标；熟悉销售与应收管理系统的流程；了解销售与应收管理系统的功能结构；掌握销售与应收管理系统的初始设置与日常业务处理。

第一节　销售与应收管理系统概述

一、销售与应收管理系统的内容

销售与收款过程主要包括营销、接受客户订单、选择和准备交付商品或服务、装运和交付商品或服务、收款，以及接受客户退货等。它的主要工作如下：

(1)进行市场预测，及时且准确地编制销售计划并反映和监督销售合同的执行情况。

(2)完成销售的日常业务处理，包括销售报价和订货、销售出库、销售发货、销售退货、发票处理，以及结算等日常处理工作。

(3)完成应收账款的核算与管理，包括完成应收账款业务的日常核算，全面反映企业各项债权的时点状况，便于及时催款；及时反映和监督各项赊销业务的货款收回情况，以尽量减少坏账损失，并对可能的坏账数额进行估计；按照企业既定的计提方案进行坏账计提，及时处理确实无法收回的款项，以及已确认并转销为坏账损失后又收回的款项；及时记录客户资料，对客户的欠款情况和资信程度等进行动态跟踪管理，及时评价各客户的偿债能力和信用，以确定信用政策，准确完成账龄分析。

(4)实现其他有关业务的管理，包括客户管理、价格管理、订单管理、信用管理、折扣管理和物料对应管理等。

(5)完成有关销售分析、统计工作，包括打印输出各种需要的台账和报表，将各种信息按照需求传递到其他业务过程。

二、销售与应收管理系统的目标

销售与应收过程的总目标是通过向客户销售商品或提供服务，取得收入。具体应实现以下目标：

(1)采用多种营销手段吸引客户，扩大销售。

(2)合理定价，使企业能够在销售收入弥补成本的同时，得到适当的回报。

(3)根据合同及订单中对质量、数量、交货时间和地点等方面的要求，向客户交付商品或服务。

(4)准确、及时收款，采用多种收款方式，加速货款收回。

(5)核算销售与收款过程中发生的收入、成本及费用，分析薄弱环节，改善销售与收款过程的效率和效益。

三、销售与应收管理系统的特点

销售与应收管理系统是会计系统中一个较为重要的信息系统，它与其他业务系统联系紧密，因此销售与应收管理系统具有以下特点：

(1)业务发生频繁，运行环节、内容与核算方法较多且复杂。销售业务不仅运行环节复杂，涉及部门也较多；不同企业的销售方式和手段不同，那么相应的核算方式也有所不同。

(2)数据的真实性、准确性要求较高。该系统所处理的销售收入、销售成本、销售税金及附加、销售利润，是评价企业经营活动、经营成果，进行利润分配的重要依据和指标，因此该系统所处理的数据的真实性和准确性，是严格执行财经纪律，按时足额完成财政上缴任务的重要保障。

(3)销售活动参与者众多，数据的实时性要求高。销售活动由多个部门共同完成，在实际运作过程中分为多个作业，不同作业由不同的部门或人员完成，前一作业的业务信息直接影响后一作业的开展。

(4)数据的深加工量大。销售收款循环是企业经营的重要环节，该系统除了完成会计核算以及反映销售收入、利润外，还需要对这些基础数据作进一步的加工处理，为企业经营者的管理决策提供产品销售预测、应收账款账龄分析、客户信息分析与管理、产品获利能力分析、利润预测、产品市场分析与预测、销售费用预测与分析等信息，辅助经营者进行管理与决策。

(5)同其他系统联系紧密。该系统中的很多输入信息可从其他子系统中转来，生成的信息又有相当一部分要传送到其他子系统中去。

四、与其他业务系统的关系

销售管理系统主要负责记录销售过程中形成的销售订单、销售发货单，并据此生成销售发票交予应收款管理系统处理。应收款管理系统在收到销售管理系统传递过来的发票和其他应收单后，对其进行收款结算、转账或者坏账处理，并由此生成凭证，最后将生成的凭证传递到总账系统以完成记账工作。其具体流程如图 7—1 所示。

销售系统除了上述所描绘的与应收管理系统的联系之外，还与其他业务系统有着紧密的联系。应收系统接受销售系统提供的发票，系统由此生成凭证，并对发票进行收款结算处理；应收系统向总账系统传递凭证，并能够查询其所生成的凭证；销售系统的发货单、销售发票或委托代销发货单新增后冲减库存系统的货物现存量，经审核后自动生成销售出库单传递给库存系统，库存系统为销售系统提供可用于销售的存货的现存量；销售系统的发货单、销售发票或委托代销结算单经审核后自动生成销售出库单，传递给存货核算系统，存货核算系统将计算出来的存货的销售成本传递给销售系统。其具体关系如图 7—2 所示。

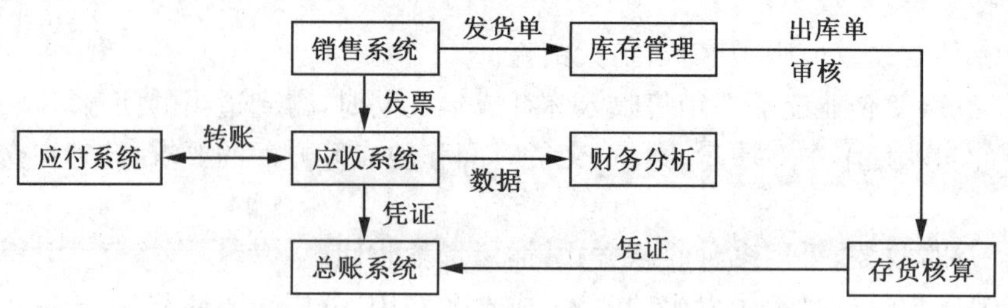

图7—1 销售与应收管理系统的关系

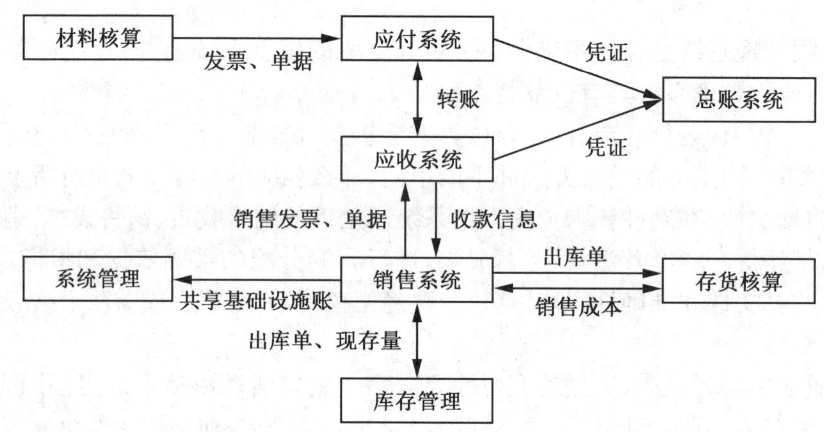

图7—2 销售与应收管理系统与其他业务管理系统的关系

课堂思考

销售与应收管理系统在整个会计信息系统中的地位是怎样的?

第二节 销售与应收管理系统流程

一、销售与应收管理系统的业务流程

在销售和应收管理系统中,产品销售业务大体分为销售报价、销售订单签订、销售开票、商品发货和财务结算几个基本环节,涉及面众多,除客户外还涉及销售部、信用审核部、仓储部、发运部、开单部、财会部等。销售与应收业务流程如图7—3所示。

(1)客户可以通过传统的方式,如电话、邮件或上门洽谈购货意向,而越来越多的客户在网上购物平台与商家在线客服进行购物咨询,销售业务员根据商品价格政策给客户提供销售报价,双方进行协商,洽谈销售订单。销售部门据以填制销货通知单,引发其他销售作业步骤。

(2)销售部门请求信用审核部审核客户信用状况,批准是否可以赊销,以及对每个客户已授权的信用额度进行赊销审批,通过审核后正式签订销售订单。企业根据销售订单安排生产。

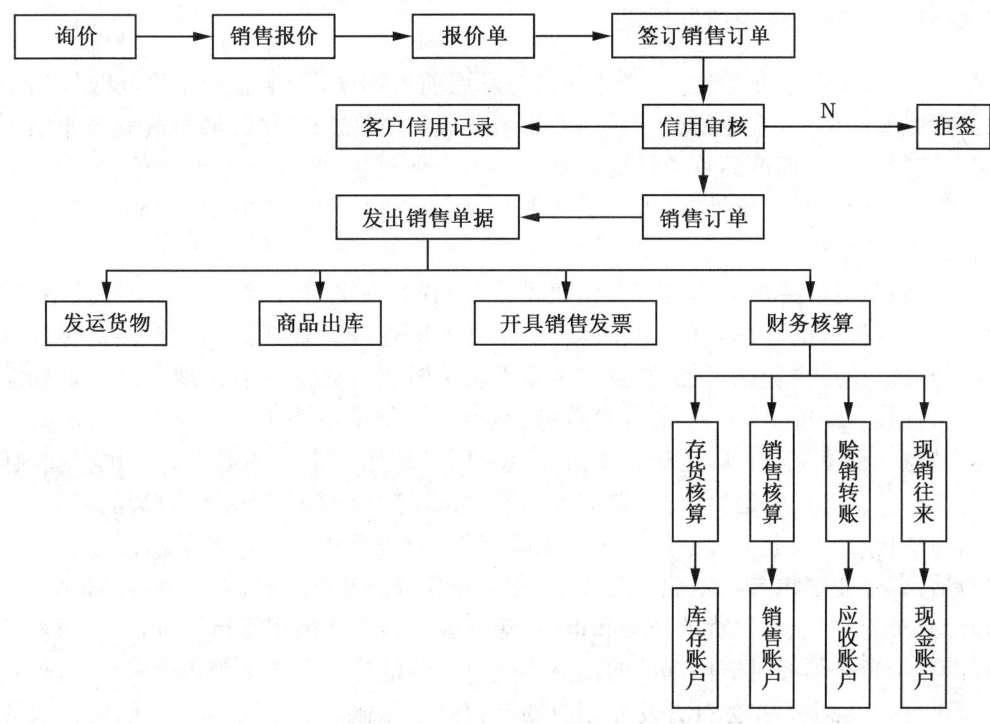

图 7—3 销售与应收业务流程

(3)销售部门将经过批准的多联式销货通知单及其他销售交易资料分送仓库、发运和开单等部门。

(4)发运部门根据已批准的销货通知单,安排从仓库部提货、包装和发运货物,并把发运汇总资料转送开单部门。

(5)开单部门核对销货通知单与发运汇总单据,依据销售订单、企业的产品价格目录资料开出销售发票和提货给客户,然后把发票的副联转送财会部门。客户以销售发票为凭据办理销售结算;客户持提货单可到仓库部门提取商品。

(6)财会部门编制会计凭证。记录销售过程,严格区分赊销和现销业务。并按销售发票编制转账凭证或现金、银行存款收款凭证,再据以登记销售明细账、应收账款明细账及现金、银行存款日记账,反映现金、应收账款及销售情况。

(7)财会部门确认、计量并记录销售成本。根据存货计价方式和所销售商品数量,计算销售商品成本,编制转账凭证,再据以登记销售成本明细账和库存明细账。

(8)仓储部门依据相关部门转来的销售资料登记商品账表,反映库存发出数量情况。

(9)办理和记录销售退回业务。对于客户的退货,企业需要开具红字销售发票冲减原来已经确认的销售收入、销售税金及销售成本。仓库部门确认收回所退商品,并用红字登记入账。

(10)坏账管理。根据企业应收账款状况和提取坏账准备的相关制度,及时准确提取坏账准备。对于确实无法收回的货款,获取货款无法收回的确凿证据,经审批后,注销这类坏账。对坏账计提、发生与收回编制会计凭证。

二、销售与收款业务的控制活动

每个企业经营环境、业务性质、产业现状与发展前景不同，会给企业销售与收款活动带来不同的经营风险。例如，企业所处行业如果供给过剩，产品需求渐减，都会造成企业销售收入下降，现金流量恶化。而产品竞争情况加剧也会给企业销售、收款业务带来风险。例如，同业竞争可能影响企业产品定价策略、授信赊销条件，从而影响销售计划的执行、利润指标的实现，并改变企业财务状况。

在销售、收款的业务活动中也存在作业风险。例如，在客户订货业务活动过程中，接受了不符合要求或未授权的客户订单，由于客户信用度差而造成企业坏账损失。接受客户订购的产品品种与数量超过企业加工能力范围，企业无法按时交货或加工后出现大量质量问题而造成退货。送到装运地或客户手中的商品数量、类型与订货单不相符。未经授权人员处理应收账款、客户资料、存货记录。收到现金不及时过账而被挪用。企业的退货业务也存在风险，如未授权的员工核准客户的退货，已冲销应收账款，可是却一直未收到退回的商品。

正因为销售与收款业务存在以上种种风险，就必须进行销售与收款的内部控制活动。这些活动包括：在企业销售与收款业务循环中，建立职务分离制度，明确各业务环节的分工，实现相互牵制的作用。加强对订货的证实和审核，建立客户档案和信用等级评价，不管何种客户提出购货订单，信贷必须经过信用部门的批准才生效。制定统一的产品销售价格目录，规定各类交易的商业折扣、现金折扣标准并建立相应的授权批准权限。指定专人负责销售发票的保管和使用，财会部门应及时对发票与会计记录的凭证进行核对检查，以销售部门原始凭证为依据严格对应收账款进行记录，防止应收账款的虚设。建立与客户的对账制度，及时了解客户财务状况，并将结果及时反馈给有关业务部门，以便对应收账款账龄较长的客户采取有效措施，减少坏账损失。

此外，还应建立销货业务的控制制度。仓储部门在发货通知单证实并得到一定的授权后才能发货，运输部门除需要得到仓储部门的发货通知单外，还应有销售部门填制的装箱单，以证实授权运出货物，才能进行货物的运输业务。

企业的销货退回直接影响企业的信誉、销售收入、应收账款的确认，直接抵减企业经济效益。这个环节也可能产生舞弊行为。因此，需要建立退货、索赔、销售折让审批制度以及对应处理流程，使任何退货、索赔及销售折让的处理经过授权后执行。

第三节　销售与应收管理系统的功能结构

销售与应收款管理系统的功能结构可以分为销售业务部分与应收账款部分，以下将从两方面介绍其基本功能。

一、销售管理系统的基本功能

销售管理系统的基本功能如图 7－4 所示。

(一)初始设置

初始设置主要是输入与销售业务活动相关的资源、参与者基本信息。

(1)客户地区分类。客户地区分类模块的功能是将企业所有的客户按区域进行分类后的

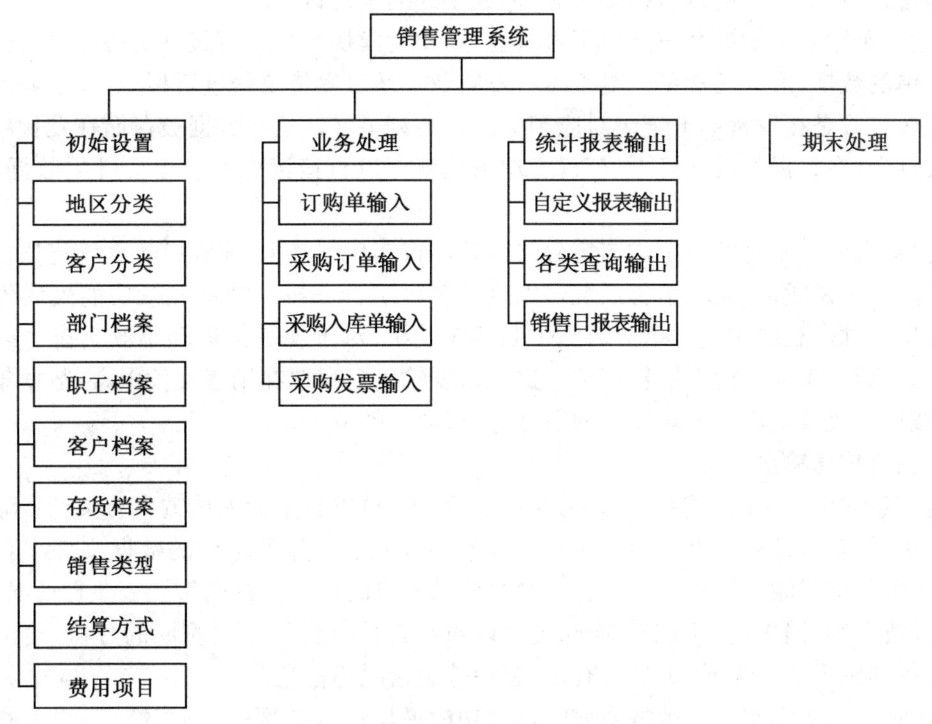

图7—4 销售管理系统

资料输入地区分类文件，使销售系统可以按地区统计企业销售业绩，为管理者分析区域的市场竞争状况和进行战略决策提供信息。

(2)客户分类。客户分类模块的功能是将企业所有客户按行业分布进行分类后的资料输入客户分类文件，使销售系统可以从另一个角度统计企业不同行业的销售业绩情况。

(3)客户档案资料。客户档案模块的功能是将企业所有客户的详细资料输入客户档案文件。通常客户的资料主要包括客户的基本情况、联系方式、信用评级以及其他一些情况。在企业销售过程中，当出现新的客户或客户的资料发生变化，操作人员应及时更新客户档案资料。并根据客户在销售活动中付款情况、客户经济状况，准确评价客户信用程度、客户的等级，使销售部门经理能客观区分不同客户，针对不同客户制定对应的销售策略与服务方式，规避销售过程的风险。

(4)销售部门及相关业务人员资料。为明确企业负责销售业务的具体管理部门与业务人员的责任，在系统的初始设置中，需要将有关销售部门以及销售人员输入部门文件、员工档案文件，以便于计算机在其后按部门、人员统计销售业绩。

(5)销售类型与费用项目。企业产品的销售方式各有不同，而在销售过程中也会发生各类销售费用，销售类型与费用项目模块的功能就是将设置的数据输入销售类型与销售费用的数据库文件，使用户能对不同的销售类型和费用项目进行统计处理。

(二)业务处理

(1)销售订单。销售订单模块的功能主要是输入企业客户订货的业务数据，这些数据包括订单标识号、订单日期、客户标识、销售部门与业务人员，以及所订货物名称、数量、单价等数据。如果是新客户，还需要将新客户的资料输入客户档案文件内。主管人员从销售订单文件中提取销售订单，对客户进行审核签字后，形成正式的销售订单。

(2)发货单输入。如果客户进行了订货业务，发货模块就可以直接从销售订单文件中获取对应订货单的数据，形成发货单。对于每一发货业务通过发货单号进行标识，发货业务与订单业务的连接方式是在发货单上记录对应销售订单的订单号。这些数据被存储在发货单的主文件与子文件中，在数据集成环境下，存货管理系统就可以直接读取发货单文件的数据，进行业务处理。

(3)销售发票。销售发票是供销售部门确认销售实现的依据，应收核算系统将依据销售发票的记录产生记账凭证，同时销售系统可以进行各种统计分析。销售发票功能模块可以直接从销售订单文件中获取对应订单的数据生成销售发票，对于现货销售和小额销售可以直接输入销售发票，而不需要再输入销售订单。这些数据输入后存储在销售文件中，在数据集成环境下，应收核算系统直接读取销售发票的数据，进行会计核算处理。

(三)销售信息输出

销售信息输出模块的功能主要是为企业的业务人员以及主管人员输出有关销售业务明细与汇总的销售信息，计算机可以根据用户的查询要求从记录业务事件的数据文件中获取有关数据，按一定的格式输出这些信息。通常销售信息输出的内容包括销售计划执行情况、销售收入明细、发货明细、销售成本明细。同时也可以对销售数据进行不同侧面的分析，输出企业不同区域市场的销售增长情况、市场占有率、客户获利情况等信息。

(1)销售收入明细输出。销售明细的输出功能模块可以按部门、销售类型、销售商品作为查询条件，在销售发票文件、与销售发票数据关联的存货文件、客户文件进行结构化查询处理，形成销售明细输出界面，输出满足查询条件的记录。

(2)销售成本输出。销售成本输出功能模块可以按部门、销售类型、销售商品作为查询条件。从销售发货单文件、与销售发票数据关联的存货文件、客户文件进行结构化查询处理，输出销售成本明细数据，如表7—1所示。

表7—1 销售成本明细账

部　门	销售类型	存货分类	货物	规格	计量单位

(3)利润分析。可以按产品或客户等进行销售收入汇总，并与销售成本、销售费用进行配比后，输出产品利润、客户的获利情况。

知识链接

销售与应收管理系统中有关应收账款的所有数据处理都是围绕客户这个中心环节设计的，由于客户数量、分布、行业等差别较大，因此对客户编码通常采用群码的方式，例如，某企业希望对客户按照不同地区、不同行业进行管理，则可以将客户分为四段：＃＃ ＃＃ ＃＃ ＃＃＃。前两位表示客户所处国家，第二段表示客户所处地区，第三段表示客户所处行业，第四段表示企业序号。

＃＃	＃＃	＃＃	＃＃＃
国家	地区	行业	企业序号

二、应收账款管理系统的基本功能

应收账款管理系统的基本功能如图 7—5 所示。

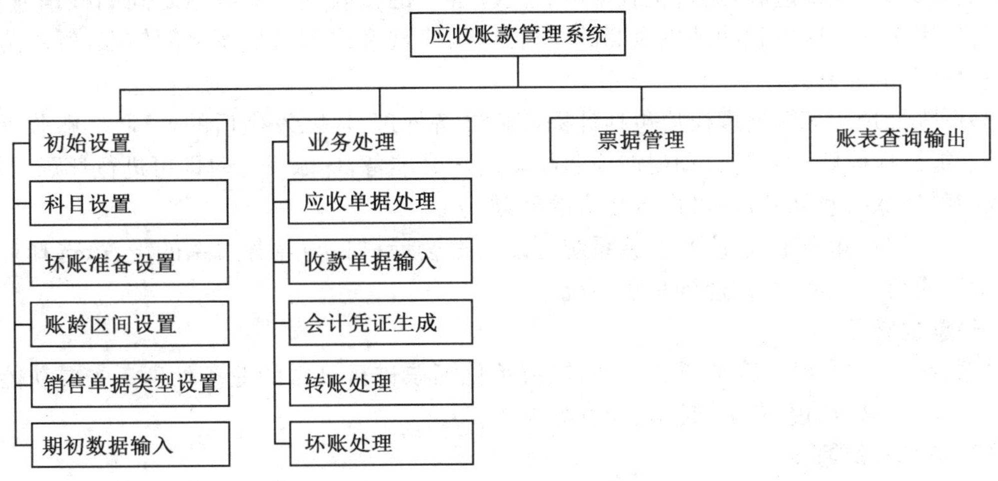

图 7—5　应收账款管理系统

(一)初始设置

(1)科目设置。如果企业应收业务类型较固定，产生的会计凭证的科目较固定，就可以将业务与会计科目建立对应关系，系统就会自动生成会计凭证。科目设置功能是输入与应收款业务关联的会计科目，如“应收账款”“预收账款”“应收票据”“财务费用”“主营业务收入”“银行存款”等会计科目。

(2)坏账准备设置。坏账准备设置的功能是用户根据发生的应收账款情况设置提取比例，系统每次自动计提坏账准备金后，生成会计凭证输入总账。

(3)账龄区间设置。对应收账款进行账龄分析，评估客户信用，并按一定的比例估计坏账损失，账龄区间设置的功能是输入各账龄区间起止天数。

(4)付款条件设置。付款条件也称现金折扣，是指企业为了鼓励客户偿还货款而允诺在一定期限内给予的规定的折扣优待。这种折扣条件通常可表示为 5/10，2/20，n/30，它的意思是客户 10 天内付款，可得到货款原价 5%的折扣；在 20 天内付款，可得到 2%的折扣；在 20 天到 30 天内偿还货款，则须按全额付款；30 天以后付款，则不仅需要全额支付货款，还可能要支付延期付款利息或违约金。

(5)销售单据类型设置。在销售、应收账款系统中，除了销售发票外，系统还提供其他应收单据，如应收代垫费用等。单据类型设置功能是帮助用户设置各类型应收单据，并定义每一类型应收单据的数据输入界面。

(6)期初数据输入。初次使用应收账款系统，需要输入所有客户的应收账款、预收账款、应收票据等数据。

(二)日常业务处理

(1)应收单据处理。销售发票和应收单据是应收款系统的日常核算凭证，在集成环境下，销售发票与代垫费用由销售系统输入，应收系统读取这些数据，进行核销、查询、生成会计凭证等作业。

(2)收款单据录入与结算。收款单据的录入是将已收到的客户款项或退回客户的款项输入收款文件中,其中应收款、预收款性质的收款单将与发票、应收单、付款单进行核销。

(3)转账处理。应收冲应收,将一家客户的应收款转到另一客户中,通过应收款的转移实现业务的调整;预收冲应收,通过预收冲应收处理客户的预收款与应收款之间的核销业务;应收冲应付,用客户的应收款冲销供应商的应付款项,实现客户与供应商之间转账,解决应收债权与应付债务的冲销。

(4)坏账处理。坏账处理模块包括计提坏账准备处理、坏账发生后的处理、坏账收回后的处理等功能。应收账款系统自动提取应收账款的坏账准备,坏账发生时即可进行坏账的核销,当被核销的坏账又收回时,即可进行相应的处理。

(5)会计记账凭证生成,应收账款系统可以根据会计科目与业务关系的设置,选择业务单据,自动生成会计凭证,并传递到总账系统。

(三)票据管理

票据管理主要是针对商业承兑汇票、银行承兑汇票进行日常的业务处理。主要功能包括票据的输入、结算、贴现、背书、转出、计息等操作。

(四)账表查询输出

应收账款系统应提供对发票、应收单、结算单、会计凭证的查询。此外,应收账款还需要用户提供客户应收账款的明细账查询、应收账款的账龄分析等信息。

第四节 销售与应收管理系统的初始设置

企业在开始使用销售与收款管理系统时,要根据企业的业务特征、会计核算和财务管理的要求而设置一系列基础信息,为日常核算和管理提供支持。

一、系统初始化之前的准备工作

在系统初始化之前,需对一些基础数据进行规范,具体内容包括:

(1)整理已有的各类档案,包括客户档案、订单档案、产品资料等,制定合理的客户、产品代码规则。

(2)按销售发票号的不同,逐笔整理出已有的未核销的往来业务,为初始录入应收账款、预收账款期初余额做准备。

(3)确定销售发票及收款单据的格式和内容。

(4)整理出销售过程中的应交税种和税率,使系统自动计算出相应的税金和附加费额。

(5)在核算销售利润时,销售费用中共同承担部分要分摊到各项产品中,应事先制定费用分摊原则和方式。

(6)确定结算方式、销售类型、客户付款条件、费用项目等内容。

(7)确定输出的各类型报表的格式。

系统初始设置的主要内容包括商品档案、客户档案、部门档案、人员档案等各种档案文件的建立,期初余额的录入,年初始化的执行,结算方式,销售类型,客户付款条件,打印格式,税种、税率的设置,以及数据文件结构、凭证模板、应收账款账龄时间段的定义及设置等。初始化的基本信息将运用于日常单据处理,销售核算与查询分析过程。在企业基础信息发生变化时,必须通过初始化模块的设置功能更新这些信息。初次启用系统时，需要将未处理完毕的业务单据输入子系统中，如未做收款处理的销售发票等，以保证计算机会计信息系统与手工会计信息系统的延续。

二、期初余额录入及年初始化

在企业第一次启用销售与应收管理系统时，在期初必须录入尚未完成销售管理全流程的业务单据，保证计算机会计信息系统中每笔业务的完整性。

销售与应收管理系统建账初期需要录入的单据通常包括：

(1)分期收款或先发货后开具发票销售模式下已发货尚未开具发票的出库单；

(2)先开发票后发货模式下已开发票尚未发货的销售发票；

(3)委托代销模式下尚未与受托方办理结算的出库单；

(4)尚未办理结算的销售发票和收款单等。

第一次启用系统或每年年初执行年初始化，其目的是建立数据库结构框架，为录入原始单据做好数据库结构准备。如果上年使用本系统，则执行年初始化的同时，也将上年各期期末余额逐笔转至本年年初，即年初余额过账。

三、文件结构定义

为增加系统的通用性和灵活性，将系统所用的文件字段分为两部分：一部分为系统运行所必需的，为固定字段；另一部分为用户根据本单位的实际情况自行定义的，为自定义字段。例如，客户档案文件中“客户代码”“客户名称”为固定字段，“开户银行”为自定义字段。

四、客户档案管理

客户档案记录往来客户的基本信息，用于对客户资料进行管理，存入“客户档案文件”；录入业务单据时，直接参照客户档案，获取相关信息；进行统计分析时，可将客户档案作为查询或统计条件。客户档案包括客户基本信息、客户联系信息、客户信用信息、客户应收款信息等。

1. 客户基本信息

客户基本信息主要包括客户代码、客户名称、税号、开户银行、银行账号等。

2. 客户联系信息

客户档案中主要记载联系人、联系电话、联系地址、邮政编码、E-mail 地址、发货地址、发货方式等。

3. 客户信用信息

(1)价格折扣率。客户在一般情况下可以享受的购货折扣率，用于销售报价、销售订单签订、开具销售发票等环节。

(2)价格级别。同一产品可能具有多种对外销售价格，不同客户群体适用不同价格级别。价格级别信息将用于对客户进行产品报价等环节。

(3)信用等级。按照企业自行设定的信用等级分级方法，对客户展开信用评价，给出客户所适合的信用等级。

(4)信用额度。根据客户的信用等级，确定客户可以使用的信用额度，在销售订单和开票环节进行信用期限和信用额度检查。

(5)客户付款条件。由现金折扣比率和最长的信用期间构成。企业针对当前的销售业务，确定客户在不同期间的付款可以获取的现金折扣比率及最长的信用期间，系统将根据所选客户自动输出其对应的付款条件。现金折扣是企业为了鼓励客户尽早支付货款而允诺在一定期限内给予的折扣优待。

(6)最后交易日期。客户最后一笔业务的交易日期，系统自动维护最后交易日期。

(7)最后收款日期。客户最后一笔收款的日期，系统自动维护最后收款日期。

(8)最后收款金额。客户最后一笔收款业务的收款金额，系统自动维护最后收款金额。

4. 客户应收款信息

应收账款余额是指该客户当前的应收账款余额。每笔应收或收款业务发生时，系统将自动维护档案中的应收账款余额信息。

(1)应收累计金额。记账时根据赊销业务的销售发票自动累计得出。

(2)已收累计金额。根据收款凭证自动累计得出。

(3)期末应收账款余额。

(4)本期应收账款、本期收回账款。

(5)每笔销售业务发生时，系统动态更新客户档案文件中的本期及累计应收或已收款信息，通过查询客户档案可以便捷了解客户的欠款状况和信用管理执行力度。

五、销售产品设置

在系统初始化过程中，用户要完成对销售产品代码规则的制定、存储产品信息的数据库资料文件的录入工作。这些信息包括产品代码、产品名称、产品种类、主要负责销售该产品的销售部门等。

六、销售部门及销售人员的设置

在初始模块中，用户要完成对销售部门及销售人员的数据录入工作。销售部门数据信息包括销售部门编码、部门名称、主营业务等，销售人员数据信息包括人员编码、人员名称、所属部门等。

七、客户付款条件

客户付款条件决定客户在某段期间内付款所能获取的现金折扣，同时将决定每笔销售业务的最后付款日期。客户付款条件用于录入销售订单、销售发票等环节。企业根据自身信用政策，设置客户的付款条件。可以设置多个条件，不同客户使用不同付款，同一客户不同时期也可以采用不同的付款条件。

八、设定往来账龄区间

账龄区间设置由企业定义应收账款时间间隔，目的是进行账龄分析时，统计应收账款在不同时间段的余额。统计结果是应收账款余额归属于上述不同的时间段，便于企业清楚掌握在不同期间内所发生的应收账款情况，账龄区间的设置如表7－2所示。

表 7—2　　账龄区间表

序号	起始天数	终止天数	说明
1	1	30	一个月
2	31	90	一个季度
3	91	180	半年
4	181	365	一年
5	366	1 095	三年
6	1 096		三年以上

九、结算方式

企业销售货款的结算方式主要有现金、支票、汇兑、银行汇票、商业汇票、银行本票、托收承付和委托收款等。结算方式用于收款环节，不同的结算方式管理要求不同，如对支票等需要登记支票号，以便于加强对支票的管理和进行银行对账。此外，结算方式将用于转账处理中，结算方式不同，收款信息转化为会计凭证对应的会计科目也可能不同。

知识链接

其他设置包括如下内容：

1. 税种、税率定义。将销售所涉及的税种、税率输入税率库中。

2. 公式定义。将费用分摊、销售利润等计算公式按系统给出的一套计算语言的语法规则，自定义计算公式。

3. 打印格式定义。设计并输出的各类账表的打印格式，并给出公式。

4. 凭证模板的定义。根据各类销售方式和结算方式，设置生成转账凭证的凭证模板。凭证模板也可放在自动转账模块中进行定义。

第五节　销售与应收管理系统的日常业务处理

销售与应收管理系统的日常业务主要是针对销售活动与应收账款活动的各个环节进行核算与管理。下面将分别从销售活动与应收账款活动两个方面介绍它们的日常业务处理。

一、销售管理系统的日常业务处理

销售管理系统的日常业务处理主要包括销售价格管理、客户信用管理、日常单据管理、退货业务处理及委托代销业务处理等。

(一)销售价格管理

销售价格是销售管理中较为敏感的因素，销售价格的提高，在一定条件下销售收入也会提高，但是销售价格超过一定范围之后，销售价格的提高并不能够增加销售收入，因此销售价格的确定需要考虑各方面因素，从而制定合理的销售价格。

1. 商品价格管理

同一商品可能存在不同价格,不同的客户适用不同的价格,因此需要对商品价格进行分级管理。比如,对批发类客户可用批发价,对零售客户可用零售价,而对于国外客户可用海外价。商品价格的制定具体可参考商品成本,商品成本来源于商品档案。

2. 折扣率管理

根据企业的价格政策,对不同客户可给予不同的折扣,在一些情况下,企业也可提供批量折扣。不同客户购买不同产品时可适用不同的折扣率,客户折扣率可以有以下三种情形:一是客户为空,则表明所有客户适用相同的折扣率;二是商品为空,则表明所有商品适用相同的折扣率;商品与客户均不为空,则表明不同的"客户+商品"适用不同的折扣率。企业提供批量折扣,鼓励客户批量购买。不同商品可采用不同的批量折扣率,同时不同客户也可采用不同的批量折扣率。对于批量折扣率,如果客户为空,则表明所有客户适用相同的折扣率;如果商品为空,则表明所有商品适用相同的折扣率;商品与客户均不为空,则表明不同的"客户+商品"适用不同的折扣率。

综合客户档案中所选择的价格级别、商品价格、客户折扣率及批量折扣率四个因素,可以确定某个客户购买某种产品的价格:

购买价格=商品价格×客户折扣率×批量折扣率

不同的企业有不同的价格管理需求,部分企业可能针对客户、商品分类等进行价格管理。在价格管理的上述各个环节,可以根据企业管理需求,根据客户分类和商品分类对客户折扣率表和批量折扣率表进行设置。

(二)客户信用管理

在基础模块中,已经设置了客户所适用的信用政策。

1. 信用控制

用户可以选择在销售活动的一些环节实施信用检查。可选做信用控制的单据包括销售订单、销售发票、销售出库单,用户可以同时选择多个信用控制单据。在进行相关业务处理,系统提供信用控制。选择信用检查的时点:单据保存、单据审核。一般而言,只允许选择一个信用检查的时点。

当信用控制环节出现超过信用额度事件时,系统一般提供两种信用控制方式:一是提供超信用;二是超信用审批。如果采用第一种方式,则在业务处理过程中,系统将给出超信用提示,但是不控制后续环节的开展;如果采用方式二,则系统将控制后续环节的开展,等待专人审批,审批通过后方可继续后续处理环节。此外,登录系统时,系统将提供客户的超信用额度预警。

信用额度预警单如表7—3所示。

表7—3 信用额度预警单

客户代码	客户名称	信用额度	应收账款	信用余额	余额百分比(%)

在公司的实际业务中,对信用限额按级别进行详细区分,主要分为中央信贷、客户信贷和业务员信贷等。中央信贷属于集团层次范畴,是对集团内某一客户的总信贷额度控制。客户

信贷和业务员信贷属于公司层次范畴，客户信贷是针对公司内某个客户的信贷额度，业务员信贷则是指公司内的员工信贷额度。

三种信贷额度控制交叉使用，当某业务员在为客户申请贷款时，需同时受客户信贷和业务员信贷控制，此外还要满足该客户的中央信贷要求，三种方式共同对该笔信贷业务进行控制。

2. 信用期间管理

根据客户付款条件所规定的信用期间，开出销售发票后，如果信用期间已经结束，而客户仍然没有付款结算，则登录系统时，系统将提供单据信用期间过期预警，生成逾期未收款清单，如表 7—4 所示。

表 7—4　　逾期未收款清单

发票号	开票日期	客户	销售部门	销售人员	应收金额总计	逾期未收款金额	付款条件	到期日	逾期天数

在公司实际业务中，将信用期间划分为两种情况：一种是将公司和客户关联，形成 A 公司对应 B 公司的期间控制；另一种是将公司和客户以及产品进行关联，形成 A 公司对应 B 客户以及 C 产品的期间控制。若 A 公司销售给 B 公司一定数量的 C 产品，则需同时受两个信用期间的控制；若 A 公司销售给 B 公司一定数量的 D 产品，则只受公司与客户的信用期间控制。

(三)日常单据管理

日常单据主要是指日常业务处理的原始数据，主要是销售报价单、销售订单、销售发票及收款单等日常发生的原始单据的输入。在输入过程中，凡是可以使用系统提供的菜单选择输入功能的项目，均可使用选择输入，以减少和避免输入错误。与发生的销售业务相互关联的凭证数据可根据预先定义的凭证模板由系统自动生成，以防止数据重复输入。

1. 销售订单管理

销售订单是反映由购销双方确认的客户购货需求的单据。对于追求对销售业务进行规范化、计划化管理的工商企业而言，销售业务的进行，需经历一个由客户询价、销售业务部门报价、双方签订购销合同的过程。订单作为合同或协议的载体而存在，成为销售发货的日期、货物明细、价格、数量等事项的依据。企业根据销售订单组织货源，并对订单的执行进行管理、控制和追踪。在先发货后开票业务模式下，发货单可以根据销售订单开具；在开票直接发货业务模式下，销售发票可以根据销售订单开具。

2. 普通单据业务处理

企业的销售形式有多种，如先发货后开票、先开票后发货、委托代销等。下面以先发货后开票的业务模式为例，说明企业销售业务的处理方法。

(1)录入销售发货单。发货单是普通销售发货业务的执行载体。发货单由销售部门根据销售订单生成，经审核后由库存管理系统自动生成销售出库单，销售出库单经库存管理系统审核后，在存货核算系统进行制单操作。

(2)修改销售发货单。如果发现销售发货单有误，可对其进行修改；如果销售发货单已经审核，则需先“弃审”，然后进行修改。

(3)弃审销售发货单。若发现已经审核的销售发货单有误，可执行“弃审”功能。“弃审”发货单的方法与“审核”发货单的方法类似。

(4)录入销售发票。销售发票是销售开票业务的主要载体,指给客户开具的增值税专用发票、普通发票及其所附清单等原始销售票据。在先发货后开票的业务模式下,销售发票必须参照销售发货单录入。

(5)修改销售发票。若发现销售发票输入有误,可进行修改,若销售发票已经审核,则需先“弃审”再进行修改。因为销售发票是依据销售发货单生成的,所以销售数量不能修改。

(6)审核销售发票。销售发票只有经过审核才能记入销售总账,才能在应收款管理系统进行收款结算。

(7)作废销售发票。销售发票录入有错时可以删除销售发票。但在用户对销售发票进行严格管理的情况下,当销售发票录入有错但已进行打印时,销售发票不能被删除,而且不能采用开具红字发票冲回的方法,这时可以使用作废销售发票的功能。作废发票的效果相当于销售发票被删除。作废销售发票,只能在销售发票处于未审核状态时进行,已审核记账的销售发票不能作废。

(8)现收款业务处理。现收款是指在款货两讫的情况下,在销售结算的同时向客户收取货币资金。在销售发票、销售调拨单和零售日报等销售结算单据中,可以随单据录入发生的现收款并结算。如果录入的现收款数据有错误,还可以修改和删除。销售结算单据保存后才能录入现收款。

(9)代垫费用处理。在销售业务中,有的企业随货物销售有代垫费用的发生,如代垫运杂费、保险费等。其中一部分以应税劳务的方式通过发票做了处理。不通过发票处理而形成的代垫费用,实际上形成本企业对客户的应收款。系统仅对代垫费用的发生情况进行登记,代垫费用的收款核销由应收账款核算系统完成。

(四)委托代销业务处理

委托代销业务处理是指工商企业提供商品,委托其他企业代为销售的行为。

(1)录入委托代销发货单。委托代销发货单是委托代销发货业务的执行载体。委托代销发货单由销售部门根据购销双方的委托代销协议产生,经审核后通知仓库备货。

(2)审核委托代销发货单。只有经过审核的委托代销发货单才能进行委托代销结算。

(3)审核委托代销结算单。在“委托代销结算单”窗口中进行。

(4)审核销售发票。委托代销结算单经审核后,系统自动生成销售普通发票,用户只需对其进行审核操作。

(5)销售账表查询。一般在财务软件系列产品下属系统的账表管理,对系统的全部报表进行管理。

知识链接

退货业务处理:因货物质量、品种、数量不符合要求,可能发生退货业务,针对退货业务发生的不同时间,系统采用了不同的解决方法。如果退货时还没开具发票,直接修改或删除发货单即可。如果已经根据销售发货单开具发票,则要先录入退货单,经审核后根据退货单开具红字销售发票。

(五)月末结账

销售管理系统结账只能每月进行一次,一般在当前的会计期间终了时进行。结账后本月不能再进行发货、开票、委托代销、销售调拨、零售、代垫费用等业务的增删改审等处理。如果用户觉得某月的月末结账有错误,可以取消月末结账。

二、应收账款系统的日常业务处理

应收账款系统的日常业务处理主要包括应收账款的增加、往来账款的核销、坏账处理、转账处理、制单、统计分析以及期末处理。

(一)应收账款的增加

销售发票与应收单是应收账款日常核算的原始凭据。增加应收款是系统业务处理的起点。如果同时使用应收款管理系统和销售管理系统,则销售发票和代垫费用产生的应收单由销售管理系统录入,在销售系统可以对这些单据进行查询、核销、制单等操作。

应收单审核可在单据录入完成后,其他应收单录入窗口直接进行审核;也可在"单据明细表"窗口选中需审核单据,然后在单据明细表窗口中进行审核。应收单只有经过审核后,才能生成相应凭证。完成单据审核后,发现单据需要修改时,取消审核,即取消已审核的票据的审核签字。

(二)往来账款的核销

在日常业务处理的过程中,销售与收款系统还有一个重要功能——往来核销。为了准确核算应收账款,加快应收账款的收回,必须对企业与客户之间的往来款项加强管理。由于收款中存在预收账款,无法预先知道该笔款项所属的销售业务,而且出纳根据发票收款时也可能出现没有记录销售发票号的现象,为了准确核算应收客户款项,需要进行往来核销,建立收款与应收款的对应关系,加强往来款项的管理。

往来核销界面如图 7—6 所示。

往来账款核销具有以下功能:

(1)逐笔录入以前年度未核销往来账。按发票号的不同,逐笔录入以前年度的应收账款发生额,以便与以后发生的往来款项进行核销,保持手工会计信息系统与计算机会计信息系统的延续性,保证计算机会计信息系统中每笔业务的完整性。录入界面包括以下字段:年、月、日、客户、往来核对号(发票号)、业务发生日期、预计收款日期、摘要、借方发生额、贷方发生额。

(2)自动核销。系统以发票号作为核销号,单击"往来核销"界面中的"自动核销"按钮,系统自动根据收款单的发票号和销售发票的发票号进行核销。由于一笔销售业务可能出现分几次收款的情况,因此,一张销售发票可能对应一条或多条收款记录。系统提供自动核销功能,提高了往来款项核销的效率。

(3)手工核销。对于系统未能自动核销的款项,即自动核销后尚未建立对应关系的发票和收款单,系统可提供手工核销的功能。单击"往来核销"界面中"手工核销"按钮,操作人员可进行手工核销的操作。在"往来核销"界面中,屏幕可分为上下两个部分,屏幕上半部分是销售发票文件,下半部分是收款单文件,光标停在发票文件上的某个记录时,收款单文件则显示出与发票文件的该记录发票号一致的一个或若干个记录。操作人员需要执行手工核销时,可人为指定收款单与销售发票的对应关系。手工核销方式下,可能出现一张销售发票对应一条或几条收款记录的现象。由于客户可能就几笔销售业务一次付款,因此,手工核销方式下,还需要支持一张收款单的收款金额在多张销售发票之间进行分摊,几张销售发票对应一张收款单。

(4)现金折扣处理。由于销售发票记录了客户的付款条件,因此,在进行核销时,需要根据付款条件对客户享有的现金折扣进行处理。对于在享有折扣率的信用期间内的销售发票,其

手工核销	自动核销	查询核销明细账	查询未达往来账	退出

销售发票

单据日期	类型	编号	到期日	客户	销售金额	应收余额	可享受折扣	本次折扣	本次结算	合同号
合计										

收款单

单据日期	单据编号	客户	款项类型	结算方式	销售金额	应收金额	本次结算金额	合同号	发票号
合计									

图 7—6　往来核销

实际应收款金额应该为销售金额扣除享有折扣后的余额。

(5)查询应收账款核销明细账。应收账款核销明细账是以每一发票号作为一条记录处理的。查询的时候,系统动态即时生成。系统提供按发票号、客户进行查询及按发票号进行排序的功能。查询应收账款核销明细账的同时,系统自动显示按发票号逐笔抽单核销的款项发生额记录,并计算出每个发票号项下的余额。系统自动核销时,既有一笔作销、一笔收款核销的功能,也有一笔作销、分期多笔收款核销的功能,前提是借贷双方的发票号相同。核销后余额的记录可用浅色显示,未核销的记录可用黑色显示,一目了然。

(6)查询未达往来账。系统可查询未达往来明细账,由应收账款核销明细账派生而来,查询的时候,系统动态即时生成,内容为未核销的往来款项。系统以发票号、客户为记录,生成未核销款项的发生额及余额。

(三)坏账处理

在加强对企业与客户之间的往来款项进行管理的同时,还要尽量减少坏账。销售与收款系统的另一重要功能就是对坏账进行管理。系统中的坏账处理分为计提坏账准备处理、坏账的发生与收回处理等。

1. 计提坏账准备

企业于期末分析各项应收款项的可收回性,并预计可能产生的坏账损失,计提坏账准备。计提坏账准备的方法包括应收账款余额百分比法、销售余额百分比法、账龄分析法和直接核销法等。企业依据应收账款管理经验、债务单位的实际情况，制定计提坏账准备的政策，明确计提坏账准备的范围、方法、账龄的划分和提取比例。

计提坏账准备首先必须设定企业所采用的坏账准备计提方法，如图 7—7 所示。

应收账款期初余额

坏账处理方式

计提百分比（%）

账龄序号	起始天数	终止天数	计提比例（%）

图 7—7　坏账准备计提方法

如果所选坏账准备计提方法为应收账款余额百分比法和销售余额百分比法，则系统要求录入表头的数据项“计提百分比（%）”；如果所选坏账处理方法为直接核销法，则无须录入任何比例。

系统将自动根据企业所选择的坏账准备计提方法，计算与当前应收账款匹配的坏账准备余额，并根据本次计提前的坏账准备余额，计算当前应计提额。如果所选坏账准备计提方法为应收账款余额百分比法或销售余额百分比法，则系统将自动计算本次应计提坏账准备。以应收账款余额百分比法为例，如表 7—5 所示。

表 7—5　　坏账准备计提——应收账款余额百分比法

应收账款总额	计提比例	坏账准备余额		本次计提
		计提后	计提前	

其中，应收账款总额、计提比例、计提前的坏账准备余额由系统自动获取。

计提后坏账准备余额＝应收账款总额×计提比例

本次计提＝计提后坏账准备余额－计提前坏账准备余额

如果所选坏账处理方法为应收账款账龄分析法，则计提坏账准备的结果如图 7—8 所示。其中：

计提后坏账准备余额＝列表中“坏账准备额”合计

本次计提＝计提后坏账准备余额－计提前坏账准备余额

2. 坏账的发生与收回

系统需建立文件存储记录那些被确定为坏账的应收款信息，以便用户详细掌握坏账发生的明细内容。确认并记录坏账发生信息如表 7—6 所示。

账龄区间	计提比例（%）	应收账款额度	坏账准备额
合计			

本次计提

计提后坏账准备余额

图 7—8 计提坏账准备的结果

表 7—6 **坏账信息登记表**

发票号	单据日期	客户名称	到期日	应收余额	本次发生坏账金额	销售部门	销售余额

确认坏账发生后，对应客户的应收余额也相应减少。已经确认为坏账的应收款项如果又被收回，则需要在系统中指定哪张收款单为坏账收回单，并与已经确认为坏账的发票进行核销。

（四）转账处理

应收账款管理系统提供的"转账处理"功能是处理日常业务中涉及的预收款冲抵应收款、应收款冲抵应付款等业务。

在日常处理中，经常会发生转账处理的情况：一是预收冲应收，即将某客户的预收款冲抵客户的应收款；二是应收冲应付，即将某客户的应收款冲抵某供应商的应付款；三是应收冲应收，即当一个客户为另一个客户代付款时，发生应收款冲应收款的情况。

（五）制单

应收账款管理系统可根据销售发票、应收单、结算单等原始单据生成相应记账凭证，并传递到总账系统。这些凭证可以在总账系统中进行查询、审核和记账的操作。删除凭证是指删除在应收账款管理系统中生成的凭证。一张凭证被删除后，它所对应的原始单据可以重新制单。

（六）统计分析

统计分析主要包括单据查询、业务账表查询、科目账表查询和账龄分析四部分内容。

1. 单据查询

单据查询包括发票、应收单、结算单和凭证的查询，并可以查询已经审核的各类型应收单据的收款情况、结余情况，查询结算单的使用情况，查询在应收账款管理系统中所生成的凭证。

2. 业务账表查询

通过业务账表查询功能,可以查看客户、客户分类、地区分类、部门、业务员、主管业务员、主管部门在一定月份期间所发生的应收、收款以及余额情况。

3. 科目账表查询

可通过科目账表查询功能查询指定科目下各往来客户的总账及明细账情况。

4. 账龄分析

账龄分析功能包括应收账龄分析、收款账龄分析和欠款账龄分析。

(七)期末处理

如果当月业务已全部处理完毕,就需要执行月末结账功能。只有当月结账后,才可以开始下月的工作。

在进行月末处理时,一次只能选择一个月进行结账;前一个月没结账,则本月不能结账;结账单还有未核销的,不能结账;单据在结账前应该全部审核;年度末结账,应对所有核销、坏账、转账等处理全部制单,系统列示检查结果,并对"本月单据全部结账"和"本月结算单全部核销"进行检查,对其他栏目没有强制性约束。确认本月的各项处理已经结束,可选择执行月末结账功能。

知识链接

销售、收款业务与财务的一体化策略

总账子系统是总括反映企业经营活动全过程信息的子系统,因此销售与收款业务信息都必须转化为会计信息——记账凭证的形式,传递到总账子系统中。系统可以通过自动转账的方式,完成这种业务信息到会计信息的转换过程,进而实现销售、收款业务与财务一体化策略。自动转账的基本目标是:根据每个子系统输入的业务数据,生成记账凭证传递到总账子系统,以便进行账务处理。销售与应收子系统通过录入各种相应的原始单据,已经全面收集了销售活动中产生的业务信息,转账处理将业务信息按照一定规则转换为以凭证形式体现的会计信息。转账处理主要包括两个功能:定义凭证模板,即定义信息转换规则;生成记账凭证,即根据所定义的转账流程,将销售发票和收款单所记载的业务信息转化为记账凭证形式的会计信息。

本章小结

销售是企业价值实现的最后阶段。在市场经济条件下,企业的一切生产活动都应该以销售为目的。因此,销售与应收账款的管理是企业管理工作的重要方面。本章首先介绍了销售与应收管理系统的内容、目标及与其他会计信息子系统的关系。其次介绍了销售与应收管理系统的基本工作流程及功能结构,并详细说明了该系统的初始设置及日常业务处理工作。

第八章
存货管理系统

学习目标

通过本章学习，掌握存货核算与管理的基本流程、出入库单据处理以及单据记账与期末处理；理解存货管理子系统的初始设置；了解存货管理单据的结构、作用及存货核算与管理的特点、账表输出和ABC成本分析等。

第一节　存货管理系统概述

存货是指企业在生产经营过程中为销售或耗用而储存的各种有形资产，包括各种原材料、燃料、包装物、低值易耗品、委托加工材料、在产品、产成品、商品等。存货范围的确认应以企业对存货是否具有法定所有权为依据，凡在盘存日期法定所有权属于企业的一切物品，不论其存放何处或处于何种状态，都应作为企业的存货。

库存管理主要从数量的角度管理存货的出入库业务，能够满足采购入库、销售出库、产成品入库、材料出库、其他出入库、盘点管理等业务需要，提供多计量单位使用、仓库货位管理、批次管理、保质期管理、出库跟踪、入库管理、可用量管理等全方位的业务应用。通过对存货收、发、存业务的处理，及时、动态地掌握各种库存存货信息，对库存的安全性进行控制，提供各种储备分析，避免库存积压占用资金或材料短缺影响生产。库存管理的好与坏直接影响企业的资产质量、产品成本的高低、利润的增减变化。

一、存货管理数据文件设计

存货管理过程中涉及的数据文件很多，如存货档案文件、存货结存文件、入库单文件、出库单文件等。

下面对主要数据文件的作用、结构等进行介绍。

（一）存货档案文件

存货档案文件用来存放：(1)存货基本信息，如存货编码、名称、计量单位、规格型号等；(2)存货成本信息，如计划价/售价、参考成本、最低售价等；(3)存货控制信息，如提前期、经济批量、安全库存、最高/最低库存等；(4)存货其他信息，如单位重量、单位体积、启用日期、停用日期等。

课堂思考

除上述内容外，存货档案还可以包括哪些内容？

通过阅读该文件便可以掌握企业有什么存货，多少种存货，每一种存货的规格型号、成本、控制等信息，因此，此类文件被称为存货档案文件。

存货档案文件的结构如表 8—1 所示。

表 8—1　　库存商品存货档案示例

序号	存货编码	存货名称	规格型号	存货代码	生产日期	计量单位名称
1	1001	LED 灯	蓝	LED	2017—09—06	个
2	1002	LED 灯	白	LEDb	2017—09—06	个
…	…	…	…	…	…	…

以上为存货档案文件的示例，并不是规定格式，可以根据企业存货管理需求设计列示项目。

(二)存货结存文件

存货结存文件用来存放所有存货的收、发、结存数据，为存货总账、明细账以及各种存货分析提供信息。

存货结存文件的结构如表 8—2 所示。

表 8—2　　存货结存文件示例

单据编码	收　入			发　出			结　存		
	数量	单价	金额	数量	单价	金额	数量	单价	金额
BSCB0024	100	2.00	200				100	2.00	200
BSCB0026				25	2.00	50	75	2.00	150
…	…	…	…	…	…	…	…	…	…

存货结存文件列示的并不局限于以上项目，还有会计期间、存货编码、存货状态、存货类型等内容。存货结存文件是比较复杂的文件，它的设计要考虑到企业所采用的存货成本核算方法，可以有先进先出法、加权平均法等不同的核算方法。

(三)入库单文件

入库单文件分为临时入库单文件和入库单文件。临时入库单文件用于存放采购系统传入的采购入库数据或通过入库单录入模块输入的入库单。该文件中的入库单经过检测后，正确无误的入库单转储到入库单文件，错误的入库单仍然存储在临时入库单文件中等待修改。入库单文件为存货总账、明细账、自动转账、存货分析等提供信息。

入库单模板如表 8—3 所示。

表 8—3 **入库单**

编号： 库别： 年 月 日

品名	型号	单位	数量	生产日期	批号	检验单号	备注

入库人： 复核人： 库管员：

除以上所列信息，入库单中还可根据管理需要，添加业务员姓名、收货标志、存货编码等信息。

（四）出库单文件

出库单输入系统后先存于临时出库单文件中，经过检测后，正确无误的出库单转储于出库单文件，错误的出库单仍然存储于临时出库单文件等待修改。出库文件为总账、明细账、自动转账、存货分析等提供信息。

出库单模板如表 8—4 所示。

表 8—4 **出库单**

出库类型： 出库日期： 出库单号：

领取部门： 业务员： 发货单号：

客户名称：

仓库代码： 备注：

编码	名称	规格型号	计量单位	数量	单位进价（不含税）	税金	销售成本（不含税）	价税合计

制单人： 审核人：

二、存货核算与管理的特点

（一）数据存储处理量大

从存货的界定范围就可以看出，无论是工业企业还是商业企业，存货的品种规格都非常多，有的大型企业甚至拥有多达几万种的存货。从以上存货管理的单据记录来看，对每个具体的品种都要进行详细、全面的记录，既要记录存货的数量指标，又要记录存货的价值指标；既要反映存货的动态状况，又要反映其静态信息。因此，存货管理系统中需要存储和处理的数据量极大，几乎可以说存货管理系统是会计信息系统中数据量最大的子系统。

（二）数据处理频率高

要保证生产和销售活动的顺利进行，必须经常进行存货的采购活动，因此，需要处理大量的存货入库和出库业务。而与此同时，无论材料采购入库、产成品完工入库，还是材料领用、产品销售出库，都伴随大量财务数据的产生和变化。因此，存货管理系统的数据输入、输出频率和处理频率都非常频繁。

(三)核算方法复杂

存货核算可以采用实际成本法,也可以采用计划成本法。按实际成本法进行核算时,可以用先进先出法、加权平均法等不同方法对存货价值进行计量。而按计划成本法进行核算时,还要考虑计划成本差异的计算和分配。

当存货账面价值与实际价值相差过大时,还可以用成本与市价孰低法对存货价值进行调整。这些都使得存货管理系统的核算方法比工资管理、固定资产管理等系统更为复杂。

知识链接

存货计价方法的选择是制定企业会计政策的一项重要内容。选择不同的存货计价方法将会导致不同的报告利润和存货估价,并对企业的税收负担、现金流量产生影响。我国《企业会计准则第 1 号——存货》规定:"各种存货发出时,企业可以根据实际情况,选择使用先进先出法、全月一次加权平均法、移动加权平均法、个别计价法等方法确定其实际成本。在资产负债表日,存货应当按照成本与可变现净值孰低计价。"

(四)与其他子系统有较多的数据传递关系

存货子系统和采购与应付账款子系统、销售与应收账款子系统、总账子系统保持密切的联系,该子系统将各种单据按会计上的要求进行统计汇总后,供账务处理和成本子系统使用,各种存货成本信息、存货结存信息供销售、采购、生产等子系统使用和共享。

(五)管理要求高

存货核算与管理不仅要求正确反映存货的入库、出库、结存等信息,而且要从管理的视角为各业务部门及时、准确地提供各种信息,如存货成本、商品销售成本信息,存货预警信息,占用资金分析信息,存货管理效率信息等。

第二节　存货管理系统流程

一、入库流程详解

当采购部门或者供应商将存货送入仓库,生产部门或者物流部门将生产的产成品送入仓库,入库业务便可以进行。入库流程如图 8－1 所示。

二、出库流程详解

当生产部门提出领料申请、销售部门提出发运产品时,出库业务便开始进行;到会计期末进行相应的处理,并提交各种管理分析报告。其流程如图 8－2 所示。

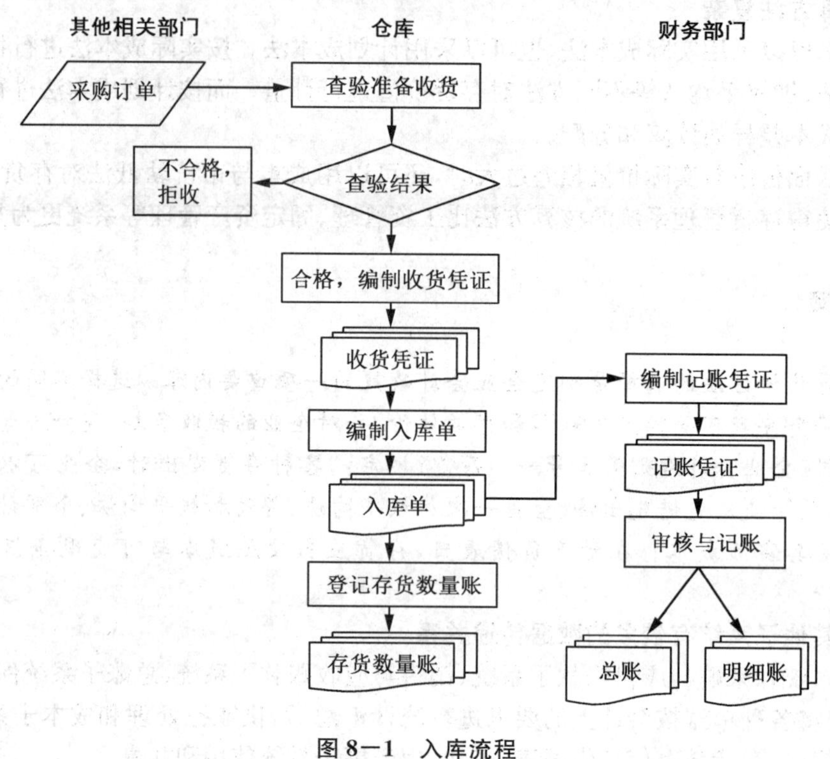

图 8—1 入库流程

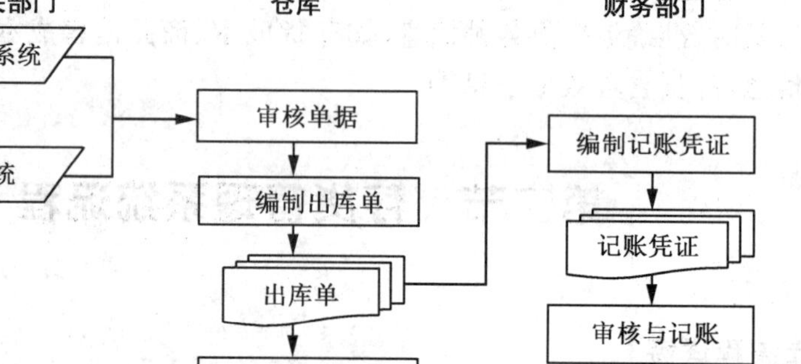

图 8—2 出库流程

第三节 存货管理系统的功能结构

通过上节内容，可以看出存货核算与管理工作非常复杂，涉及的数据量很大，核算方法比其他子系统更烦琐，对数据处理能力的要求比较高。在手工环境下核算和管理的难度非常大。

特别是存货种类多、仓库多、存货收发业务多的情况下，手工管理难以达到存货管理的目标。因此，将信息处理技术与存货管理有机结合，建立存货管理子系统，对于提高存货核算的准确性和存货管理的效率有重要的意义。

一、存货管理系统的功能

存货管理系统应该具备以下几点功能：

(一)正确反映出入库情况及期末存货结存信息

存货管理子系统中应该提供入库单、出库单、存货结存单等相应单据的处理功能，能够正确地记录及反映存货入库、出库的动态情况及增减变化的动态情况。能够通过以上处理计算出存货期末的结存数量、单价、金额，及时提供存货的储备资金占用情况，既保证生产需求，保护材料物资的完整安全，又减少资金积压。

(二)反映和监督各种材料物资的耗用

通过存货管理子系统反映和监督材料物资的耗用情况，正确计算产品的材料费用，考核各部门材料消耗情况，约束企业节约材料开支，降低产品成本。

(三)同时支持按计划成本和按实际成本核算

存货管理子系统不仅支持按计划成本核算，而且应该支持按实际成本核算，允许采用加权平均、先进先出等存货计量方法，以满足各类工业、商业企业存货核算和管理需求。

(四)提供完整的存货账簿及相应分析功能

存货管理子系统应该及时、准确地提供各种存货的总账、明细账等账簿的查询及打印功能，并能够生成各种存货汇总表、存货资金占用分析、入库成本分析、ABC成本分析等分析性表格，为存货管理提供相应数据支持。

(五)与其他功能子系统对接

存货管理子系统与其他子系统(如总账、采购与付款系统、销售与收款系统等)有密切的联系，因此，该子系统与其他子系统应建立对接功能，既能够及时向其他子系统提供信息，同时又可以接收其他子系统传入的信息。

二、存货管理系统功能结构

存货管理系统一般可以划分为初始设置、日常核算、账表输出、管理分析和系统服务五个功能模块。每个功能模块又可以继续划分为若干个功能模块，直到每个功能模块都能够表示相对独立的功能。存货管理系统功能结构如图8—3所示。

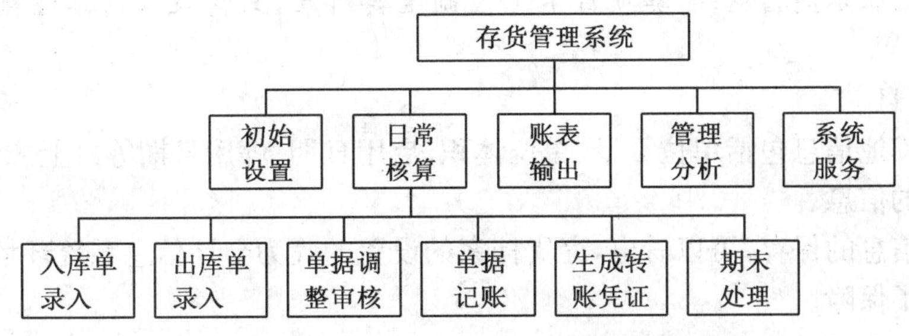

图8—3　存货管理系统功能结构

(一)存货管理系统初始设置

企业在使用存货管理系统之前,需要将本企业的存货基本数据通过初始设置录入并保存到相应的数据库文件中,使之成为适用于本企业存货核算和管理需求的专用系统。

一般来说,初始设置模块主要包括存货分类设置、存货档案设置、仓库目录设置、费用统计标准设置、部门档案设置、收发类别设置、期初余额录入等基本功能模块。

以下对初始设置中的主要功能模块进行相应说明。

1. 存货档案设置

存货档案设置模块的功能是根据企业的管理需要方便地增加、修改、删除、查询、打印存货档案,并将结果保存在存货档案文件中。

存货档案设置一般包括存货基本信息、成本信息、存货控制管理信息及其他信息四个部分。

(1)基本信息

基本信息设置中首先需要用户根据企业存货核算和管理需要,输入存货类别,然后输入各类别下的存货编码、名称、规格型号、计量单位、所属存货分类、该存货增值税率等信息。

除此之外,由于管理需要通常会将存货分为销售、外购、生产耗用、自制、劳务费用五类属性,在输入存货档案基本信息时,还需要明确存货属性。

(2)成本信息

存货档案设置中还需输入成本信息,以满足存货成本核算需求。所需的成本信息可以包括计划成本、参考成本、最新成本、参考售价、最低售价、最高进价、主要供货单位等。

(3)存货控制管理信息

存货管理控制是对存货库存量及订购量的管理。相关信息包括提前期、经济订货批量、ABC 分类、安全库存、最高库存、最低库存、呆滞积压标准等。

知识链接

ABC 分类是指按成本比重高低将各个成本项目分为 A、B、C 三类,对不同类别的成本采取不同的控制方法。A 类成本项目在总存货成本中应占 70%以上的比重,但实物数量则不超过 20%;B 类成本项目其成本比重为 20%,实物量一般不超过 30%;C 类实物量不低于 50%,但其成本比重不超过 10%。按照 ABC 分类法的要求,A 类项目是重点控制对象,必须逐项严格控制;B 类项目是一般控制对象,可区分不同情况采取不同措施;C 类项目不是控制主要对象,只需采取简单控制的方法即可。

(4)其他信息

存货管理其他信息包括单位重量、单位体积、启用日期、停用日期等以上未涉及的,但是有助于存货管理的信息。

通过上述信息的保存,可以看出,存货档案的设置的确为会计信息系统环境下存货核算和存货管理提供了保障。

2. 仓库、部门、收发类别的设置

(1)仓库档案设置

存货一般用仓库来进行保管,对存货进行核算管理,首先应对仓库进行管理,因此进行仓库档案设置是存货管理子系统的重要基础准备工作之一。仓库档案设置模块包括仓库编码、仓库名称、所属部门、仓库地址、电话、负责人，该仓库存货核算计算方法、资金定额等信息。

(2)部门档案设置

其功能是设置部门档案，为输入单据和按部门统计存货信息提供依据。

(3)收发类别设置

其功能是设置收存货类别和发存货类别，为输入单据、按存货收发类别进行存货信息统计提供依据。

只有当所有初始设置完成后，才可以进行存货日常处理工作。

(二)存货管理系统日常业务处理

存货管理系统每天要处理大量出入库单据，只有将这些单据输入计算机，才能让计算机自动完成记账、计算、账表输出、分析等工作。因此，日常业务处理模块又可以划分为入库单录入、出库单录入、单据调整、审核与查询等模块，将出入库单正确录入系统中。当单据录入完成和审核后，还需要通过单据记账模块由计算机自动、高速、精准地完成记账工作，生成存货总账、明细账、各种报表所需的数据。为了保证存货管理系统及时、准确地为其他子系统提供数据，计算机自动生成各种转账凭证，并传递到其他子系统中。到会计期末，通过期末处理模块，计算机自动生成各种账表数据和存货管理分析表。

以下对主要功能模块进行说明。

1. 入库单录入

企业日常录入的入库单主要包括采购入库单、产成品入库单、其他入库单。

采购入库单:对于工业企业，采购入库单一般指采购原材料验收入库时填制的单据;对于商业企业，一般指商品进货入库时填制的单据。

产品入库单:指工业企业生产的产成品、半成品入库时所填制的单据。

其他入库单:是除以上形式以外的存货入库时所填制的单据，如盘盈入库、调拨入库等。

有些会计信息系统提供以上三种入库单的格式，有些系统提供统一入库单的录入格式。

2. 出库单录入

企业日常录入的出库单主要包括销售出库单、材料出库单、其他出库单。

销售出库单:对于工业企业，销售出库单一般指产品销售出库时所填制的出库单据;对于商业企业，一般指商业销售(包括受托代销商品)出库时填制的出库单。

材料出库单:指工业企业领用材料时填制的仓库单据。

其他出库单:是除以上形式以外的存货出库时所填制的单据，如盘亏出库、调拨出库等。

有些会计信息系统提供以上三种出库单的格式，有些系统提供统一出库单的录入格式。

3. 单据调整、审核与查询

(1)单据调整

单据调整是对入库、出库的存货进行成本调整的单据，分为入库调整单和出库调整单。

入库调整单是对存货的入库成本进行调整的单据，它只调整存货的金额，不调整存货的数量;它用来调整当月的入库金额，并相应调整存货的结存金额;可针对单据进行调整，也可针对存货进行调整。

出库调整单是对存货的出库成本进行调整的单据，它只调整存货的金额，不调整存货的数量;它用来调整当月的出库金额，并相应调整存货的结存金额;只能针对单据进行调整，不能针对存货进行调整。

(2)单据审核

单据审核模块的功能是对临时入库单、临时出库单文件中的单据进行审核,直到全部签字。对入库单、出库单的审核,既可以在线审核,即输入一张单据,审核一张单据;也可以批量审核,即在全部单据输入完毕后,集中对单据进行审核。

(3)单据查询

查询模块的功能是查询每月的入库单、出库单,并将其显示或打印输出。

4. 单据记账

单据记账模块是系统自动根据入库单、出库单文件中已审核的单据更新存货结存文件,将新审核的入库单、出库单追加到入库单文件和出库单文件中。

存货记账可以采取在线记账和批量记账。对于按照先进先出法、移动加权平均法进行计价的存货,应该采用在线记账,即输入一张单据马上审核,审核之后立即记账;对于按照加权平均法、个别计价法、计划成本法进行计价的存货,既可以选择在线记账,也可以选择批量记账。

5. 期末处理

期末处理模块的功能包括系统自动计算所有存货的期末结存数量、单价、金额,以及发出存货的成本;自动计算按计划价、售价方式核算的存货差异率及本月的分摊差异,并对已完成日常业务的仓库/部门做处理标志;自动生成下月或下年存货结存文件,将本月结存数据作为下月期初数转移到下月结存文件中。

6. 存货账表的输出和存货分析

经过日常存货处理和期末处理后,存货管理系统中生成了存货各种账簿、报表及存货分析所需的数据,通过存货账簿输出与存货分析模块,系统便自动、快速、准确地按照各种需求,输出存货核算和管理所需的各种账簿和分析表。

(1)存货总账、明细账

输出存货总账、明细账模块的功能是根据用户输入或选择的存货编码、日期,系统自动生成账簿,并显示在屏幕上或从打印机输出,其格式类似于手工账簿。

(2)出入库流水账

出入库流水账模块的功能是查询当年任意日期范围内存货的出入库情况,为用户提供一个简洁方便的对账、查账的流水账。

流水账查询的选项通常包括记账单据的流水账、未记账单据的流水账及全部单据流水账。

(3)出入库汇总表

出入库汇总表模块的功能是对某期间的入库存货或出库存货进行各种各样的统计汇总,自动生成用户所需要的各种出库、入库汇总表。

查询时可按照仓库、存货、入库类别、部门、供应商等依据进行汇总查询。

(4)存货分析

系统除了生成和输出各种存货账簿,还按照管理需要生成和输出各种存货分析报告,供存货分析使用。以下为几种主要的存货分析内容:

超储短缺存货分析:将存货结存文件的结存数量、结存金额与存货档案文件中的最高库存、最低库存进行对比、判断后,输出超储或短缺存货分析报告。

表 8－5　　**超储存货明细表**

存货编码	存货名称	结存数量	结存金额	超储数量	超储金额
合　计					

ABC 成本分析：将存货按成本比重分为 A、B、C 三类，根据存货档案设置中的分类情况及系统生成的存货结存文件，自动对 A、B、C 类存货进行统计、分析，生成不同类别存货的成本分析报告。

表 8－6　　**A 类存货成本分析报告**

存货名称	规格型号	计量单位	数量	数量比例	金额	金额比例	ABC 类别
合　计							

库存资金占用分析：此模块的功能是系统根据仓库档案文件设置的资金定额、系统生成的存货结存文件等，自动对各仓进行统计、分析，输出仓库资金占用分析报告。

表 8－7　　**库存资金占用分析表**

仓库名称	计划资金占用额	实际资金占用额	较计划增减金额	增减百分数
合　计				

本章小结

存货是指企业在生产经营过程中为销售或耗用而储存的各种有形资产，包括各种原材料、燃料、包装物、低值易耗品、委托加工材料、在产品、产成品、商品等。

存货管理数据文件主要包括存货档案文件、存货结存文件、入库单文件、出库单文件。

存货核算与管理的特点主要有数据存储处理量大、数据处理频率高、核算方法复杂、与其他子系统有较多的数据传递关系、管理要求高。

存货管理系统应该具备的主要功能：正确反映出入库情况及期末存货结存信息；反映和监督各种材料物资的耗用；同时支持按计划成本和按实际成本核算；提供完整的存货账簿及相应分析功能；与其他功能子系统对接。

存货管理系统一般可以划分为初始设置、日常核算、账表输出、管理分析、系统服务五个功能模块。

第九章 报表管理系统

学习目标

通过本章学习，要求了解报表管理系统的相关内容，如报表分类、格式等；熟悉报表管理系统的数据流程及功能结构；掌握报表管理系统的初始设置，如报表定义、公式定义等；掌握报表管理系统的日常业务处理，尤其是资产负债表及利润表的编制方法及程序；了解现金流量表的编制程序和步骤。

第一节 报表管理系统概述

财务会计报表，简称财务报表。编制财务报表是会计信息系统的一项重要功能，不仅提供对外法定报表和对内管理报表的编制功能，而且由于计算机处理的优越性，财务报表的内容逐渐多元化、形式越发多样化，更好地满足了外部报表使用者对财务信息的需求。报表管理系统是一个技术较复杂的系统，报表管理系统并非是对经营交易或事项的直接处理，更多的是着眼于整个企业生产经营活动的综合反映，是会计核算工作的总结。因此，报表管理系统一般要在各个子系统的同期核算工作完成之后运行，这样才能保证数据的正确性，以生成如实反映企业财务状况、经营成果和现金流量信息的财务报表，以及提供管理和决策需要的有用信息。因此，报表管理系统是直接面向内外报表使用者的信息需要，取数于各个子系统会计核算的结果，进行相应的加工处理，专门提供各种会计报表的管理系统，是一个极为重要的子系统。

一、财务报表概述

(一)财务报表的分类

企业财务报表可以按不同的标准进行分类，对财务报表分类的认识，有助于针对不同的报表，采用不同的方式进行定义、处理和输出。

1. 按报表反映的内容和性质，可分为财务状况报表、经营成果报表和成本费用报表

财务状况报表反映企业的财产和资金状况，例如反映某一特定日期资产、负债、所有者权益的总体规模和结构的资产负债表，以及反映企业一定会计期间现金和现金等价物流入和流出信息等财务状况变动的现金流量表。经营成果报表反映企业的经营成果及其分配情况，例如反映一定会计期间经营成果的利润表以及反映利润分配情况的所有者权益变动表。成本费

用报表反映企业一定会计期间发生的生产经营成本和期间费用，例如管理费用明细表、营业费用明细表、产品成本报表和主要产品单位成本表等。

2. 按服务对象，可分为外部报表和内部报表

外部报表是企业向外提供给政府部门、投资者、债权人、社会公众等外部信息使用者的财务报表，这类报表的种类、内容、格式、报送时间、报送方式等由会计制度统一规定。例如上述的资产负债表、利润表和现金流量表、所有者权益变动表都是对外报送的法定报表。内部报表是为适应企业内部管理需要而编制的报表，它不需要对外公开，有些还涉及企业商业机密，没有统一规定的格式和内容，不同企业可以根据需要灵活设计和编制。例如销售报表、财产明细表和成本报表等。

3. 按编制单位，可分为个别报表和合并报表

个别报表是指企业在自身会计核算的基础上，对账簿记录进行加工而编制的，反映企业本身的财务状况、经营成果和现金流量的财务报表。合并报表是以母公司和子公司组成的企业集团为会计主体，在母、子公司单独编制的个别会计报表的基础上，由母公司编制的，全面反映企业集团财务状况、经营成果和现金流量的财务报表。

4. 按编制时期，可分为定期报表和不定期报表

企业会计准则、企业会计制度、企业财务会计报告条例规定的会计报表是定期的报表，例如月报、季报、半年报和年报。企业内部的管理报表多没有统一规定的编报时间。

5. 按计量用的货币，可分为记账本位币报表和外币报表

我国企业一般以人民币为记账本位币，但业务收支以人民币以外的货币为主的企业可以选定其中一种货币作为记账本位币，但是编报的外币会计报表应当折算为人民币。在境外设立的中国企业向国内报送的会计报表，也应当折算为人民币。

(二)财务报表格式

每张财务报表都有其特定的表格格式，但也有共性，无论简单表还是复合表，其报表格式都可分为三个部分：表头、表体和表尾。不同报表的区别在于这三个部分的内容不同。以表9—1利润表的格式为例做简单介绍。

表9—1　　利润表

编制单位：　　　　年　　月　　　　单位：元

项　目	行数	本月数	本年累计数
一、营业收入			
减：营业成本			
税金及附加			
销售费用			
管理费用			
财务费用			
资产减值损失			
加：公允价值变动净收益(损失以"—"号填列)			
投资收益(损失以"—"号填列)			

续表

项　目	行数	本月数	本年累计数
其中：对联营企业与合营企业的投资收益			
资产处置收益（损失以“－”号填列）			
其他收益			
二、营业利润（亏损以“－”号填列）			
加：营业外收入			
减：营业外支出			
三、利润总额（亏损总额以“－”号填列）			
减：所得税费用			
四、净利润（净亏损以“－”号填列）			
（一）持续经营净利润（净亏损以“－”号填列）			
（二）终止经营净利润（净亏损以“－”号填列）			
五、其他综合收益税后净额			
六、综合收益总额			
七、每股收益			
（一）基本每股收益			
（二）稀释每股收益			

1. 表头

表头主要用来描述报表的标题、编制单位名称、编制日期、计量单位等内容，其中编制日期随时间及相关报表的性质的改变而改变，其他内容对于一个编制单位的一种报表文件的各张报表来说是不变的。如表9－1中，报表的标题是利润表，这对于各期的利润表都是一样的。

2. 表体

表体是一张报表的核心，是报表数据的主要表现区域。表体包含报表栏目名称、报表项目名称和报表数据单元。报表栏目名称定义了报表的列，有的报表栏目比较简单，只有一层，例如利润表等简单表；有的报表栏目比较复杂，大栏目下再细分小栏目，例如主要产品单位成本报表等复合表。表9－1中，报表栏目名称包含了项目、行数、本月数和本年累计数。报表项目名称定义了报表的行，例如表9－1中的“一、营业收入”就是利润表的第一个报表项目。除报表栏目名称和报表项目名称之外，就是报表数据单元，如表中的横向表格线和纵向表格线形成的各个单元格，每个单元格填写各种类型的数据，称为表格元素或简称单元。

(1)单元地址

单元地址通常以行列坐标编号并遵照Excel命名规则，例如C7表示第7行第3列的单元。报表单元具有唯一性，每个单元只能填写一个数据，从而使单元实质上成了一个变量，既可以对单元执行赋值、输出等操作，也可以在表达式中出现单元。

(2)单元内容

单元内容可以是数值型数据、字符型数据，也可以是一个计算公式。例如，资产负债表有些列为字符数据，而有些列为数值数据。为了区别公式与其他数据，计算公式一般以“＝”打头。例如，以下式子都是公式：

=QM(1002,月,“借”,年)+D6

=0.45 * SUM(G5:G10)

(3)单元格式

单元格式主要是指单元数据的显示或打印输出的格式，主要有字体、字号、数据颜色、背景颜色、对齐方式、数据类型、数字格式、边框样式，以及其他对单元的修饰。

知识链接

一个单元只能输入有限个字符，而在实际工作中往往有的单元有超长输入的情况，这时就可以采用系统提供的组合单元来解决。组合单元由相邻的两个或更多的单元组成，这些单元必须是同一种单元类型(如数值型、字符型等)。可以组合同一行相邻的几个单元，也可以组合同一列相邻的几个单元，还可以把一个多行多列的平面区域设为一个组合单元。财务报表系统在处理报表时将组合单元视为一个单元。组合单元的名称可以用区域的名称或区域中的单元的名称来表示。例如，将 B2 到 B3 定义为一个组合单元，这个组合单元可以用 B2、B3，或 B2:B3 表示。

3. 表尾

表尾是报表表体下方的附注、说明，既有固定的文字说明，也有少量的数值数据。

(三)财务报表项目的数据来源

在会计报表中有各个报表项目，不同的报表项目有着不同的编制方法，相应地有着不同的数据来源，下面以资产负债表为例，分析不同的编制方法以及相应的取数来源。

(1)根据总账有关账户的期末余额直接填列。如“应付职工薪酬”项目，根据“应付职工薪酬”总账科目的期末余额直接填列。

(2)根据总账科目余额计算填列。如“货币资金”项目，根据“库存现金”“银行存款”“其他货币资金”科目的期末余额合计数计算填列。

(3)根据明细科目余额计算填列。如“应收账款”项目，根据“应收账款”“预收账款”科目所属相关明细科目的期末借方余额计算填列。

(4)根据总账科目和明细科目余额分析计算填列。如“长期借款”项目，根据“长期借款”总账科目余额，扣除“长期借款”科目所属明细科目中反映的、将于一年内到期的长期借款部分，分析计算填列。

(5)根据科目余额减去其备抵科目后的净额填列。如“无形资产”项目，根据“无形资产”科目的期末余额减去“无形资产减值准备”备抵科目余额后的净额填列。

(6)根据本表其他项目计算填列。如“流动资产合计”项目，根据各个流动资产报表项目的金额计算填列。

(7)根据上一期的资产负债表填列。资产负债表的期末余额按照前面的方法填列，期初余额可以以此类推，也可以根据上一期报表填列，即资产负债表各个报表项目的期初数可以根据上期资产负债表的期末数填列。

(8)可根据其他报表填列。如资产负债表的“未分配利润”的期末数可以根据所有者权益变动表的“未分配利润”本年实际数填列。

由此可总结一般财务报表的数据来源有以下几种情况：

(1)账务处理系统的总账、明细账，以及其他子系统的辅助项目账取数。

(2)本表取数。

(3)其他报表取数。

(4)从系统外部取数，包括直接手工输入、通过通信线路传递等。例如，手工输入编制单位的名称，通过网络传递子公司的个别报表。

(5)从其他软件取数，例如从其他的数据库取数。

在会计软件中，针对第一种取数方式一般提供了大量的财务函数来实现，这一点将在后面的公式定义中阐述。

二、报表管理系统的特点

报表管理系统与其他管理系统相比，具有以下特点：

1. 手工输入数据量少

从上述的报表数据来源分析不难看出，报表管理系统中，报表的主要数据来源是账务处理系统、其他管理系统、报表管理系统自身，有时来自外部系统，只有少量数据来自手工输入。

2. 不设置报表数据的直接修改功能

报表尤其是对外报表，需要如实反映企业的生产经营情况，如果报表生成的数据可以直接修改，数据的正确性就有可能得不到保障。因此，在报表管理系统中，一般只能根据审核以后的报表公式取数，计算各个数据单元格的数值，而不能进行直接修改。修改只能针对报表公式，并且由具有一定权限的人执行，由此才能保证报表数据的真实性。

3. 输出信息规范性强

对外报表输出的格式和内容应当符合企业会计准则、企业财务报告条例和企业会计制度的相关规定。会计报表分析使用的财务指标也有一定的规范性。

4. 通用性更强、适用面更广

通用会计报表子系统完全采用自定义的方式编制和分析会计报表，包括会计报表格式、会计报表公式和分析指标的自定义，因此能满足广大用户的多样化需求。

5. 图表并用进行报表分析

报表管理系统具有一定的图形处理功能，能结合图、表进行更直观、更深入的分析。

第二节　报表管理系统的数据流程及功能结构

一、报表管理系统的数据流程

报表管理系统都需要经过报表定义、报表生成、报表输出三大处理过程，图 9－1 是系统的主要数据流程。

二、报表管理系统的功能结构

报表管理系统一般设计成一个集成操作界面，其功能通过菜单或工具栏图标方式提供，主菜单一般有文件、编辑、视图、插入、格式、工具、数据、合并、窗口等项目，其中主要功能包括以下几大类：

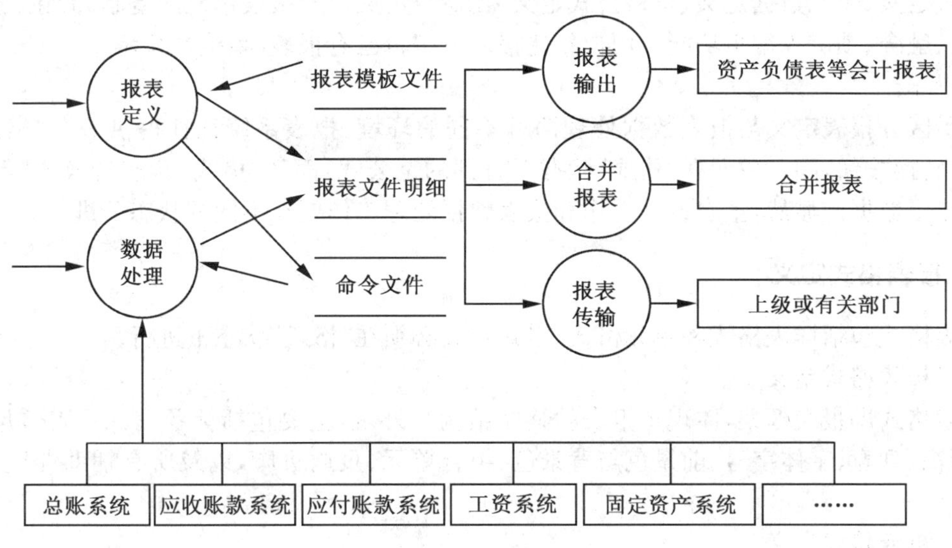

图 9—1　报表管理系统数据流程

1. 文件管理

包括文件的新建、打开、关闭、保存、另存为、引入、导出等功能。

2. 报表定义

包括报表模板管理、报表与单元格式定义、单元数据定义、审核公式定义、批命令定义，以及报表单元的复制、清除、删除、替换、插入、融合、锁定等编辑功能。

3. 数据处理

主要包括报表重算、表页管理、表页汇总、舍位平衡、报表排序、图形处理、网页制作等功能。

4. 合并报表

报表的上报、接收、合并处理等。

5. 报表输出

主要包括报表的显示打印、打印预览、页面设置、报表传输等功能。

6. 其他功能

例如报表分析、基于表格处理以及财务函数的财务管理功能。

三、报表管理系统的主要文件

报表管理系统要设置若干数据文件以存放系统信息、报表模板、报表的定义以及生成的具体数据。主要文件有报表文件、报表模板文件、命令文件，其中报表文件、命令文件由用户建立，用于存放用户报表的定义以及生成的数据。用户定义的每一个报表都需要一个独立的报表文件存放，一个报表文件类似一个 Excel 工作簿。

第三节　报表管理系统的初始设置

报表管理系统的初始设置主要是指报表的定义。报表的定义包括报表模板管理、报表与单元格式定义、单元数据定义、审核公式定义、批命令定义以及报表单元的复制、清除、删除、替换、插入、融合、锁定等编辑功能。用户新建报表或编辑已有报表，系统都显示一个 Excel 界面供用户操作。

为了区分报表定义与报表数据处理两种不同的环境，报表系统往往提供一个“格式／数据”状态转换按钮，同一单元在“格式”状态下看到的是公式，而从“格式”状态转换成“数据”状态后便成了数据。显然，报表设计工作和报表数据处理工作要在不同的状态下进行。

一、报表格式定义

报表格式包括样表格式和单元格式，格式定义必须在“格式”状态下进行。

(一)样表格式定义

样表格式即报表框架，体现了报表的整体结构与外观，主要包括标题、表头、表体尺寸、网格线、行高、列宽、字体字号、前景色与背景色、组合单元、页眉页脚，以及所有辅助性说明文字等。

(二)单元格式定义

报表的每一个单元不仅有自己的地址和内容，而且可以有不同的格式。单元格式指单元数据的显示或打印输出的格式，主要有字体、字号、数据颜色、背景颜色、对齐方式、数据类型、数字格式、边框样式、锁定/解锁，以及其他对单元的修饰。单元格式的定义一般要先选择单元区域，然后对选定区域进行定义。下面以资产负债表的格式定义为例，如表 9—2 所示。

表 9—2　　资产负债表格式定义文件结构

序号	字段名	字段类型	宽度	小数位
1	资产	C	28	
2	期末数	N	16	2
3	年初数	N	16	2
4	负债和所有者权益	C	28	
5	期末数	N	16	2
6	年初数	N	16	2

二、报表数据定义

(一)报表数据

报表数据指表格单元的内容。单元分为固定单元和变动单元。其中，固定单元的数据一般在报表定义时直接输入，例如，资产负债表中某些列的数据，它们是固定不变或基本不变的。变动单元的数据一般为数值型数据，主要有：

(1)取自账簿的数据。例如，资产负债表和利润表的数据都直接来自账务处理系统，有些系统还提供从应收、应付、工资、固定资产等多个管理系统取数。

(2)取自其他报表的数据。例如，定义财务指标时可以从资产负债表和利润表取数。

(3)由本表计算产生的数据。即根据表中已有数据通过求和等方法计算产生的新数据，例如资产负债表中的流动资产合计、资产总计等。

(4)系统外部数据。即由操作员通过键盘或采用其他方式输入的数据，例如企业手工自制

的经济计划、指标等必须由人工输入计算机。

(二)数据定义与公式

数据定义是指对单元确定其数据的来源或计算方法。其中,对固定单元一般直接输入文字等内容,而对变动单元则往往是指定一个计算公式,由公式确定具体的数值。

单元数据公式一般由运算符号、常数、变量或函数构成。其中,变量可以是单元引用,函数用于从账簿或其他报表取数。多数报表管理系统规定单元公式以"="号打头,换言之没有"="的是固定单元,而以"="开头的是计算公式。例如下列式子都是公式:

=QM(1002,月,"借",年)+D6

=0.45*SUM(G5:G10)

=C14+C19+C27+C30

(三)函数

目前各种会计软件设计的函数在形式和功能上都差别很大,一般有账务处理系统取数、本表取数、表间取数、工资管理系统取数、固定资产管理系统取数、销售与应收管理系统取数、采购与应付管理系统取数等取数函数,有些系统甚至提供数学与三角函数、统计函数、财务函数、逻辑函数、数据库函数。函数的常见形式为:函数名(参数1,参数2,……)。

课堂思考

常用的财务函数有哪些?

1. 账务处理系统取数函数

(1)取数函数

账务处理系统的取数函数主要参数有科目代码、核算项目、货币种类、会计期间、会计年度、方向、账套等。函数名一般用字母缩写表示,主要用于区别不同的取数功能。从账务处理系统取数时,不仅要考虑取本币、外币、数量的需求,而且要区分取数为期初余额、本期发生额、本年累计发生额和期末余额等。所以,在函数中或者用函数名或者用函数类型明确表达取什么数值。

下面以用友软件为例,介绍典型的用友账务处理取数函数。函数及其含义如表9—3所示。

表9—3　　函数对照表

函数名称	取数含义
QC	期初余额取数
FS	发生额取数
QM	期末余额取数
DFS	对方科目发生额取数
JE	净额取数
LFS	累计发生额取数
HL	汇率取数
TFS	条件发生额取数

这些函数只是其中的一部分，但其他账务处理函数与此相似。函数在定义时，有一个标准的格式如表 9－4 所示：

表 9－4　　函数标准格式

QM(〈科目编码〉,〈会计期间〉,[〈方向〉],[〈账套号〉],[〈会计年度〉],[〈编码 1〉],[〈编码 2〉],[〈截止日期〉],)

例如，取 2017 年本月末当前账套（账套号 999）的应收某一客户（编码 002）的由某一部门（编码为 003）办理业务的账款（应收账款科目编码 1122）的借方余额。那么相应的函数表达式为：QM(1122，月，借，999，2017，002，003)。在通常情况下，允许省去一些默认的参数，例如，会计年度、账套号等参数，另外如果不涉及辅助核算，编码也可舍去，因此应视具体情况，设置函数的各个参数。这里需要注意的是，各参数的位置需要保留，如果省略的参数后面没有内容了，则可以不写逗号，如果省略的参数后面还有内容，则必须写逗号，把它们的位置留出来。另外，函数中的参数除了日期字符串必须加引号之外，其他参数可以不加引号，函数中的引号、逗号等标点符号支持全角和半角。

(2)运算符号

运算符号一般包括"＋""－""*""/""＝"等。正如报表项目编制中所分析的，有的可以直接填列，有的需要计算。对于前者，可直接取数用"＝"填列；对于后者，需要通过其他运算符号连接所取得的数据来实现。在有些情况下还有可能有变量和常数加入运算，例如从外币报表中取得的报表项目金额统一乘以某个汇率，以便折算为记账本位币的金额。

2. 表内取数

表内取数一般直接使用单元引用和统计函数两种方式，基本形式是：

引用任意单元：单元 1[＋单元 2[＋单元 3[＋……]]]

求若干单元和：SUM(起始单元：终止单元)

求单元平均值：AVG(起始单元：终止单元)

统计单元个数：COUNT(起始单元：终止单元)

求单元最大值：MAX(起始单元：终止单元)

求单元最小值：MIN(起始单元：终止单元)

3. 表间取数

表间取数一般要在引用单元之前加上报表名称，基本形式是：<表名>！<单元>，例如，"资产负债表！C8"表示引用资产负债表的第 8 行第 3 列单元的值。金蝶 K3 的表间区数函数是 REF_F，其参数有单元、表页、表名。

(四)数据定义方法

报表数据定义仍然在"格式"状态下进行，一般定义方法是：在打开的报表上单击需要输入数据的单元格使其成为活动单元，然后输入具体数据或公式并按 Enter 键即可。数据定义直接在表上进行，比较直观，用户容易理解，操作也方便。

为了方便理解和构建公式，许多软件提供有函数向导功能，引导用户正确构造函数表达式。例如，在用友 U8 和金蝶 K3 的报表定义界面上都有一个函数图标，单击该按钮则弹出一个函数向导对话框，引导用户构造函数。例如，金蝶 K3 账务处理系统取数函数 ACCT 的操作步骤为：

(1)选定单元后,单击函数按钮 Fx 并从函数列表中选择账务处理系统取数函数 ACCT。

(2)在弹出的对话框中输入科目、取数类型、货币、年度、期间、账套等参数,其中科目、取数类型可以参照输入,有些参数可以省略。

(3)单击“确定”之后,系统自动构造函数表达式,并给出当前取数或计算结果。

三、报表批命令定义

有些会计软件提供有命令定义功能,即先为报表建立一个批命令文件,然后在命令窗口为该文件输入命令行,每一个命令行定义一个单元,执行批命令文件将逐个执行命令,并一次性地生成一个报表。但这种定义方式不太直观,采用较少。

四、报表审核公式的定义

会计软件可以沿用报表勾稽关系的原理,通过设置数据之间的勾稽关系,检验所编制报表的正确性。勾稽关系的设置一般也通过专门窗口来进行,在对话框中需要确定公式名称、表达式、计算结果、比较关系以及条件不满足时的提示。如果报表设置有勾稽关系,则在报表生成过程中可以自动执行正确性审核。

财务报表的数据之间存在严格的数量上的勾稽关系:

(一)报表自身内部数据存在的勾稽关系

报表自身内部数据存在的具体勾稽关系如表 9—5 所示。

表 9—5　　报表自身内部数据存在的勾稽关系

资产负债表	①资产=负债+所有者权益(账户式) ②资产—负债=所有者权益(报告式)
利润表	①营业利润=营业收入—营业成本—税金及附加—管理费用—财务费用—销售费用—资产减值损失+公允价值变动收益(—损失)+投资收益(—损失) ②利润总额=营业利润+营业外收入—营业外支出 ③净利润=利润总额—所得税费用
现金流量表	各类现金流入—各类现金流出=现金及现金等价物净增加额

(二)报表之间存在的数量勾稽关系

下面以资产负债表与利润表之间勾稽关系为例加以说明。资产负债表的未分配利润的期末数等于资产负债表的未分配利润的期初数加上本会计期间利润表的净利润经过利润分配后的本期增加额。

(三)财务报表生成顺序

由于现金流量表的编制,均以资产负债表和利润表的数据为基础,因此财务报表生成的顺序如图 9—2 所示。

五、报表模板

为了减轻财务人员定义报表的负担,报表系统一般提供报表模板功能,即由系统预先设计多种样表供用户选择。报表模板一般按行业设置,对每个行业提供若干张标准的财务报表模板,用户从中选择合适的报表模板,适当修改即可完成报表的定义。

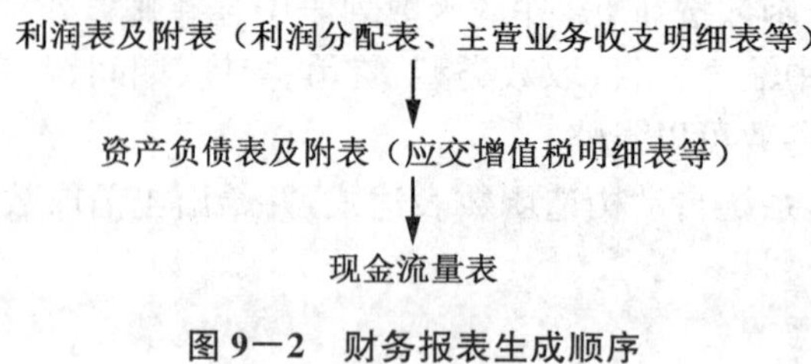

图 9—2 财务报表生成顺序

第四节 报表管理系统的日常业务处理

报表管理系统的日常业务处理包括报表的数据处理、报表输出及报表维护三部分内容。其中，报表数据处理主要包括报表生成、报表审核、报表舍位处理与平衡等功能。报表输出除了输出报表之外，还包括打印预览、打印设置、页面设置等功能，其中输出形式有屏幕显示、打印输出、磁盘输出、网络传输等多种形式。

一、报表的数据处理

(一)报表生成

如果常用的报表模板满足需要，企业就可以直接调用预置的报表模板生成报表；如果不能满足需要，企业可对报表模板加以修改，或者直接自定义新的报表格式和报表公式，作为新的报表模板保存。这样企业就可以调用经过修改或者自定义的报表模板，生成新的报表。因此，报表生成只是简单地调用符合企业需要的报表模板即可，有时也需要进行报表格式和公式的少量修改。以利润表为例，报表生成可分为以下几个步骤：

1. 模板选择

企业可以选择所在行业的预置或自定义的利润表报表模板编制利润表，通常选择所在的行业为“新企业会计准则科目”，财务报表选择“利润表”。单击“确认”后就可以覆盖生成新的报表文件，显示状态下的利润表如表 9—6 所示。

表 9—6 利润表

编制单位： 年 月 单位：元

项 目	行数	本月数	本年累计数
一、营业收入	1	公式单元	公式单元
减：营业成本	4	公式单元	公式单元
税金及附加	5	公式单元	公式单元

2. 报表状态切换和录入关键字

将“格式”状态下的利润表切换到“数据”状态下的利润表，如表 9—7 所示，并按照报表中设置的关键字，进入关键字录入对话框。“编制单位”中输入公司名称，比如“金华市吴通有限公司”；“年”输入“2017”，“月”输入“1”；等等。这些关键字的值将显示在报表的相应位置上，并且如果公式定义时涉及关键字的值，那么关键字值的不同将导致报表数字的不同。例如，利润表中某些项目本月数的函数中定义期间为月，因此输入不同的月份，得出的报表数字将反映不同月份的经营成果。

表 9－7　　**利润表**

编制单位：　　年　月　　单位：元

项　目	行数	本月数	本年累计数
一、营业收入	1		
减：营业成本	4		
税金及附加	5		

知识链接

每张报表可以定义多个关键字，但一个关键字在一张报表中只能定义一次。如果在同一个单元或组合单元中设置了两个关键字，两个关键字会重叠在一起，这时就需要对关键字的位置进行调整。选择“数据”→“关键字”→“偏移”命令，打开“定义关键字偏移”对话框，在需要调整位置的关键字后面输入偏移量(输入负数值表示向左偏移，输入正数值表示向右偏移。)关键字的显示位置在“格式”状态下设置，关键字的值则在“数据”状态下录入。

3. 报表重算

关键字录入以后，就可以选择整表重算或表页重算，计算报表各个项目的数值，生成该企业一定期间的利润表，如表 9－8 所示。

表 9－8　　**利润表**

编制单位：金华市吴通有限公司　　2017 年 1 月　　单位：元

项　目	行数	本月数	本年累计数
一、营业收入	1	28 246.88	28 246.88
减：营业成本	4	3 456.36	3 456.36
税金及附加	5		

(二)报表审核

在“数据”处理状态中，当报表数据录入完毕后，应对报表进行审核，以检查报表各项数据勾稽关系的准确性。可以通过命令窗中的操作随时对部分数据进行审核，如果在审核中发现数据勾稽关系存在问题，将按照提示内容给出警告信息；也可以使用对话框输入审核公式进行审核。后一种方式设置的审核公式将随报表一起保存，随时可以对报表进行再次审核，而命令窗中的审核公式则不随报表保存。系统按照审核公式逐条审核表内的关系。当报表数据不符合勾稽关系时，屏幕上出现提示信息。例如，假设资产负债表应满足“资产＝负债＋所有者权益”的平衡关系，并已经设置了审核公式，经过处理以后，由于取数错误或公式错误等原因导致资产和负债及所有者权益不能保持平衡关系，这时系统就会提示诸如“资产与负债及所有者权益不等”的提示性信息。该提示信息显示后按任意键继续审核其余的公式。操作人员按照记录的提示信息修改报表数据，重新进行审核，直到不出现任何提示信息，表示该报表各项勾稽关系正确。每当对报表数据进行修改后，都应该重新进行审核，以保证报表各项勾稽关系正确。

(三)报表舍位处理与平衡

舍位处理是指对于数据较大的报表，通过提高计量单位以缩小数据的过程。例如，可以将资产负债表的计量单位从“元”转换为“千元”或“万元”，以缩小数值。报表系统提供的舍位平衡功能，一般只要求用户明确给出舍去几位以及定义舍位平衡公式，系统将自动执行舍位处理，并根据公式对数据进行计算和调整，以保持数据之间的平衡关系。

二、报表输出

(一)磁盘输出

一般指将报表以文件的形式输出到磁盘以便上报、下传，尤其通过磁盘报送上级主管部门或总公司，供这些机构对报表数据进行汇总或进一步处理。

(二)网络传输

网络传输一般用于通过网络将报表上报、下传，或报送税务、审计机关。其中可以自动将指定报表文件作为电子邮件进行发送，为此需要预先设置：

(1)文件发送地址。主要对需要作为邮件的文件设置邮件的 E-mail 地址、邮件主题、文件类型、存储路径等信息。

(2)邮件服务器。即设置对应的邮件服务器信息、服务器端口号、邮件接收服务器等信息。

(三)文件引出

报表文件通过格式转换之后引出，可以供其他软件系统使用。例如，可以将报表转换成.dbf、.db、.xls、.htm、.xml 等文件格式，以方便其他软件工具对报表数据做进一步加工处理。

三、报表维护

报表维护是报表系统的一项基本功能，主要包括报表删除、报表备份和恢复。关于报表的备份和恢复功能与其他系统相似，这里不再赘述。报表的删除主要针对无须再使用并且按规定可以不用保存的报表，对其进行及时谨慎的清理，有利于存储空间的充分利用和系统的正常运行，并且也能在一定程度上保障企业文档资料的安全性。

第五节　现金流量表的编制

现金流量表是反映企业在一定时期内现金收支情况的会计报表。现金流量包括现金以及现金等价物。其中，现金是指企业库存现金以及可以随时用于支付的存款。现金等价物是指企业持有的期限短、流动性强、易于转换为已知金额现金、价值变动风险小的投资。

一、编制现金流量表的基本方法

手工会计一般要在会计期末才根据直接法和间接法编制现金流量表，不但费时费力，而且不能及时提供准确的现金流量信息。相对而言，报表管理系统编制现金流量表的基本思想是尽早按项目对现金进行分类，即从经济业务发生、会计数据输入计算机时就对现金以及现金等价物按现金流量项目进行分类，从而可以随时反映各项目现金流量的变化情况。计算机编制现金流量表的基本步骤是：

1. 现金流量科目与项目的设置

即在系统初始化时指定现金以及现金等价物的会计科目，并按现金流量表设置项目，但每个项目只需要代码与名称。

2. 现金流量数据的分类归集

即在填制会计凭证时，凡属现金流量科目而且金额与现金流量表有关，则将其借方或贷方金额按现金流量项目分类。

3. 现金流量表的编制

一般利用自定义报表功能定义现金流量表，其中的数据直接取自现金流量项目的发生额。由于在项目上随时归集数据，所以据此生成的现金流量表是实时报表，能及时为企业提供有意义的信息。

二、利用系统专门功能编制现金流量表

1998年以来我国会计软件逐步增加了编制现金流量表的功能，这种功能一般做成一个独立模块或者作为账务处理系统的一部分，但其原理与上述基本方法大体相同。例如，当作为账务处理系统的一部分时，现金流量主表与附表项目由系统预先设置，用户的工作是：

1. 定义现金流量的相关科目

即在账务处理系统初始设置时指定现金以及现金等价物的有关会计科目，例如现金科目有库存现金、银行存款、其他货币资金等。

课堂思考

指定的与现金流量有关的科目必须是哪一级科目？

2. 填制凭证时确定现金流量项目

即凡遇现金流量科目，系统即弹出一个窗口，要求用户在人工判断的基础上选定现金流量主表或附表项目，并确认对应金额。需要注意的是，对于多借多贷或借贷双方都有现金流量科目的凭证，一般应将其分拆为两张凭证，例如对以下凭证：

借：140102（材料采购——B）　　10 000.00
　　22210101（应交税费——应交增值税——进项税额）　　1 600.00
　　1002（银行存款）　　1 000.00
　贷：101201（其他货币资金——银行汇票）　　12 600.00

由于收到的银行存款1 000元属于多支付而返还的金额，显然所支付和返还的1 000元，均不属于现金流入和流出，因此一般需要将其分拆为如下两张凭证：

借：140102（材料采购——B）　　10 000.00
　　22210101（应交税费——应交增值税——进项税额）　　1 600.00
　贷：101201（其他货币资金——银行汇票）　　11 600.00
借：1002（银行存款）　　1 000.00
　贷：101201（其他货币资金——银行汇票）　　1 000.00

其中，第一张凭证输入时应该选定现金流量表主表和附表的相关项目，而第二张凭证即与

现金流量表没有关系。

在这种方式下的现金流量表由系统内部预先设置，而在凭证过账时现金流入流出金额即时更新现金流量表，所以用户随时可以浏览或打印输出实时的现金流量表。

三、利用明细科目或辅助账功能编制现金流量表

利用明细科目或辅助账编制现金流量表的方法几乎完全相同，其基本方法也与上述思想大体一致。例如，利用辅助核算功能编制现金流量表的基本方法是：

（一）初始设置

在账务处理系统初始设置时需要额外完成以下三件事：

1. 设置现金流量核算类和定义具体项目

其中，现金流量项目按现金流量表的主表和附表设置，每个项目一般只给出项目代码与名称即可。例如：

01 销售商品、提供劳务收到的现金

02 收到的税费返还

03 收到其他与经营活动有关的现金

04 购买商品、接受劳务支付的现金

05 支付给职工以及为职工支付的现金

……

99 与现金流量表无关

注意：其中“99 与现金流量表无关”一项是必需的，用于处理从银行提取现金之类与现金流量表无关的业务。

2. 定义现金流量的相关科目

与现金流量有关的科目主要有“库存现金”“银行存款”“其他货币资金”以及“现金等价物”等科目。

3. 定义现金流量表

现金流量表的定义与其他报表的定义方法相似，各项目的计算公式比较接近，例如，用金蝶 KIS 软件定义现金流量表前两项的计算公式分别是：

<1001:1012 | 现金流量表 | 01>.JF

<1001:1012 | 现金流量表 | 02>.JF

（二）日常处理

日常处理工作主要是对涉及现金流量表的经济业务通过人工确认按现金流量项目进行分类，具体工作在凭证输入时一并完成，即输入凭证时凡遇“库存现金”“银行存款”等科目要确认是否涉及现金流量表，是则要进一步确定其归属的现金流量代码，否则将其归类到代码 99，即与现金流量表无关。

（三）输出现金流量表

打开现金流量表即可浏览或打印输出其内容。由于现金流量表只与发生额有关，每次记账即时更新表中的内容，所以它是一张实时报表，不但期末可以轻松获得一张较准确的报表，而且随时可以通过查询了解现金流入、流出以及净额。

第六节　基于报表系统的财务管理

由于报表管理系统与 Excel 一样具有强大的表格处理、数据管理能力，甚至提供丰富的财务函数，因而成为一种财务管理的工具，企业可以借助它制定最佳的财务决策。

报表系统提供的财务函数如表 9—9 所示，涉及财务管理中常用的复利现值、复利终值、年金计算、资产管理等函数。显然，目前报表系统提供的财务函数与 Excel 还有差距，而且也只有少数会计软件能够提供财务函数，但这是一个良好的开端，因为这些函数已经能够为企业财务管理做一些工作。

表 9—9　　报表系统的财务函数

函数名称	功 能 说 明
FV	基于固定利率及等额分期付款方式，返回某项投资的未来值
PV	返回某项投资的一系列等额分期偿还额的现值（或一次性偿还额的现值）
IPMT	返回在定期偿还、固定利率条件下给定期次内某项投资回报（或贷款偿还）的利息部分
NPER	基于固定利率和等额付款的方式，返回一项贷款或投资的期数
PMT	返回在固定利率下，投资或贷款的等额分期偿还额
PPMT	返回在定期偿还、固定利率条件下给定期次内某项投资回报（或贷款偿还）的本金部分
RATE	基于等额分期付款（或一次性付款）方式，返回投资或贷款的实际偿还率
PMT	返回在固定利率下，投资或贷款的等额分期偿还额
DDB	计算用双倍余额递减法求解某一固定资产的折旧额
SLN	返回指定固定资产的每期线性折旧额
SYD	返回指定固定资产按年数总和法计算的每期折旧额

这些函数的使用方法与取数函数一样，选定单元之后直接输入包含有财务函数的单元公式，或单击函数按钮 Fx 从函数列表中选择财务函数并在弹出的对话框中输入参数，系统即根据预先设置的算法完成计算的过程。

【例 1】　李女士每年存入银行 100 000 元，年利率 3.56%，则 10 年后按普通年金和先付年金计算的本利和分别是多少？

在不同单元格中分别输入普通年金计算公式“＝FV(3.56%，10，－100 000，0)”和先付年金计算公式“＝FV(3.56%，10，－100 000，1)”，则结果分别为1 176 397.50元和1 218 277.25元。

【例 2】　胡先生准备投资明湖游乐园，期望以后 8 年内每年获得80 000元投资回报，年报酬率为 3.5%，8 年后收回投资50 000元，则按普通年金和先付年金分别计算胡先生现在应一次性投资的金额为多少？

在不同单元格中分别输入普通年金现值计算公式“＝PV(3.5%，8，80 000，50 000，0)”和先付年金现值计算公式“＝PV(3.5%，8，80 000，50 000，1)”，则计算出投资额分别为

587 887.02元和607 134.10元。

本章小结

本章介绍了财务报表系统的特征、报表管理系统的数据流程与功能结构、报表管理系统的初始设置以及日常业务处理流程、现金流量表的编制以及基于报表的财务管理。

财务报表管理系统是会计信息系统的一个重要子系统，不仅要提供对外法定报表和对内管理报表的编制功能，而且财务报表的内容逐渐多元化、形式越发多样化，更好地满足了外部报表使用者对财务信息的需求。报表管理系统都需要经过报表定义、报表生成、报表输出三大处理模块。

报表管理系统的功能结构包括文件管理、报表定义、数据处理及报表输出等功能。而报表管理系统的初始设置主要是指对报表模板管理、报表与单元格式定义、单元数据定义、审核公式定义、批命令定义以及报表单元的复制、清除、删除、替换、插入、融合、锁定等编辑功能。报表管理系统的日常业务处理包括报表的数据处理、报表输出及报表维护三部分内容。

现金流量表是反映企业在一定时期内现金收支情况的会计报表。报表管理系统与Excel一样具有强大的表格处理、数据管理能力，甚至提供丰富的财务函数，因此成为一种财务管理的工具，企业可以借助它制定最佳的财务决策。

第十章 会计信息系统综合实验案例(适用于用友ERP—U8软件)

一、核算体系的建立

(一)增加操作员

新增以下操作员:001:陈三;002:袁思颖;003:叶子军。

(二)建立账套信息

1. 账套信息

账套号:101;账套名称:兴远公司;启用日期:2019年1月。

2. 单位信息

单位名称:"兴远公司";单位简称:兴远;税号:3103345328738。

3. 核算类型

企业类型:工业;行业性质:2007新会计制度科目;账套主管:陈三;可选择"按行业性质预置科目"。

4. 基础信息

存货、客户及供应商均分类,并有外币核算。

5. 编码方案

科目编码方案:4-2-2;客户分类和供应商分类编码方案:2;部门编码方案:1-2;存货分类的编码方案:2-2-3-3;收发类别编码级次:1-1;结算方式编码方案:2;其他编码项目保持不变。

6. 数据精度

保持系统默认设置。

(三)各系统的启用

启用"总账""应收款""应付款""薪资管理""固定资产"等系统。启用日期:2019—01—01。

(四)分配操作员权限

1. 操作员袁思颖

拥有"公用目录设置""总账""应收款""应付款"中的所有权限。

2. 操作员叶子军

拥有"公用目录设置""总账""薪资管理""固定资产"中的所有权限。

(五)定义基础档案

1. 定义部门档案(见表10—1)

表 10－1 **部门档案**

部门编码	部门名称	成立日期
1	生产部	2016 年 1 月 1 日
101	生产一部	2016 年 1 月 1 日
102	生产二部	2016 年 1 月 1 日
2	工程部	2016 年 1 月 1 日
3	采购部	2016 年 1 月 1 日
301	采购一部	2016 年 1 月 1 日
302	采购二部	2016 年 1 月 1 日
4	业务部	2016 年 1 月 1 日
401	业务一部	2016 年 1 月 1 日
402	业务二部	2016 年 1 月 1 日
5	财务部	2016 年 1 月 1 日
6	仓储部	2016 年 1 月 1 日
7	企划部	2016 年 1 月 1 日
8	质检部	2016 年 1 月 1 日

2. 定义人员档案(见表 10－2)

表 10－2 **人员档案**

部门编码	部门名称	人员		人员类别	性别	是否业务员	业务或费用部门	银行	银行账号
3	采购部	30001	王大力	在职	男	是	采购一部	建行	123411111111111
301	采购一部	30002	李为民	在职	男	是	采购一部	建行	123411111111112
101	生产一部	10001	张山	在职	男	是	生产一部	建行	123411111111113
101	生产一部	10002	任华华	在职	男	是	生产一部	建行	123411111111110
102	生产二部	10003	何小云	在职	女	是	生产二部	建行	123411111111121
4	业务部	40001	李飞	在职	男	是	业务一部	建行	123411111111114
401	业务一部	40101	杨钏	在职	男	是	业务一部	建行	123411111111115
402	业务二部	40201	方非奇	在职	男	是	业务二部	建行	123411111111116
5	财务部	50001	陈三	在职	男	是	财务部	建行	123411111111117
5	财务部	50101	袁思颖	在职	女	是	财务部	建行	123411111111118
5	财务部	50102	叶子军	在职	男	是	财务部	建行	123411111111119

3. 定义客户分类(见表 10—3)。

表 10—3　　客户分类

分类编码	分类名称
01	批发
02	零售
03	代销
04	专柜

4. 定义客户档案(见表 10—4)

表 10—4　　客户档案

客户编码	客户简称	所属分类	开户行	银行账号
0001	达康公司	批发	建行	2367832228595050
0002	新华贸易公司	批发	建行	2367832228595051
0003	银苑公司	专柜	建行	2367832228595052
0004	联华公司	代销	建行	2367832228595053

5. 定义供应商分类(见表 10—5)

表 10—5　　供应商分类

分类编码	分类名称
01	原料供应商
02	成品供应商
03	委外供应商
04	其他

6. 定义供应商档案(见表 10—6)

表 10—6　　供应商档案

供应商编码	供应商简称	所属分类
SFGS	申福公司	原料供应商
JFGS	尖峰公司	成品供应商
HDGS	宏达公司	成品供应商
HWSH	华为商行	委外供应商
DLGS	德力公司	其他

7. 设置会计科目

(1)以下科目的辅助核算设置为“客户往来”:应收账款,预收账款。

(2)以下科目的辅助核算设置为“供应商往来”:应付账款,预付账款。

8. 定义凭证类别

本账套设置一种凭证类别，定义为“记账凭证”。

9. 定义结算方式(见表10－7)

表10－7　　结算方式

编　码	名　称
01	现金结算
02	支票结算
03	汇票结算

(六)基础档案设置

1. 设置外币

外币名称：“美元”；初始汇率：“6.375”。

2. 设置会计科目

企业的会计科目如表10－8所示。

表10－8　　会计科目表

科目编码	科目名称	外币/单位	辅助账类型	方向	科目编码	科目名称	辅助账类型	方向
1001	库存现金		指定科目	借	222105	应交资源税		贷
1002	银行存款		指定科目	借	222106	应交所得税		贷
100201	建行存款			借	222107	应交土地增值税		贷
100202	中行存款	美元		借	222108	城市维护建设税		贷
1012	其他货币资金			借	222109	应交房产税		贷
101201	外埠存款			借	222110	应交土地使用税		贷
101202	银行本票			借	222111	应交车船税		贷
101203	银行汇票			借	222112	应交个人所得税		贷
101204	信用卡			借	2232	应付股利		贷
101205	信用证保证金			借	2241	其他应付款		贷
101206	存出投资款			借	2411	预计负债		贷
1101	交易性金融资产			借	2501	长期借款		贷
110101	股票			借	2502	应付债券		贷
110102	债券			借	250201	债券面值		贷
110103	基金			借	250202	应计利息		贷
110110	其他			借	2701	长期应付款		贷
1121	应收票据			借	2711	专项应付款		贷
1122	应收账款		客户往来	借	4001	实收资本(或股本)		贷
1123	预付账款		供应商往来	借	4002	资本公积		贷
1131	应收股利			借	400201	资本(或股本)溢价		贷
1132	应收利息			借	400202	其他资本公积		贷

续表

科目编码	科目名称	外币/单位	辅助账类型	方向	科目编码	科目名称	辅助账类型	方向
1221	其他应收款		个人往来	借	4101	盈余公积		贷
1231	坏账准备			贷	410101	法定盈余公积		贷
1401	材料采购			借	410102	任意盈余公积		贷
1403	原材料			借	410103	法定公益金		贷
1404	材料成本差异			借	4103	本年利润		贷
1405	库存商品			借	4104	利润分配		贷
140501	硬盘	个		借	410401	提取法定盈余公积		贷
140502	A产品	台		借	410402	提取任意盈余公积		贷
140503	B产品	台		借	410403	应付现金股利		贷
1406	发出商品			借	410404	转作股本的股利		贷
1411	周转材料			借	410405	盈余公积补亏		贷
1471	存货跌价准备			贷	410406	未分配利润		贷
1501	持有至到期投资			借	5001	生产成本		借
150101	债券投资			借	500101	直接材料	项目核算	借
150102	其他债权投资			借	500102	直接人工	项目核算	借
1502	持有至到期投资减值准备			贷	500103	制造费用	项目核算	借
1511	长期股权投资			借	5101	制造费用	部门核算	借
151101	股票投资			借	510101	工资	部门核算	借
151102	其他股权投资			借	510102	福利费	部门核算	借
1601	固定资产			借	510103	加班费	部门核算	借
1602	累计折旧			贷	510104	折旧费	部门核算	借
1603	固定资产减值准备			贷	510199	其他	部门核算	借
1604	在建工程			借	6001	主营业务收入		贷
1605	工程物资			借	600101	A产品	件	贷
160501	专用材料			借	600102	B产品	台	贷
160502	专用设备			借	600103	C产品	台	贷
160503	预付大型设备款			借	6051	其他业务收入		贷
160504	工具及器具			借	6111	投资收益		贷
1606	固定资产清理			借	6301	营业外收入		贷
1701	无形资产			借	6401	主营业务成本		借
1702	累计摊销			贷	640101	A产品	件	借
1703	无形资产减值准备			贷	640102	B产品	台	借
1801	长期待摊费用			借	640103	C产品	台	借
1901	待处理财产损溢			借	6402	其他业务成本		借
190101	待处理流动资产损溢			借	6403	税金及附加		借
190102	待处理固定资产损溢			借	6601	销售费用		借

续表

科目编码	科目名称	外币/单位	辅助账类型	方向	科目编码	科目名称	辅助账类型	方向
2001	短期借款			贷	6602	管理费用	部门核算	借
2201	应付票据			贷	660201	工资	部门核算	借
2202	应付账款		供应商往来	贷	660202	福利费	部门核算	借
2203	预收账款		客户往来	贷	660203	电话费	部门核算	借
2211	应付职工薪酬			贷	660204	折旧费	部门核算	借
2221	应交税费			贷	660205	办公费	部门核算	借
222101	应交增值税			贷	660299	其他	部门核算	借
22210101	进项税额			贷	6603	财务费用		借
22210102	已交税金			贷	660301	手续费		借
22210103	转出未交增值税			贷	660302	利息收入		借
22210104	减免税款			贷	660303	利息支出		借
22210105	销项税额			贷	6711	营业外支出		借
22210106	出口退税			贷	6801	所得税费用		借
22210107	进项税额转出			贷	6901	以前年度损益调整		借
222102	未交增值税			贷				
222104	应交消费税			贷				

3. 设置项目目录

(1)增加项目大类:大类名称:“生产成本”,选择“普通项目”;项目级次:1－2;项目结构取默认值。

(2)选择核算科目:500101、500102、500103,并点击“确认”按钮。

(3)项目分类:编码:1,类别:自行开发项目;编码:2,类别:委托开发产品。

(4)项目目录,如表10—9所示。

表10—9 **项目目录**

编　码	名　称	类　别
101	A产品	自行开发项目
102	B产品	自行开发项目
201	C产品	委托开发项目

二、总账和应收应付款系统期初数据

录入总账各会计科目(包括辅助核算)的期初余额。

1. 录入基本会计科目余额

科目余额如表10—10所示。

表 10－10　　基本会计科目余额

科目编码	科目名称	外币/数量	方向	期初余额
1001	库存现金		借	15 551.40
1002	银行存款		借	518 977.78
100201	建行存款		借	518 977.78
100202	中行存款	美元	借	
1132	应收利息		借	1 284.00
1122	应收账款		借	335 200.00
1221	其他应收款		借	7 600.00
1231	坏账准备		贷	1 576.00
1403	原材料		借	373 789.94
1411	周转材料		借	
1404	材料成本差异		借	
1405	库存商品		借	399 951.96
140501	硬盘	482	借	127 951.96
140502	A 产品	50	借	272 000.00
140503	B 产品		借	
1601	固定资产		借	1 592 000.00
1602	累计折旧		贷	176 097.50
1701	无形资产		借	885 287.82
2001	短期借款		贷	200 000.00
2202	应付账款		贷	573 700.00
2211	应付职工薪酬		贷	20 445.54
2221	应交税费		贷	－26 000.00
222101	应交增值税		贷	
222102	未交增值税		贷	－26 000.00
222104	应交消费税		贷	
4001	实收资本		贷	3 460 000.00
4104	利润分配		贷	－241 844.66
410406	未分配利润		贷	－241 844.66
5001	生产成本		借	34 331.48
500101	直接材料		借	310.00
500102	直接人工		借	30 000.00
500103	制造费用		借	4 021.48

2. 录入 1122(应收账款)科目的明细余额

明细余额如表 10—11 所示。

表 10—11　　应收账款明细余额表

日　期	凭证号	客户单位名称	摘要	方向	金额
2018—02—10		达康公司	销售商品	借	219 200.00
2018—01—12		新华贸易公司	销售商品	借	116 000.00

3. 录入 1221(其他应收款个人往来)明细余额

明细余额如表 10—12 所示。

表 10—12　　其他应收款(个人往来)明细余额表

日期	凭证号	部门	职员	摘要	方向	金额
2018—05—27		采购一部	王大力	出差借款	借	7 600.00

4. 录入 2202(应付账款)明细余额

明细余额如表 10—13 所示。

表 10—13　　应付账款明细余额表

日　期	凭证号	供应商单位名称	摘要	方向	金额
2018—11—09		尖峰公司	购买商品	贷	373 700.00
2018—08—26		华为商行	购买商品	贷	200 000.00

说明:项目期初数据都是各科目项目中 101 项目的余额。

三、工资薪酬管理初始设置

(一)启用工资薪酬管理系统

系统参数:选择多工资类别,代扣税。其余按默认设置。

(二)工资类别

(1)建立两个工资类别:

①管理人员类别,所属部门为除生产部以外的所有部门,启用时期为"2019 年 1 月 1 日"。

②生产人员类别,所属部门为生产一部、生产二部,启用时期为"2019 年 1 月 1 日"。

(2)进入"银行名称设置"界面,修改代发银行名称为:中国建设银行。

(3)录入工资项目,如表 10—14 所示。

表 10—14　　工资项目

工资项目	类型	长度	小数点	增减及其他
基本工资	数字	10	2	增项
岗位工资	数字	10	2	增项
绩效工资	数字	10	2	增项

续表

工资项目	类型	长度	小数点	增减及其他
津贴	数字	10	2	增项
住房补贴	数字	8	2	增项
交通补贴	数字	8	2	增项
加班工资	数字	8	2	增项
应发合计	数字	10	2	增项
病假天数	数字	3	1	其他
病假扣款	数字	8	2	减项
事假天数	数字	3	1	其他
事假扣款	数字	8	2	减项
扣四金	数字	8	2	减项
扣款合计	数字	8	2	减项
扣税基础	数字	8	2	其他
实发合计	数字	10	2	增项

(4)将基础档案中的人员档案信息增加至薪酬管理系统的人员档案。

(5)工资项目计算公式。

①“管理人员”工资类别的工资项目计算公式如下：

工资项目:选择所有工资项目

公式定义:扣税基础＝基本工资＋岗位工资＋津贴＋住房补贴＋加班工资

病假扣款＝病假天数＊20

事假扣款＝事假天数＊30

②“生产人员”工资类别的工资项目公式如下：

工资项目:选择所有工资项目

公式定义:扣税基础＝基本工资＋岗位工资＋津贴＋住房补贴＋加班工资＋绩效工资

病假扣款＝病假天数＊10

事假扣款＝事假天数＊20

以上两类人员公积金扣款＝基本工资＊6％

四、固定资产初始设置

(一)启用固定资产系统,并设置相关参数

主要折旧方法:平均年限法(一);折旧分配周期:1 个月;资产类别编码长度:2－1－1－2;自动编号(类别编号＋序号,序号长度:3 位);与总账系统进行对账科目:1601 固定资产,1602 累计折旧;对账不符,不结账。

(二)固定资产基础设置

(1)选项修改。修改选项值如下：

在“选项”中选中“业务发生后立即制单”“月末结账前一定要完成制单登账业务”;并录入

固定资产缺省入账科目“1601”，累计折旧缺省入账科目“1602”。

(2)类别设置。固定资产类别如下：

编码:01,名称:房屋建筑物;编码:02,名称:专用设备;编码:03,名称:交通设备;编码:04,名称:办公设备。

(3)使用状况与增减类别等,按系统默认值设置。

(4)部门档案及对应折旧科目：

生产部对应科目:510104;其他部门对应科目:660204。

(三)录入原始卡片

通过“财务会计→固定资产→卡片→录入原始卡片”菜单命令,录入如表10—15所示的初始卡片。

表10—15　固定资产初始卡片资料

名称	类别	规格	部门	存放地点	使用年限	开始使用日期	原值	累计折旧	残值率
办公楼	01	3 000 平方	多部门	办公室	30 年	2016-10-01	1 050 000	72 041.67	5%
小型机	02	Y-125	生产一部	生产一部	5 年	2017-12-01	140 000	27 160.00	3%
程控交换机	02	IBM	生产二部	生产二部	4 年	2018-06-01	30 000	3 637.50	3%
奥迪车	03	QT230	财务部	财务部	10 年	2017-07-01	220 000	29 608.33	5%
电脑	04	联想 01	采购一部	采购一部	4 年	2018-06-01	8 000	970.00	3%
电脑	04	联想 02	财务部	财务部	4 年	2017-02-01	12 000	5 335.00	3%
电脑	04	联想 02	业务一部	业务一部	4 年	2017-10-01	12 000	3 395.00	3%
电脑	04	HP(6 台)	生产二部	生产二部	4 年	2017-10-01	72 000	20 370.00	3%
电脑	04	HP(4 台)	生产一部	生产一部	4 年	2017-10-01	48 000	13 580.00	3%
合计							1 592 000	176 097.50	

注意:(1)原始卡片增加方式,均为“直接购入”方式,使用状况均为“在用”,各卡片折旧方法均为“平均年限法(一)”。

(2)办公楼各使用部门的费用分摊比例为:财务部:10%;业务一部:10%;业务二部:10%;生产一部:40%;生产二部:30%。

五、各子系统日常业务

要求:与应收应付款相关的业务,在应收应付系统(模块)填制单据并生成凭证;与工资薪酬、固定资产相关的业务,在相应系统(模块)操作后生成凭证。

(一)人员工资数据录入(进入具体工资类别)

(1)选择“管理人员”工资类别,在“工资变动”中录入管理人员类工资,如表10—16所示。

表10—16　管理人员工资数据表

姓名	基本工资	岗位工资	津贴	住房补贴	交补	病假天数	病假扣款	事假天数	事假扣款	扣公积金
王大力	4 500	450	320	295	50	3	60			270
李为民	3 800	315	320	195	50	3	60	2	60	228
李　飞	3 500	290	300	195	50			2	60	210

续表

姓名	基本工资	岗位工资	津贴	住房补贴	交补	病假天数	病假扣款	事假天数	事假扣款	扣公积金
杨 钏	4 300	295	320	295	50					258
方非奇	3 500				50					210
陈 三	4 500	450	320	295	50					270
袁思颖	4 000	315	320	195	50					240
叶子军	3 500	280	320	158	50	3	60	2	60	210

(2)选择“生产人员”工资类别后，在“工资变动”中录入生产人员工资，如表 10－17 所示。

表 10－17　　生产人员工资数据表

姓名	基本工资	岗位工资	计量工资	津贴	住房补贴	交补	病假天数	病假扣款	事假天数	事假扣款	扣公积金
张山	3 300	200	300	150	120	30	1	10			198
任华华	3 300	200	300	150	120	30			2	40	198
何小云	3 000	150	200	150	120	30			1	20	180

(二)企业发生的具体经济业务如下：

(1)1 月 3 日，采购部王晓伟报销差旅费 4 000 元，交还用余现金 500 元。

(2)1 月 4 日，从建行提取现金 6 000 元。

(3)1 月 7 日，业务一部支付业务招待费 1 800 元。(建行，转账支票号:205)

(4)1 月 10 日，归还前欠华为商行部分货款 200 000 元。(建行，转账支票号:206)

(注:通过应付款——付款单核算)

(5)1 月 12 日，收到达康公司转账支票 2 张，面值分别为 100 000 元和 119 200 元，用以归还前欠货款。(建行，转账支票号:277、278)

(注:通过应收款——收款单核算)

(6)1 月 15 日，向联华公司售出 A 产品 30 台，含税单价 6 960 元，货税款尚未收到(适用税率 16%)。

(注:通过应收款——销售发票核算；银行账号:建行，2367832228595053；补存货档案、存货分类、计量单位、计量单位组)

(7)1 月 18 日，从德力公司购入硬盘 100 个，含税单价 150.80 元，货税款暂欠，商品已验收入库(适用税率 16%)。

(注:通过应付款——采购发票核算)

(8)1 月 20 日，购买日立传真机一台，价格 2 648 元，转账支票付讫(建行，票号:207)。财务部使用，预计使用年限 5 年，折旧方法为平均年限法(一)，预计净残值率 5%。

(注:通过固定资产——卡片——资产增加核算)

(9)1 月 21 日，收到宏发集团投资 50 000 美元，转账存入中行美元户。(中行，转账支票，号码:267)

(10)1 月 28 日，出售在用的奥迪车，收回款项 164 250 元，支票结算(建行，编号:232)，同时结清本固定资产项目的账面值。

(注:通过固定资产——资产减少、总账——凭证核算)

(11)月末,报销各部门电话费用,其中采购一部:500 元,采购二部:700 元,企划部:800 元,业务一部:650 元,业务二部:430 元,财务部:600 元。均以库存现金付款。

(注:企业统一报销的电话费均为管理费用。要求:以辅助项快速录入方式填制该凭证)

(12)月末,利用固定资产系统的相应功能,计提本月固定资产折旧,并生成折旧分配凭证传递到总账系统。

(注:通过固定资产——折旧核算)

(13)月末,根据前述工资业务数据,利用系统相应功能,生成计提工资凭证,并传递到总账系统中。其中,生产人员工资记入"生产成本——直接人工——A 产品"项目。

(注:通过工资——工资结转分摊核算)

(14)月末,结转本期制造费用。

(三)自动转账

(1)自定义转账:

①计提利息。1 月 31 日,按短期借款期末余额的 0.2%计提当月借款利息。

②计提职工福利费。1 月 31 日,按"生产成本——直接人工""管理费用——工资"当月发生额的 14%计提当月职工福利费。(通过自定义转账,设置并生成凭证)

(2)结转销售成本。1 月 31 日,使用自动结转方式,生成本月结转销售成本的记账凭证。

(3)结转期间损益。1 月 31 日,生成结转本期损益的记账凭证。

六、会计报表的编制

(1)建立"资产负债表"和"利润表"(可利用系统内置的报表模板),并根据会计核算资料生成当月的资产负债表与利润表。

(2)新建一张自定义的管理费用明细表,并输出报表数据,格式如表 10－18 所示。

表 10－18　　管理费用明细表

单位名称:兴远公司　　2019 年 1 月　　单位:元

项　目	管理费用	工资	福利费	折旧费	电话费	办公费	其他
工程部							
采购部							
业务部							
管理部							
仓储部							
企划部							
质检部							
合　计							

审核人:　　制表人:

附录一 企业会计信息化工作规范

第一章　总则

第一条　为推动企业会计信息化，节约社会资源，提高会计软件和相关服务质量，规范信息化环境下的会计工作，根据《中华人民共和国会计法》《财政部关于全面推进我国会计信息化工作的指导意见》(财会〔2009〕6 号)，制定本规范。

第二条　本规范所称会计信息化，是指企业利用计算机、网络通信等现代信息技术手段开展会计核算，以及利用上述技术手段将会计核算与其他经营管理活动有机结合的过程。

本规范所称会计软件，是指企业使用的，专门用于会计核算、财务管理的计算机软件、软件系统或者其功能模块。会计软件具有以下功能：

(一)为会计核算、财务管理直接采集数据；

(二)生成会计凭证、账簿、报表等会计资料；

(三)对会计资料进行转换、输出、分析、利用。

本规范所称会计信息系统，是指由会计软件及其运行所依赖的软硬件环境组成的集合体。

第三条　企业(含代理记账机构，下同)开展会计信息化工作，软件供应商(含相关咨询服务机构，下同)提供会计软件和相关服务，适用本规范。

第四条　财政部主管全国企业会计信息化工作，主要职责包括：

(一)拟订企业会计信息化发展政策；

(二)起草、制定企业会计信息化技术标准；

(三)指导和监督企业开展会计信息化工作；

(四)规范会计软件功能。

第五条　县级以上地方人民政府财政部门管理本地区企业会计信息化工作，指导和监督本地区企业开展会计信息化工作。

第二章　会计软件和服务

第六条　会计软件应当保障企业按照国家统一会计准则制度开展会计核算，不得有违背国家统一会计准则制度的功能设计。

第七条　会计软件的界面应当使用中文并且提供对中文处理的支持，可以同时提供外国或者少数民族文字界面对照和处理支持。

第八条　会计软件应当提供符合国家统一会计准则制度的会计科目分类和编码功能。

第九条　会计软件应当提供符合国家统一会计准则制度的会计凭证、账簿和报表的显示和打印功能。

第十条　会计软件应当提供不可逆的记账功能，确保对同类已记账凭证的连续编号，不得提供对已记账凭证的删除和插入功能，不得提供对已记账凭证日期、金额、科目和操作人的修改功能。

第十一条 鼓励软件供应商在会计软件中集成可扩展商业报告语言（XBRL）功能，便于企业生成符合国家统一标准的 XBRL 财务报告。

第十二条 会计软件应当具有符合国家统一标准的数据接口，满足外部会计监督需要。

第十三条 会计软件应当具有会计资料归档功能，提供导出会计档案的接口，在会计档案存储格式、元数据采集、真实性与完整性保障方面，符合国家有关电子文件归档与电子档案管理的要求。

第十四条 会计软件应当记录生成用户操作日志，确保日志的安全、完整，提供按操作人员、操作时间和操作内容查询日志的功能，并能以简单易懂的形式输出。

第十五条 以远程访问、云计算等方式提供会计软件的供应商，应当在技术上保证客户会计资料的安全、完整。对于因供应商原因造成客户会计资料泄露、毁损的，客户可以要求供应商承担赔偿责任。

第十六条 客户以远程访问、云计算等方式使用会计软件生成的电子会计资料归客户所有。

软件供应商应当提供符合国家统一标准的数据接口供客户导出电子会计资料，不得以任何理由拒绝客户导出电子会计资料的请求。

第十七条 以远程访问、云计算等方式提供会计软件的供应商，应当做好本厂商不能维持服务情况下，保障企业电子会计资料安全以及企业会计工作持续进行的预案，并在相关服务合同中与客户就该预案做出约定。

第十八条 软件供应商应当努力提高会计软件相关服务质量，按照合同约定及时解决用户使用中的故障问题。

会计软件存在影响客户按照国家统一会计准则制度进行会计核算问题的，软件供应商应当为用户免费提供更正程序。

第十九条 鼓励软件供应商采用呼叫中心、在线客服等方式为用户提供实时技术支持。

第二十条 软件供应商应当就如何通过会计软件开展会计监督工作，提供专门教程和相关资料。

第三章 企业会计信息化

第二十一条 企业应当充分重视会计信息化工作，加强组织领导和人才培养，不断推进会计信息化在本企业的应用。

除本条第三款规定外，企业应当指定专门机构或者岗位负责会计信息化工作。

未设置会计机构和配备会计人员的企业，由其委托的代理记账机构开展会计信息化工作。

第二十二条 企业开展会计信息化工作，应当根据发展目标和实际需要，合理确定建设内容，避免投资浪费。

第二十三条 企业开展会计信息化工作，应当注重信息系统与经营环境的契合，通过信息化推动管理模式、组织架构、业务流程的优化与革新，建立健全适应信息化工作环境的制度体系。

第二十四条 大型企业、企业集团开展会计信息化工作，应当注重整体规划，统一技术标准、编码规则和系统参数，实现各系统的有机整合，消除信息孤岛。

第二十五条 企业配备的会计软件应当符合本规范第二章要求。

第二十六条　企业配备会计软件，应当根据自身技术力量以及业务需求，考虑软件功能、安全性、稳定性、响应速度、可扩展性等要求，合理选择购买、定制开发、购买与开发相结合等方式。

定制开发包括企业自行开发、委托外部单位开发、企业与外部单位联合开发。

第二十七条　企业通过委托外部单位开发、购买等方式配备会计软件，应当在有关合同中约定操作培训、软件升级、故障解决等服务事项，以及软件供应商对企业信息安全的责任。

第二十八条　企业应当促进会计信息系统与业务信息系统的一体化，通过业务的处理直接驱动会计记账，减少人工操作，提高业务数据与会计数据的一致性，实现企业内部信息资源共享。

第二十九条　企业应当根据实际情况，开展本企业信息系统与银行、供应商、客户等外部单位信息系统的互联，实现外部交易信息的集中自动处理。

第三十条　企业进行会计信息系统前端系统的建设和改造，应当安排负责会计信息化工作的专门机构或者岗位参与，充分考虑会计信息系统的数据需求。

第三十一条　企业应当遵循企业内部控制规范体系要求，加强对会计信息系统规划、设计、开发、运行、维护全过程的控制，将控制过程和控制规则融入会计信息系统，实现对违反控制规则情况的自动防范和监控，提高内部控制水平。

第三十二条　对于信息系统自动生成、且具有明晰审核规则的会计凭证，可以将审核规则嵌入会计软件，由计算机自动审核。未经自动审核的会计凭证，应当先经人工审核再行后续处理。

第三十三条　处于会计核算信息化阶段的企业，应当结合自身情况，逐步实现资金管理、资产管理、预算控制、成本管理等财务管理信息化。

处于财务管理信息化阶段的企业，应当结合自身情况，逐步实现财务分析、全面预算管理、风险控制、绩效考核等决策支持信息化。

第三十四条　分公司、子公司数量多、分布广的大型企业、企业集团应当探索利用信息技术促进会计工作的集中，逐步建立财务共享服务中心。

实行会计工作集中的企业以及企业分支机构，应当为外部会计监督机构及时查询和调阅异地储存的会计资料提供必要条件。

第三十五条　外商投资企业使用的境外投资者指定的会计软件或者跨国企业集团统一部署的会计软件，应当符合本规范第二章要求。

第三十六条　企业会计信息系统数据服务器的部署应当符合国家有关规定。数据服务器部署在境外的，应当在境内保存会计资料备份，备份频率不得低于每月一次。境内备份的会计资料应当能够在境外服务器不能正常工作时，独立满足企业开展会计工作的需要以及外部会计监督的需要。

第三十七条　企业会计资料中对经济业务事项的描述应当使用中文，可以同时使用外国或者少数民族文字对照。

第三十八条　企业应当建立电子会计资料备份管理制度，确保会计资料的安全、完整和会计信息系统的持续、稳定运行。

第三十九条　企业不得在非涉密信息系统中存储、处理和传输涉及国家秘密、关系国家经济信息安全的电子会计资料；未经有关主管部门批准，不得将其携带、寄运或者传输至境外。

第四十条　企业内部生成的会计凭证、账簿和辅助性会计资料，同时满足下列条件的，可以不输出纸面资料：

（一）所记载的事项属于本企业重复发生的日常业务；

（二）由企业信息系统自动生成；

（三）可及时在企业信息系统中以人类可读形式查询和输出；

（四）企业信息系统具有防止相关数据被篡改的有效机制；

（五）企业对相关数据建立了电子备份制度，能有效防范自然灾害、意外事故和人为破坏的影响；

（六）企业对电子和纸面会计资料建立了完善的索引体系。

第四十一条 企业获得的需要外部单位或者个人证明的原始凭证和其他会计资料，同时满足下列条件的，可以不输出纸面资料：

（一）会计资料附有外部单位或者个人的、符合《中华人民共和国电子签名法》的可靠的电子签名；

（二）电子签名经符合《中华人民共和国电子签名法》的第三方认证；

（三）满足第四十条第（一）项、第（三）项、第（五）项和第（六）项规定的条件。

第四十二条 企业会计资料的归档管理，遵循国家有关会计档案管理的规定。

第四十三条 实施企业会计准则通用分类标准的企业，应当按照有关要求向财政部报送XBRL财务报告。

第四章 监 督

第四十四条 企业使用会计软件不符合本规范要求的，由财政部门责令限期改正。限期不改的，财政部门应当予以公示，并将有关情况通报同级相关部门或其派出机构。

第四十五条 财政部采取组织同行评议，向用户企业征求意见等方式对软件供应商提供的会计软件遵循本规范的情况进行检查。

省、自治区、直辖市人民政府财政部门发现会计软件不符合本规范规定的，应当将有关情况报财政部。

任何单位和个人发现会计软件不符合本规范要求的，有权向所在地省、自治区、直辖市人民政府财政部门反映，财政部门应当根据反映开展调查，并按本条第二款规定处理。

第四十六条 软件供应商提供的会计软件不符合本规范要求的，财政部可以约谈该供应商主要负责人，责令限期改正。限期内未改正的，由财政部予以公示，并将有关情况通报相关部门。

第五章 附 则

第四十七条 省、自治区、直辖市人民政府财政部门可以根据本规范制定本地区具体实施办法。

第四十八条 自本规范施行之日起，《会计核算软件基本功能规范》（财会字〔1994〕27号）、《会计电算化工作规范》（财会字〔1996〕17号）不适用于企业及其会计软件。

第四十九条 本规范自2014年1月6日起施行，1994年6月30日财政部发布的《商品化会计核算软件评审规则》（财会字〔1994〕27号）、《会计电算化管理办法》（财会字〔1994〕27号）同时废止。

附录二 企业内部控制应用指引第18号——信息系统

第一章 总则

第一条 为了促进企业有效实施内部控制，提高企业现代化管理水平，减少人为因素，根据有关法律法规和《企业内部控制基本规范》，制定本指引。

第二条 本指引所称信息系统，是指企业利用计算机和通信技术，对内部控制进行集成、转化和提升所形成的信息化管理平台。

第三条 企业利用信息系统实施内部控制至少应当关注下列风险：

(一)信息系统缺乏或规划不合理，可能造成信息孤岛或重复建设，导致企业经营管理效率低下。

(二)系统开发不符合内部控制要求，授权管理不当，可能导致无法利用信息技术实施有效控制。

(三)系统运行维护和安全措施不到位，可能导致信息泄漏或毁损，系统无法正常运行。

第四条 企业应当重视信息系统在内部控制中的作用，根据内部控制要求，结合组织架构、业务范围、地域分布、技术能力等因素，制定信息系统建设整体规划，加大投入力度，有序组织信息系统开发、运行与维护，优化管理流程，防范经营风险，全面提升企业现代化管理水平。

企业应当指定专门机构对信息系统建设实施归口管理，明确相关岗位的职责权限，建立有效工作机制。企业可委托专业机构从事信息系统的开发、运行和维护工作。

企业负责人对信息系统建设工作负责。

第二章 信息系统的开发

第五条 企业应当根据信息系统建设整体规划提出项目建设方案，明确建设目标、人员配备、职责分工、经费保障和进度安排等相关内容，按照规定的权限和程序审批后实施。

企业信息系统归口管理部门应当组织内部各单位提出开发需求和关键控制点，规范开发流程，明确系统设计、编程、安装调试、验收、上线等全过程的管理要求，严格按照建设方案、开发流程和相关要求组织开发工作。

企业开发信息系统，可以采取自行开发、外购调试、业务外包等方式。选定外购调试或业务外包方式的，应当采用公开招标等形式择优确定供应商或开发单位。

第六条 企业开发信息系统，应当将生产经营管理业务流程、关键控制点和处理规则嵌入系统程序，实现手工环境下难以实现的控制功能。

企业在系统开发过程中，应当按照不同业务的控制要求，通过信息系统中的权限管理功能控制用户的操作权限，避免将不相容职责的处理权限授予同一用户。

企业应当针对不同数据的输入方式，考虑对进入系统数据的检查和校验功能。对于必需的后台操作，应当加强管理，建立规范的流程制度，对操作情况进行监控或者审计。

企业应当在信息系统中设置操作日志功能，确保操作的可审计性。对异常的或者违背内部控制要求的交易和数据，应当设计由系统自动报告并设置跟踪处理机制。

第七条 企业信息系统归口管理部门应当加强信息系统开发全过程的跟踪管理，组织开发单位与内部各单位的日常沟通和协调，督促开发单位按照建设方案、计划进度和质量要求完成编程工作，对配备的硬件设备和系统软件进行检查验收，组织系统上线运行等。

第八条 企业应当组织独立于开发单位的专业机构对开发完成的信息系统进行验收测试，确保在功能、性能、控制要求和安全性等方面符合开发需求。

第九条 企业应当切实做好信息系统上线的各项准备工作，培训业务操作和系统管理人员，制订科学的上线计划和新旧系统转换方案，考虑应急预案，确保新旧系统顺利切换和平稳衔接。系统上线涉及数据迁移的，还应制订详细的数据迁移计划。

第三章 信息系统的运行与维护

第十条 企业应当加强信息系统运行与维护的管理，制定信息系统工作程序、信息管理制度以及各模块子系统的具体操作规范，及时跟踪、发现和解决系统运行中存在的问题，确保信息系统按照规定的程序、制度和操作规范持续稳定运行。

企业应当建立信息系统变更管理流程，信息系统变更应当严格遵照管理流程进行操作。信息系统操作人员不得擅自进行系统软件的删除、修改等操作；不得擅自升级、改变系统软件版本；不得擅自改变软件系统环境配置。

第十一条 企业应当根据业务性质、重要性程度、涉密情况等确定信息系统的安全等级，建立不同等级信息的授权使用制度，采用相应技术手段保证信息系统运行安全有序。

企业应当建立信息系统安全保密和泄密责任追究制度。委托专业机构进行系统运行与维护管理的，应当审查该机构的资质，并与其签订服务合同和保密协议。

企业应当采取安装安全软件等措施防范信息系统受到病毒等恶意软件的感染和破坏。

第十二条 企业应当建立用户管理制度，加强对重要业务系统的访问权限管理，定期审阅系统账号，避免授权不当或存在非授权账号，禁止不相容职务用户账号的交叉操作。

第十三条 企业应当综合利用防火墙、路由器等网络设备，漏洞扫描、入侵检测等软件技术以及远程访问安全策略等手段，加强网络安全，防范来自网络的攻击和非法侵入。

企业对于通过网络传输的涉密或关键数据，应当采取加密措施，确保信息传递的保密性、准确性和完整性。

第十四条 企业应当建立系统数据定期备份制度，明确备份范围、频度、方法、责任人、存放地点、有效性检查等内容。

第十五条 企业应当加强服务器等关键信息设备的管理，建立良好的物理环境，指定专人负责检查，及时处理异常情况。未经授权，任何人不得接触关键信息设备。

参考文献

REFERENCE

[1]薛祖云. 会计信息系统[M]. 厦门：厦门大学出版社，2008.
[2]张瑞军，蒋砚章. 会计信息系统[M]. 北京：中国人民大学出版社，2015.
[3]袁树民，王丹. 会计信息系统[M]. 上海：上海财经大学出版社，2008.
[4]陈福军. 会计信息系统实务教程[M]. 北京：清华大学出版社，2014.
[5]王振武，刘媛媛. 会计信息系统[M]. 大连：东北财经大学出版社，2014.
[6]刘纳新，杨健. 会计信息系统[M]. 北京：经济科学出版社，2014.

普通高等教育会计专业精品课程系列教材

会计信息系统习题集

傅　萌　主　编
张　倩　范　理　吕雅慧　副主编

上海财经大学出版社

目录 CONTENTS

第一章
会计信息系统概述

一、本章重点与难点

重点：会计信息系统的功能结构。

难点：会计手工处理方式与计算机处理方式的区别。

二、本章练习题

(一) 判断题

1. 在会计工作中，各种原始资料可称为会计数据，它记录在“单、证、账、表”上。 ( )

2. 信息和数据是同一个概念。 ( )

3. 会计信息系统是一个人机结合的系统，其基本构成包括硬件系统、软件资源、信息资源和会计人员等基本要素。 ( )

4. 财务软件按适用范围划分可分为通用财务软件和定点开发财务软件。 ( )

5. 财务软件的主要功能是提供提示、帮助、引导、全屏编辑、辅助计算器等一切有利于用户使用软件系统的所有功能。 ( )

6. 会计信息系统本身是一个庞大的信息系统，完全独立于企业的其他系统。 ( )

7. 在计算机会计系统中仍然要采用平行登记的方法，来登记总分类账和明细分类账，使数据处理流程更加简捷、合理。 ( )

8. 计算机会计信息系统与手工会计信息系统完全不同。 ( )

9. 系统一般由三个部分构成：系统、系统内部的子系统、系统的周围环境。这是研究系统的三个最基本的要素。 ( )

10. 会计信息系统的功能结构主要是描述会计信息系统的核心——会计软件由哪几个子系统构成，以及每个子系统的基本功能。 ( )

(二)单项选择题

1. 总账系统是以( )为原始数据，通过凭证输入和处理，完成记账和结账、银行对账、账簿查询及打印输出，以及系统服务和数据管理等工作。

A. 经济业务　B. 信息　C. 凭证　D. 数据

2. 一个系统由若干部分组成，称为( )。

A. 子系统　B. 计算机系统　C. 账务系统　D. 母系统

3. 系统各部分之间存在着相互依存的关系，各部分既相对独立又有机地联系在一起，这个特点称为( )。

A. 独立性　　B. 完整性　　C. 层次性　　D. 目标性

4. 财务软件按提供方式可分为(　　)。

A. 商品化软件和非商品化软件　　B. 核算型软件和管理型软件

C. 通用软件和定点开发软件　　D. 通用型软件和核算型软件

5. (　　)是财务系统的核心部分。

A. 应收子系统　　B. 应付子系统

C. 存货子系统　　D. 总账子系统

6. 一个系统由若干部分组成,称为子系统,每个子系统又可分成更小的子系统,这个特性称为(　　)。

A. 独立性　　B. 目标性　　C. 整体性　　D. 层次性

7. 会计科目、人员档案、客户档案等文件属于(　　)。

A. 临时文件　　B. 基础数据文件

C. 经过加工的信息文件　　D. 会计制度文件

8. 数据处理的中心环节是(　　)。

A. 数据的收集　　B. 数据的加工

C. 数据的传输　　D. 数据的存储

9. 一张报表给出了某个服装厂销售服装的信息,此信息对某个汽车销售公司来说构不成管理和决策的依据。这一情况说明了信息的(　　)。

A. 相对性　　B. 可靠性　　C. 针对性　　D. 有用性

10. 下列说法正确的是(　　)。

A. 计算机系统的数据处理流程是填制和审核会计凭证→登记账簿→编制会计报表

B. 计算机系统还要通过账证核对、账账核对、账实核对来保证会计数据的正确性

C. 计算机系统的整个数据处理过程中,除数据的输入和必要的操作控制外,系统在统一的程序控制下由计算机快速自动地完成

D. 会计信息系统是指由会计人员、数据处理工具和数据处理规程组成的有机整体,其目的是输入会计信息对经济活动进行控制,满足经营管理的需要

(三)多项选择题

1. 下列是数据的有(　　)。

A. 天气晴朗　　B. 体重 55 千克　　C. 网络视频　　D. 一组密码

2. 在计算机会计系统下,以下哪些对账失去了意义?(　　)

A. 账实核对　　B. 账账核对　　C. 账证核对　　D. 以上都是

3. 会计信息系统由以下哪些基本要素组成?(　　)

A. 硬件系统　　B. 软件资源　　C. 信息资源　　D. 会计人员

4. 会计信息系统的发展趋势可以概括为(　　)。

A. 集成化　　B. 网络化　　C. 智能化　　D. 分散化

5. 财务软件按提供信息的层次可分为(　　)。

A. 核算型软件　　B. 管理型软件

C. 商品化软件　　D. 非商品化软件

6. 会计信息系统基本功能包括(　　)。

A. 财务系统　　B. ERP 系统

C. 购销存系统　　D. 管理与决策系统

7. ERP 系统中的物流管理模块主要包括(　　)。

A. 财务系统　　B. 采购管理　　C. 分销管理　　D. 库存控制

8. 以下属于会计信息系统中硬件系统的有(　　)。

A. 键盘　　B. 打印机　　C. 会计人员　　D. 硬盘

9. 以下属于会计信息系统中软件资源的有(　　)。

A. Windows NT　　B. SQL Server

C. 用友财务软件　　D. 会计制度

10. 下列说法错误的有(　　)。

A. 在计算机会计信息系统中不必采用平行登记的方法,来源于记账凭证中的数据不再重复处理,而是统一记录于分类账中集中处理,不必要设置总分类账和明细分类账

B. 计算机会计系统中,除了专业会计人员外,还需要计算机操作人员和维护人员协同工作

C. 会计信息系统中的数据不仅在处理时就要层层审核,确保正确,还要保证在任何条件下以任何方式进行检查核对,但不必留有审计线索

D. 计算机会计信息系统只有遵守计算规程,不必像手工处理一样遵守有关财务会计制度、法规

(四)简答题

1. 什么是数据？什么是信息？它们有哪些区别和联系？

2. 什么是系统？简述系统的特征。

3. 什么是会计信息系统？

4. 简述计算机会计信息系统与手工会计信息系统的区别。

5. 简述会计信息系统的基本功能结构。

6. 会计软件的种类有哪些？

第二章 系统管理

一、本章重点与难点

重点:建立账套和设置操作员权限的方法,账套的备份与恢复方法。
难点:年度账与账套的区别。

二、本章练习题

(一) 判断题

1. 账套与年度账是同一个概念。 (　　)
2. 只有系统管理员才能够给某一操作人员进行分工和权限设置。 (　　)
3. 操作员允许有多个编号。 (　　)
4. 只有账套主管才有权限修改相应的账套,但并不是账套的所有信息都能修改。 (　　)
5. 各系统的启用会计期间均必须小于等于账套的启用期间。 (　　)
6. 一般情况下,账套主管拥有对该账套的全部管理权限。 (　　)
7. 利用账套的备份数据,不但可以长期保存财务数据,还可以尽快恢复系统数据,从而保证单位核算业务的正常进行。 (　　)
8. 系统一般只允许以系统管理员的身份注册进入系统管理模块。 (　　)
9. 账套数据一个月备份一次。 (　　)
10. 用户和角色设置不分先后,用户可以根据自己的需要设置。 (　　)

(二)单项选择题

1. 对所管辖的账套来说,(　　)是级别最高的,拥有所有模块的操作权限。

A. 操作人员　　B. 账套主管
C. 系统主管　　D. 单位领导

2. (　　)有权在系统管理模块中建立企业账套。

A. 系统管理员　　B. 账套主管
C. 销售总监　　D. 单位领导

3. 如果输入的账套信息有误,可以修改账套信息,必须以(　　)身份才能修改账套信息。

A. 出纳操作员　　B. 系统管理员
C. 账套主管　　D. 制单操作员

4. 下列说法不正确的是(　　)。

A. 第一次运行系统,必须以系统管理员的身份注册登录,进行新增用户、角色、设置权

限、新建账套
B. 以账套主管的身份登录，需选择会计账套和操作日期
C. 每个企业可以为其每一个独立核算的单位建立一个核算账套
D. 新建账套号可以与已存账套号重复
5. 下列说法正确的是(　　)。
A. 如果一个企业的会计科目编码方案是4222，则表明该企业会计科目分为4级，一、二、三、四级科目编码长度分别为4位、2位、2位、2位
B. 如果一个企业的会计科目编码方案是4222，则表明该企业会计科目分为3级，一、二、三、四级科目编码长度分别为4位、2位、2位、2位
C. 如果一个企业的会计科目编码方案是4222，则表明该企业会计科目分为4级，一、二、三、四级科目编码长度分别为2位、2位、2位、2位
D. 如果一个企业的会计科目编码方案是4222，则表明该企业会计科目分为3级，一、二、三、四级科目编码长度分别为3位、2位、2位、2位
6. 下列说法正确的是(　　)。
A. 集团公司可以预先在建立账套时，为各子公司设置不同的账套号，以避免在引入数据时因账套号相同而造成数据覆盖的后果
B. 账套恢复是指将系统内的某账套数据备份到硬盘中
C. 账套数据备份只能备份在系统盘
D. 所有账套信息都能被修改
7. 系统管理的主要功能不包括(　　)。
A. 账套管理和年度账管理　　B. 操作员及操作员权限管理
C. 账簿处理　　D. 系统安全管理
8. 下列说法正确的是(　　)。
A. 系统管理是会计信息系统的核心部分
B. 各个子系统不必启用即可登录
C. 会计信息系统下的各个子系统是相互独立的，彼此之间不需要共用统一的数据库
D. 系统管理就是为会计信息系统下的各个子系统提供统一的环境，对公共任务进行统一的操作管理和数据维护
9. 账套的输出是指(　　)。
A. 账套的打印　　B. 凭证、账簿、报表的打印
C. 引入新年度的账套　　D. 账套的备份
10. 账套建立以后如果需要修改，以下(　　)信息不能被修改。
A. 数据精度设置　　B. 编码方案设置
C. 账套启用日期　　D. 汇率设置

(三)多项选择题

1. 系统管理员的主要工作包括(　　)。
A. 建立账套　　B. 设置操作员
C. 引入和输出年度账　　D. 引入和输出账套
2. 关于系统启用，下列说法正确的有(　　)。
A. 总账系统必须先于其他系统启用

B. 由账套主管启用的系统，在系统未使用前可由账套主管取消启用或修改启用期间
C. 系统一旦启用，将不被允许进行启用修改处理
D. 由系统管理员启用的系统可以由账套主管修改启用期间
3. 可以对操作人员进行分工和权限设置的人员有（　　）。
A. 操作员　　B. 账套主管　　C. 系统管理员　　D. 任何人员
4. 关于删除账套，下列说法正确的有（　　）。
A. 系统不能提供删除账套的功能　　B. 正在使用的账套不允许删除
C. 只有账套主管才能删除账套　　D. 删除账套前系统会进行强制备份
5. 关于设置操作员，下列说法不正确的有（　　）。
A. 操作员的口令由账套主管设置，不允许修改
B. 在同一系统中，不同账套的操作员编码必须唯一，不允许重复
C. 用户在任何时候都可以根据需要删除
D. 某个账套主管可以为其他账套进行操作员权限设置
6. 下列（　　）情况下可以清空年度账。
A. 只要需要，随时清空
B. 年度账中有许多错误
C. 不希望将上年度的余额转入下一年
D. 不希望将预置的科目报表转入下一年
7. 下列说法不正确的有（　　）。
A. 恢复账套将覆盖系统中同账套号内的部分数据，覆盖后仍然可以恢复
B. 恢复账套将覆盖系统中同账套号内的所有数据，且一旦覆盖不能恢复
C. 子公司的账套数据可以定期备份，并恢复到母公司系统中
D. 通过账套备份输出的账套数据，不必引入系统可以直接使用
8. 账套核算信息包括（　　）。
A. 企业类型　　B. 所属行业性质和账套主管
C. 记账本位币　　D. 编码方案和数据精度
9. 系统安全管理包括（　　）。
A. 对运行过程的监控　　B. 设置所属行业性质
C. 清除运行过程中的异常任务　　D. 设置系统的自动备份计划
10. 设置系统管理模块的目的有（　　）。
A. 为整个会计信息系统下各个子系统提供统一的环境
B. 对系统的公共任务进行统一的操作管理和数据维护
C. 只对采购应付模块和工资模块进行统一管理
D. 为了建立账套和年度账

(四)简答题

1. 系统管理员、账套主管和一般操作员在操作权限上有何不同？
2. 为什么要进行账套数据的备份与恢复？
3. 为什么要进行财务分工？
4. 如何为操作员设置权限？
5. 账套与年度账是什么关系？

第三章 账务处理系统

一、本章重点与难点

重点：账务处理系统的初始化设置，比如账套参数设置、会计科目设置、凭证类型设置等；账务处理系统日常业务处理、出纳管理、期末处理等内容。

难点：账务处理系统的初始化设置和日常的业务处理。

二、本章练习题

（一）判断题

1. 账套设置即建立核算单位。通用会计软件的账务管理系统在设计时，为了防止企业会计舞弊的发生，只允许在一个会计软件系统下建立一个账套。（　　）

2. 设置会计科目时，应从一级科目开始逐级设置下级的分类和明细科目。（　　）

3. 一般由最低一级科目开始，上级科目的余额与发生额由系统自动进行汇总。数据录入完毕后，应当由计算机自动进行试算平衡。（　　）

4. 凭证经审核就不能被修改、删除，只有被取消审核签字后才能进行修改或删除，而且取消审核签字只能由审核人自己进行。（　　）

5. 为了保证账证相符、账账相符，应经常进行对账，至少一个月一次，一般可在月末结账前进行。（　　）

6. 计算机会计信息系统中，计算机自动处理会计数据，会计基础工作规范也不需要了。（　　）

7. 会计电算化方式下处理流程与手工方式没有区别。（　　）

8. 账套一旦使用后，将不能再修改该账套的科目级长。（　　）

9. 如果一个企业已经使用账务处理系统一年，那么该企业以后就不需要使用初始设置模块了。（　　）

10. 计算机账务处理系统中，每个会计科目均需要不同的科目代码表示。（　　）

（二）单项选择题

1. 关于会计电算化意义的说法错误的是（　　）。

A. 提高工作效率　　B. 促进会计工作职能的转变

C. 加强会计工作职能　　D. 仅仅是替代手工记账、编表工作

2. 会计科目设置是一项系统而细致的工作，应由（　　）进行。

A. 具有建账权限的用户　　B. 系统管理员

C. 账套主管　　D. 会计人员

3. 会计电算化系统中的核心子系统是(　　)系统。

A. 账务处理　　B. 存货管理　　C. 报表管理　　D. 工资管理

4. 会计核算软件中采用的(　　)会计科目名称、编码方法,必须符合国家统一会计制度的规定。

A. 总分类账　　B. 明细分类账

C. 二级账　　D. 日记账

5. 记账模块的功能是根据记账凭证文件或临时凭证文件中(　　),自动更新财务数据库文件,得到账簿和报表所需的汇总信息和明细信息。

A. 已审核的凭证　　B. 未审核的凭证

C. 有未记账标志的凭证　　D. 无未记账标志的凭证

6. 凭证一经审核,就不能修改、删除,只有(　　)后才可以修改。

A. 审核人员再审核　　B. 审核人员取消审核

C. 财务主管签字　　D. 凭证录入人员签字

7. 在设计凭证录入模块时,要使凭证的编号遵守(　　)的规则。

A. 从小到大,可跳号　　B. 从小到大,可重号

C. 从小到大连续编号　　D. 随机给定

8. 设计账务处理系统中的记账程序时,应该将(　　)的凭证记账。

A. 审核　　B. 未审核　　C. 存入硬盘　　D. 无错误

9. 某科目代码为:5210102004,总账科目长度为三位,二级科目为两位,三级科目为(　　),四级科目代码为三位。

A. 五位　　B. 两位　　C. 三位　　D. 四位

10. 汇总文件主要用来存放(　　)的年初数、累计借方发生额、累计贷方发生额,期末余额以及每个月的借贷发生额等汇总数据文件。

A. 所有科目　　B. 总账科目　　C. 明细科目　　D. 特殊科目

(三)多项选择题

1. 根据账务处理系统的数据流程和它的主要任务,按照结构化设计的思想,可以将它分解为(　　)、期末处理、账表管理功能结构。

A. 系统设置　　B. 凭证处理　　C. 出纳管理　　D. 辅助核算

2. 凭证审核模块应该提供(　　)的方法。

A. 静态屏幕审核　　B. 二次输入校验

C. 人工审核　　D. 快速审核

3. 在所有余额录入完成后,应该由计算机自动进行(　　)试算平衡,只有平衡后,才能表示所录余额正确无误。

A. 借方发生额之和=贷方发生额之和　　B. 资产=负债+所有者权益

C. 总账科目=下属明细科目之和　　D. 期初借方余额之和=期初贷方余额之和

4. 财会人员可以根据需要设置适合自身业务特点的凭证类型。可设置的凭证类型有(　　)。

A. 收款、付款、转账三类凭证　　B. 现收、现付、银收、银付、转账五类凭证

C. 一种凭证类型　　D. 不设置凭证类型

5. 获取银行对账单模块应该包括以下功能:(　　)。

A. 录入银行对账单　　B. 从U盘获取对账单

C. 从硬盘数据库获取对账单　　D. 从网络获取对账单模块

E. 向出纳要对账单

6. 会计科目文件一般包括科目代码、(　　)等字段或属性

A. 科目名称　　B. 科目类型　　C. 科目性质　　D. 科目长度

7. 一般来说,账务处理子系统至少应划分出以下几个功能模块:(　　)和系统服务模块等。

A. 账表输出模块　　B. 初始化模块

C. 凭证处理模块　　D. 记账结账模块

8. 系统对操作员的权限管理通过以下(　　)来实现。

A. 功能级权限管理　　B. 数据级权限管理

C. 金额级权限管理　　D. 控制级权限管理

9. 在手工条件下记账工作需要若干个财会人员花费很多时间才能完成,在计算机条件下,财会人员只要使用记账模块,记账工作便由计算机自动、准确、高速完成。记账工作既可以在编制一张凭证后记账,也可以(　　);既可以(　　),也可以(　　)。

A. 将所有凭证记账　　B. 编制一天的凭证后记一次账

C. 一天记数次账　　D. 多天记一次账

10. 不属于会计核算软件的初始化功能的项目有(　　)。

A. 定义自动转账凭证　　B. 操作岗位分工

C. 录入银行对账单　　D. 复核记账凭证

(四)简答题

1. 简述账务处理系统的特点。

2. 账务处理系统的系统参数设置的内容主要包括哪些?

3. 简述账务处理系统设置会计科目的原则。

4. 账务处理系统的凭证设置包含哪些类型?

第四章 固定资产管理系统

一、本章重点与难点

重点:固定资产管理系统的数据代码及功能模块;固定资产管理系统的账套设置、卡片初始录入,折旧分配等以及日常业务处理的相关事项。

难点:固定资产的初始化设置以及日常业务处理。

二、本章练习题

(一) 判断题

1. 固定资产管理系统中计提固定资产折旧在增加当月就开始了。 ( )

2. 在电算化会计中,如果对每项固定资产均建立了固定资产卡片,则没有必要再设立固定资产登记簿。 ( )

3. 固定资产管理系统中,根据固定资产卡片中有关信息和规定选用折旧方法,可自动计算折旧,而不需要人工计算和填列。 ( )

4. 一般而言,对账以后,应当保证固定资产管理系统和账务处理系统一致,才能予以结账。 ( )

5. 在固定资产使用到最后一个月份时,要提足折旧,因此一般要选择"当(月初已计提月份=可使用月份-1)时将剩余折旧全部提足(工作量法除外)"。 ( )

6. 固定资产原始卡片中资产开始使用日期的月份小于其录入系统的月份。 ( )

7. 固定资产计提折旧后,可以按照部门把折旧分配到相关的成本和费用,所以需要给每个使用部门选择一个折旧科目。 ( )

8. 自行建造固定资产的增加方式下,以"在建工程"作为对应入账科目。 ( )

9. "参数设置"属于固定资产管理系统的"业务处理"功能模块的内容。 ( )

10. 固定资产财产清查中的盘盈,以"待处理财产损溢"科目体现。 ( )

(二)单项选择题

1. 财务部门的固定资产计提折旧时设置的对应科目是( )。

A. "财务费用" B. "管理费用" C. "制造费用" D. "销售费用"

2. 固定资产管理系统中,计提折旧以及减值准备自动形成的凭证称为( )。

A. 付款凭证 B. 收款凭证 C. 转账凭证 D. 折旧清单

3. 固定资产管理系统除了与账务处理系统,还与( )之间存在着数据传递关系。

A. 成本核算系统 B. 工资管理系统

C. 存货管理系统　　D. 销售与应付系统

4. 固定资产管理系统中，以外购方式增加的不需要安装固定资产，其贷方科目可能是(　　)。

A.“固定资产”　　B.“在建工程”

C.“银行存款”　　D.“应收账款”

5. 固定资产管理系统中，车间设备计提折旧应记入的成本费用类科目是(　　)。

A.“生产成本”　　B.“主营业务成本”

C.“制造费用”　　D.“管理费用”

6. 固定资产管理系统中，以融资租赁方式增加固定资产，其贷方科目可能是(　　)。

A.“应付账款”　　B.“长期应付款”

C.“银行存款”　　D.“未确认融资收益”

7. 固定资产管理系统中，以盘盈方式增加固定资产，其贷方科目是(　　)。

A.“以前年度损益调整”　　B.“应收账款”

C.“长期应收款”　　D.“固定资产清理”

8. 固定资产管理系统中，以盘亏方式减少固定资产，其借方科目是(　　)。

A.“应收账款”　　B.“待处理财产损溢”

C.“长期应收款”　　D.“固定资产清理”

9. 固定资产管理系统在计提折旧的同时自动按(　　)分别生成折旧分配表。

A. 部门或类别　　B. 成本　　C. 费用　　D. 部门和类别

10. 根据固定资产增加文件的原价、累计折旧等字段内容自动生成凭证，如果来源是融资租入的，那么记账凭证为(　　)。

A. 借:固定资产
　　贷:累计折旧
　　　　银行存款

B. 借:固定资产
　　贷:累计折旧
　　　　在建工程

C. 借:固定资产
　　贷:累计折旧
　　　　长期应付款

D. 借:固定资产
　　贷:累计折旧
　　　　资本公积

(三)多项选择题

1. 固定资产管理系统可以根据固定资产折旧分配表，自动编制生成凭证，并自动将其传递到(　　)。

A. 账务处理系统　　B. 成本系统

C. 销售与应收系统　　D. 存货系统

2. 以下属于固定资产管理系统的特点的有(　　)。

A. 数据量大，数据保存时间长　　B. 日常数据处理量较少

C. 数据处理方式较为简单　　D. 数据综合查询和统计要求较强

3. 以下属于固定资产管理系统功能模块的有(　　)。

A. 系统服务　　B. 基础设置　　C. 业务处理　　D. 账表输出

E. 期末处理

4. 固定资产管理系统中，系统初始化的功能主要有(　　)。

A. 启用月份　　B. 资产类别设置

C. 卡片项目设置　　D. 卡片初始录入

5. 固定资产管理系统的业务流程主要内容有(　　)。

A. 各种固定资产增减变动资料的输入、审核

B. 折旧的计提分配

C. 减值准备的计提

D. 向账务处理系统及成本核算系统的传递

6. 固定资产管理系统的主要数据库文件包括(　　)。

A. 固定资产卡片文件　　B. 固定资产增减变动文件

C. 折旧清单文件　　D. 折旧分配文件

E. 固定资产工作量文件

7. 定义固定资产卡片样式时,需要定义名称、数据类型等。其中数据类型一般包括(　　)。

A. 数字型　　B. 字符型　　C. 日期型　　D. 货币型

8. 固定资产管理系统可以按照不同的增减方式设置对应的入账科目。

(1)直接购入选择(　　)作为对应入账科目。

(2)自行建造选择(　　)作为对应入账科目。

(3)投资转入选择(　　)作为对应入账科目。

(4)融资租入选择(　　)作为对应入账科目。

(5)固定资产盘亏减少选择(　　)作为对应入账科目。

A.“在建工程”

B.“长期应付款——应付融资租赁款”及“未确认融资费用”

C.“实收资本”或“股本”

D.“待处理财产损溢”

E.“银行存款”

9. 固定资产的变动主要包括(　　)。

A. 原值变动　　B. 部门转移

C. 使用年限调整　　D. 净残值(率)调整

E. 使用状况变动

10. 固定资产管理系统中使用状况的设置,包括(　　)。

A. 未使用　　B. 使用中　　C. 不需用　　D. 停用

(四)简答题

1. 固定资产与存货都是实物资产,固定资产管理系统与存货管理系统相比,具有哪些特点?

2. 在固定资产管理系统中,折旧的计提以期初固定资产的原值为依据,以固定资产变动数据文件对固定资产卡片文件进行更新对折旧费用的计提有什么影响?

3. 固定资产管理系统与其他管理系统有什么数据联系?

4. 简述新增固定资产卡片与录入原始卡片的不同。

5. 简述固定资产管理系统不允许结账的两种情况。

第五章 薪资管理系统

一、本章重点与难点

重点：掌握薪资管理系统初始化设置，日常业务处理及期末处理的相关事项。

难点：了解薪资管理系统的功能及相关业务流程并熟悉薪资管理系统的功能模块。

二、本章练习题

(一)判断题

1. 在薪资计算前的考勤和其他变动数据的录入，只对变动数据进行操作。（ ）

2. 在薪资子系统中，必须将基本不变数据和变动数据分别设置基本不变数据文件和变动数据文件进行管理。（ ）

3. 在薪资子系统中，职工姓名是识别每一职工的关键数据。（ ）

4. 工资分配数据由工资费用分配文件产生，按车间或科室和工作类别进行应付工资汇总。（ ）

5. 人事变动模块是针对工资数据文件中的基本不变数据设置的。（ ）

6. 工资分配模块将企业每月发生的全部工资费用按工资费用的用途进行分配。（ ）

7. 对于薪资子系统功能模块的执行，应注意数据处理的顺序，实务操作中，不可以颠倒处理顺序。（ ）

8. 薪资系统中部门代码的设计可以与会计信息系统的其他子系统中对部门代码的设计不相一致。（ ）

9. 随着计算机技术在企业管理中应用的普及，人事管理和工资处理被整合为一个人力资源管理系统。（ ）

10. 应发工资、实发工资等项目的数据类型可以是数字型也可以是字符型。（ ）

(二)单项选择题

1. 薪资管理系统的核心文件是（ ）。

A. 工资汇总文件　　B. 工资计算文件

C. 记账凭证文件　　D. 账簿文件

2. 工资分配数据由（ ）产生。

A. 工资计算文件　　B. 工资汇总文件

C. 工资费用分配标准文件　　D. 计算公式库文件

3. 在薪资管理系统的数据来源中，人员调动的数据出自（ ）。

A. 劳动部门　　B. 生产部门　　C. 人事部门　　D. 工会

4. 人事部门所需的职工自然工资档案只与(　　)有关，对此数据库的创建、查询、修改和维护可作为人事管理的子模块独立于薪资子系统之外，以支持工资核算与管理的实现。

A. 工资汇总数据　　B. 工资费用分配数据

C. 工资不变数据　　D. 变动数据

5. (　　)是按财务要求和工资管理设立的，是财会部门向银行提取现金以发放工资的重要依据。

A. 工资计算模块　　B. 工资汇总模块

C. 工资分配模块　　D. 票面分解模块

6. 在薪资管理系统中，可将工资数据分成两大类，即不变数据和变动数据。以下数据属于基本不变数据的是(　　)。

A. 基本工资　　B. 出勤天数　　C. 每月扣款　　D. 实发工资

7. 在薪资管理系统中，一般不需要输出的内容是(　　)。

A. 工资条　　B. 工资数据的磁盘文件

C. 工资汇总表　　D. 工资计算公式列表

8. 薪资管理系统中期末业务处理完成后，系统自动编制转账凭证，传递到(　　)系统中。

A. 总账　　B. 报表　　C. 成本　　D. 应收与应付

9. 设置工资项目属于薪资管理系统(　　)。

A. 数据维护　　B. 期末业务处理

C. 日常业务处理　　D. 系统初始化

10. 薪资管理系统生成的记账凭证应该在账务系统(　　)进行。

A. 任意时间　　B. 结账后　　C. 结账中　　D. 结账前

(三)多项选择题

1. 相对于会计信息系统中的其他子系统，薪资管理系统的特点有(　　)。

A. 涉及面广　　B. 计算复杂

C. 数据量大　　D. 日常数据输入量小

2. 薪资系统中人事变动模块处理的内容主要有(　　)。

A. 人员变动　　B. 固定津贴统一调整

C. 代扣个人所得税　　D. 基本工资变动

3. 薪资管理系统初始化模块的功能包括(　　)。

A. 人员类别设置　　B. 部门设置

C. 基本不变数据的输入　　D. 工资费用分配项目的设置

4. 基本不变数据是指固定不变的数据和在较长时间内很少变动的数据，如(　　)。

A. 职工代码　　B. 代扣款项　　C. 姓名　　D. 基本工资

5. 在企业中，主要由财务部门负责工资的核算，具体包括(　　)。

A. 工资的计算　　B. 工资的汇总

C. 工资的分配　　D. 工资的发放

(四)简答题

1. 简述薪资管理系统的功能。

2. 简述薪资管理系统的功能结构。

3. 薪资管理系统与会计信息系统其他子系统的关系。

4. 简述会计信息系统中薪资管理系统的工作处理流程。

第六章 采购与应付管理系统

一、本章重点与难点

重点：采购与应付账款管理系统的初始设置，比如参数设置、基础资料录入等；采购与应付账款管理系统的日常业务处理，比如请购单处理、采购价格处理、应收单据的处理、采购订单管理等内容。

难点：采购与应付管理系统的初始化设置和日常的业务处理。

二、本章练习题

(一)判断题

1. 采购订单录入时，订单编号必须唯一；订单编制日期取自系统当前日期，不允许用户修改。（ ）

2. 年初建账一定在“年初”进行，不可以在其他月份进行。（ ）

3. 不同记录的存货编码不能相同，同一张采购订单可以输入编号相同的存货。（ ）

4. 如果与存货子系统集成运行，那么应由仓库管理员审核确认入库单，否则可以由采购人员审核。（ ）

5. 凡是审核过的入库单将不能再修改，只能查询。（ ）

6. 存货档案文件只被存货子系统使用，在采购与付款子系统中不被使用。因此，它不是一个重要的档案文件。（ ）

7. 请购者需要购买存货时，通过录入请购单模块将需申请采购的部门、采购的存货、采购的时间、交货时间等信息输入计算机，并保存在存货档案文件中。（ ）

8. 总账子系统是总括反映企业经营活动全过程信息的子系统，因此，采购与付款业务都必须转换为会计信息——记账凭证，传递到总账子系统。（ ）

9. 系统在填制采购入库单等单据时涉及采购类型栏目。采购类型由用户根据企业需要自行设定项目。（ ）

10. 不同的结算方式，其对应的科目也可能不同。因此，一般依据结算方式设置对应的会计科目，以便系统能够生成相应的凭证。（ ）

(二)单项选择题

1. 为了加速供应商发票的录入速度，并保证发票上数据的正确性，系统应该提供（ ）为录入供应商发票提供依据，该依据来源于（ ）。

A. 采购合同，采购与应付子系统　　B. 请购单，采购与应付子系统

C. 付款凭证，账务处理系统　　D. 入库单，存货子系统

2. 采购与应付子系统的关键是如何保证（　　）的联系。

A. 物流和资金流　　B. 物流和信息流

C. 资金流和信息流　　D. 物流、资金流和信息流

3. 采购与应付子系统所涉及的数据代码比较多，但是如果采购与应付子系统与存货子系统集成运行，则初始化只需要对（　　）进行设置。

A. 存货代码　　B. 供应商代码

C. 仓库代码　　D. 部门代码

4. 下列子系统和采购与应付子系统之间存在数据传递的是（　　）。

A. 销售与应收子系统　　B. 成本核算子系统

C. 账务处理系统　　D. 固定资产子系统

5. 自动转账包括三个子模块，不包括（　　）。

A. 转账凭证设置　　B. 编制自动转账凭证

C. 查询自动转账凭证　　D. 自动转账

6. 往来核销提供自动核销和手工核销两个功能，以下不属于自动核销的是（　　）。

A. 业务号勾对　　B. 逐笔勾对　　C. 总额勾对　　D. 余额勾对

7. 一些企业在存货档案中对某些重要存货项目设置了（　　），超过限定时系统会自动警报。

A. 最高售价　　B. 最低售价　　C. 最低库存　　D. 最高库存

8. 在典型 IT 环境下的请购与采购流程，在该流程中用到了很多数据库文件，如供应商文件、采购价格文件、供应商排名文件、采购订单文件以及（　　）是必不可少的重要文件。

A. 请购单文件　　B. 采购方案

C. 采购发票文件　　D. 存货档案文件

9. 下列选项中，（　　）不属于采购到付款经历的步骤。

A. 货物验收　　B. 发票确认　　C. 货款支付　　D. 银行对账

10. 采购与付款子系统中获取请购单的主要方法不包括（　　）。

A. 录入请购单　　B. 存货子系统自动传入

C. MRP 物料需求计划传入　　D. 通过互联网从供应商处获取信息

（三）多项选择题

1. 采购与付款业务核算与管理的主要特点是（　　）。

A. 数据储存量大　　B. 数据变化频繁

C. 与其他子系统联系不广泛　　D. 管理要求高

2. 初始设置工作做得完善、正确和全面是保证系统有效和正确使用的前提。采购与付款子系统初始设置模块应该包括以下基本功能：（　　）。

A. 存货档案设置　　B. 供应商档案设置

C. 采购类型设置　　D. 付款条件设置

3. 应付账款模块中，发票的审核是通过核对（　　）来实现的。

A. 发票中的单价和采购合同文件的订货单价

B. 发票中的单价和供应商价格文件中的单价

C. 发票中的数量和采购合同文件中的订货数量

D. 发票中的数量和入库单文件中的收货数量

4. 应付账款账龄分析时，先按照(　　)条件从发票文件中挑选出所有供应商记录，再按照供应商和用户定义的付款到期日时间段进行账龄分析。

A. 结算方式为“应收账款”　　B. 付款到期日未到

C. 发票金额不等于已付金额　　D. 其他

5. 采购与应付子系统所涉及的数据代码比较多，通常包括(　　)。

A. 存货代码　　B. 存货类别代码

C. 仓库代码　　D. 部门代码

6. 付款条件设置内容主要在(　　)中引用。

A. 采购订单　　B. 销售订单　　C. 采购结算　　D. 销售结算

7. 采购入库单的录入方式包括(　　)。

A. 复制原采购订单的方法填制

B. 复制原采购发票的方法填制

C. 复制以前入库单的方法填制

D. 直接手工录入

8. 关于采购与应付子系统数据输入，说法正确的有(　　)。

A. 业务量不多的用户用前台处理　　B. 基础较好的用户用后台处理

C. 第一年使用的用户用前台处理　　D. 人机并行阶段用后台处理

9. 企业从采购到付款都要经历以下几个步骤：请购、需求确定、选择供应商、订单发布、确认订单、(　　)等。

A. 货物验收　　B. 发票确认　　C. 货款支付　　D. 银行对账

10. 应收账款子系统中，自动转账模块的功能根据(　　)生成机制凭证，传入账务处理子系统或存入机制凭证文件供账务处理子系统使用。

A. 发票文件　　B. 付款通知书文件

C. 费用统计标准文件　　D. 出库单文件

(四)简答题

1. 简述采购管理系统的内容。

2. 绘制采购与应付管理系统的功能结构图。

3. 简述采购与应付管理系统的初始设置。

4. 简述采购与应付管理系统的日常业务处理。

第七章 销售与应收管理系统

一、本章重点与难点

重点：销售与应收管理系统的初始化设置，比如客户地区分类、客户分类、客户档案资料科目设置、坏账准备设置等；销售与应收管理系统的日常业务处理，比如销售订单、发票单的输入、应收单据的处理、转账处理等内容。

难点：销售与应收管理系统的初始化设置和日常的业务处理。

二、本章练习题

（一）判断题

1. 销售业务系统的基本功能包括订购单的输入、采购单的输入、票据管理等内容。（ ）

2. 根据销售发票文件，记账生成应收账款文件和销售文件。（ ）

3. 客户档案文件中每个记录对应一个客户的档案信息。（ ）

4. 系统根据生效的销售发票文件及时更新客户档案文件，根据销售合同文件，记账生成应收账款文件和销售文件。（ ）

5. 销售报价单是销售流程中的可选环节，而非必选环节。对于一般企业而言，销售发票是销售流程的必选环节。（ ）

6. 应收账款处理流程通常包含了按一定条件计提坏账准备的功能。（ ）

7. 应收账款核算系统中，每月结账前应核销全部收款单据。（ ）

8. 为了保证数据的安全，每次结账后用户都必须对数据进行备份。（ ）

9. 销售发票是很重要的会计核算和管理单据，因此只能人工输入，且输入时应格外小心。（ ）

10. 应收账款核算系统的坏账处理业务包括坏账准备计提、坏账发生处理和坏账收回处理。（ ）

（二）单项选择题

1. 在客户档案文件中，（ ）属于客户信用方面的信息。

A. 客户付款条件　　B. 已收累计金额

C. 发货方式　　D. 开户银行

2.（ ）属于销售与收款子系统基础设置的内容。

A. 自动转账　　B. 年初始化

C. 日常单据录入　　D. 坏账处理

3. 销售发票的发票号必须具有(　　)。

A. 唯一性　　B. 关联性　　C. 保密性　　D. 简洁性

4. 下列文件中,每个客户一条记录的文件是(　　)。

A. 销售发票文件　　B. 收款单文件

C. 应收、预收账款文件　　D. 客户档案文件

5. 产品单位成本的来源是(　　)。

A. 手工录入　　B. 从总账子系统中传过来

C. 从存货子系统中传过来　　D. 本系统自动生成

6. 应收、预收账款文件不包括(　　)信息。

A. 发票号　　B. 客户名称　　C. 应收金额　　D. 销售数量

7. 销售与收款管理系统的关键是如何保证(　　)的联系。

A. 物流和资金流　　B. 物流和信息流

C. 资金流和信息流　　D. 物流、资金流与信息流

8. 系统中包括客户资料、销售人员、部门、结算方式、价格政策、税率等在内的基础数据,通常在(　　)功能模块中进行设置。

A. 初始化　　B. 业务单据处理

C. 账表输出　　D. 系统服务

9. 销售环节把(　　)联系在一起,通过比较,反映与客户的结算关系;往来账核环节是把(　　)联系在一起,通过比较,形成正确的与供应商之间的往来账过程。

A. 销售订单和销售发货单;销售发票和收款单

B. 销售订单、销售发货单和销售发票;销售发票和收款单

C. 销售订单和销售发票;销售发票和收款单

D. 销售发票和收款单;销售订单和销售发票

10. 下列字段中,(　　)字段不应包含在销售发票文件中。

A. 预计收款时间　　B. 结算方式

C. 应收金额　　D. 销售金额

(三)多项选择题

1. 销售与应收管理系统中日常核算需要输入的原始数据有(　　)。

A. 报价单　　B. 销售合同

C. 销售发票　　D. 客户基本资料

2. 在处理销售业务时,系统需要与(　　)进行数据传输与调用。

A. 应付子系统　　B. 总账子系统

C. 存货子系统　　D. 工资子系统

3. 根据客户档案文件可以输出(　　)等。

A. 欠款客户信息表　　B. 客户信誉信息表

C. 客户代码表　　D. 催款单

4. 利用应收、预收账款文件可以生成(　　)等。

A. 销售发票信息列表　　B. 客户欠款发票列表

C. 逾期未收款明细表　　D. 应收账款账龄分析表

5. 销售与应收管理系统中日常录入的单据主要有（　　）。

A. 销售报价单　　B. 销售合同　　C. 销售发票　　D. 收款单

6. 下列文件中，每笔业务一条记录的文件有（　　）。

A. 客户档案文件　　B. 销售发票文件

C. 收款单文件　　D. 应收、预收账款文件

7. 在销售和收款系统中涉及众多部门，除客户外，还包括以下部门：（　　）。

A. 销售部　　B. 信用审核部

C. 仓储部和发运部　　D. 开单部

8. 销售与应收管理系统的业务单据处理模块中，通常包括：（　　）。

A. 销售订单输入　　B. 销售发票输入

C. 收款单输入　　D. 退货处理

9. 由于企业实际业务中销售方式的不同，销售与应收管理系统的数据录入起点有（　　）。

A. 销售订单　　B. 销售发票　　C. 发货单　　D. 收款单

10. 付款条件设置内容在（　　）中引用。

A. 采购订单　　B. 销售订单　　C. 采购结算　　D. 销售结算

（四）简答题

1. 简述销售与应收管理系统的内容。

2. 绘制销售业务系统的功能结构图。

3. 简述销售与应收管理系统的初始设置。

第八章 存货管理系统

一、本章重点与难点

重点:理解存货子系统的初始设置,出入库日常处理,单据记账与期末处理。

难点:了解存货管理单据的结构及作用,掌握存货核算与管理的基本流程

二、本章练习题

(一)判断题

1. 在存货子系统进行系统初始化时,不用进行增值税税率设置。 (　　)

2. 在存货管理系统中是通过自动转账将每笔业务处理分录传送到账务处理系统中的。 (　　)

3. 在初始设置中,仓库、部门、收发类别等的设置是必不可少的。 (　　)

4. 存货核算中出入库单据的审核与账务处理时,记账凭证的审核完全相同。 (　　)

5. 存货记账时可采用两种记账方式,即在线记账和批量记账。 (　　)

6. 在录入数量时,系统自动进行实时控制:库存数量不能低于最低储量,否则发出提示信息。 (　　)

7. 存货管理系统的年初建账是在年初即1月份进行。 (　　)

8. 在存货管理系统中,只是对存货进行数量上的管理,不用对临时出入库单据进行审核。 (　　)

9. 存货的仓库代码和计价方式应直接存于入库单文件中。 (　　)

10. 在存货结存文件中,存货计价方式采用加权平均法或移动加权平均法时,一种存货占一条记录;存货计价法采用先进先出或后进先出法时,一种存货可能有多条记录;采用个别计价法时,一批存货占一条记录。 (　　)

(二)单项选择题

1. 如果存货管理系统没有和采购系统集成使用,采购入库单就需在(　　)中录入。

A. 采购管理　　B. 库存管理　　C. 存货管理　　D. 销售管理

2. (　　)的基本内容一般包括存货的出入库管理,即存货增加、存货减少、存货盘点、存货调拨等内容。

A. 存货管理　　B. 采购管理　　C. 销售管理　　D. 业务管理

3. (　　)初始设置主要是用于录入使用系统前存货的期初结存和各货位存货的期初结存情况,以保证其数据的连贯性。

A. 销售系统　　B. 采购管理　　C. 业务系统　　D. 库存管理

4. 企业要实现采用计算机完成存货管理，首先要通过(　　)将基础数据输入计算机。

A. 系统初始化模块　　B. 采购模块

C. 凭证录入　　D. 系统维护模块

5. 采用加权平均法进行存货成本核算时，存货结存文件中(　　)字段必不可少。

A. 本月期初存货单价　　B. 本月购入存货金额

C. 本月发出存货金额　　D. 期末结存存货数量

6. 存货类别单设文件时，(　　)可以不包含在存货目录文件中。

A. 存货名称　　B. 存货计价方式

C. 存货类别名称　　D. 存货结存文件

7. 存货的计价方式一般存于(　　)中。

A. 仓库文件　　B. 存货目录文件

C. 入库单文件　　D. 存货结存文件

8. 仓库存货汇总文件中的数据取自仓库文件、存货目录文件以及(　　)。

A. 入库单文件和出库单文件　　B. 存货结存文件

C. 临时入库单文件　　D. 临时出库单文件

9. 在(　　)系统中将对发货单进行审核，形成库存台账。

A. 库存管理　　B. 采购管理

C. 销售管理　　D. 存货管理

10. 对于没有成本的(　　)，可以采用入库单成批录入功能录入暂估成本。

A. 采购订单　　B. 销售出库单

C. 采购入库单　　D. 销售发票

(三)多项选择题

1. 存货管理系统不是一个独立的系统，在计算机信息系统内各子系统数据采用直接传递式时，它与下列(　　)存在数据传递关系。

A. 账务处理系统　　B. 销售与应收账款系统

C. 固定资产管理系统　　D. 报表系统

2. 存货档案设置模块首先提供存货类别设置界面，用户根据企业存货核算和管理的需要，输入存货类别，然后输入各类别下的存货编码、名称，再输入每一存货档案信息，包括(　　)。

A. 基本信息　　B. 成本信息　　C. 控制信息　　D. 其他信息

3. 存货档案设置模块提供成本信息输入界面，以满足存货成本核算需求。一般来讲，存货成本信息主要包括(　　)。

A. 实际采购成本　　B. 计划价格/售价

C. 最低售价　　D. 最高进价

4. 材料出库时，需要逐笔登记存货的发出和结存、单价、数量及金额的计价方式有(　　)。

A. 加权平均加价方式　　B. 移动加权计价方式

C. 先进先出计价方式　　D. 个别计价方式

5. 超储存货明细表是通过将(　　)和(　　)进行对比、判断生成的。

A. 存货结存文件的结存数量、金额　　B. 入库单文件的入库数量、金额

C. 出库单文件的出库数量、金额　　D. 存货目录文件的最高储量

(四)简答题

1. 简要阐述库存管理的概念及作用。

2. 简要阐述库存核算及管理的特点。

3. 论述存货管理系统的功能。

4. 对存货管理系统日常业务处理的单据调整进行简要阐述。

第九章 报表管理系统

一、本章重点与难点

重点:报表管理系统的数据流程及功能结构;报表管理系统的初始化设置,如报表定义、公式定义等;报表管理系统的日常业务处理,尤其资产负债表及利润表的编制方法及程序。

难点:现金流量表的编制以及合并报表的编制。

二、本章练习题

(一) 判断题

1. 以手工方式或计算机方式编制的财务报表,其数据的基本来源是一致的,对于规定编制的财务报表的格式和内容的要求也是相同的。 ( )

2. 报表管理系统应设置报表数据来源重新定义的功能。 ( )

3. 由于使用计算机编制财务报表,定义了财务报表之间的勾稽关系,可根据需要随时生成及输出财务报表。 ( )

4. 为满足企业管理者的需要,会计核算软件应提供直接修改报表数据的功能。 ( )

5. 与其他子系统相比,报表管理系统所需要的数据全部由其他子系统转入,报表管理系统的编制不需要输入数据。 ( )

6. 一般情况下,使用财务软件编制个别财务报表不需要输入数据,使用的是账务处理系统的账簿数据文件。 ( )

7. 由于计算机具有强大的制表功能,企业可以自行设计财务报表的格式和内容。 ( )

8. 在报表管理系统中,可以基于报表数据进行财务管理。 ( )

9. 报表管理系统对经营交易或事项进行直接处理。 ( )

10. 报表管理系统主要是加工和报告由其他管理系统处理产生的资料与信息。 ( )

(二)单项选择题

1. 账簿文件是经( )的处理而生成的。

A. 账务处理系统　　B. 销售和应收系统

C. 报表管理系统　　D. 成本系统

2. 在报表管理系统中,按照主要财务报表的生成顺序,首先生成的是( )。

A. 财务状况变动表　　B. 利润表

C. 资产负债表　　D. 现金流量表

3. 报表中描述报表整体性质的部分是( )。

A. 表头 B. 表体 C. 表尾 D. 报表格式

4. 按照财务报表的勾稽关系，财务报表生成的顺序是(　　)。

A. 资产负债表及附表、利润表及附表、现金流量表

B. 资产负债表及附表、利润表及附表、杜邦分析图

C. 利润表及附表、资产负债表及附表、现金流量表

D. 资产负债表及附表、利润表及附表、财务状况变动表

5. 审核公式表示报表数据之间(　　)关系的公式。

A. 对应 B. 整合 C. 勾稽 D. 准确

6. 百元利润表的舍位位数应该设置为(　　)。

A. 1 B. 2 C. 3 D. 4

7. 会计报表系统中，运算公式应在(　　)之后完成。

A. 报表格式完成 B. 报表打印 C. 报表输入 D. 报表输出

8. (　　)是财务报表的主要构成部分。

A. 表头 B. 表尾 C. 表体 D. 表名

9. 报表管理系统中的资产负债表中(　　)项目是根据相关明细账金额填列的。

A. 固定资产 B. 长期股权投资

C. 应收账款 D. 短期借款

10. 通用财务报表的表头一般包含的信息有(　　)。

A. 报表的标题、编制单位名称、编制日期、计量单位

B. 报表的标题、计量单位

C. 编制单位、编制日期、计量单位

D. 报表的标题、编制单位、编制日期

(三)多项选择题

1. 财务报表按照服务对象可以分为(　　)。

A. 内部报表 B. 资产负债表 C. 外部报表 D. 利润表

2. 报表格式的修改有(　　)。

A. 表头的修改 B. 表体的修改

C. 表尾的修改 D. 报表整体格式的修改

3. 报表内需填列的数据可以分为常数和变动数据，其中变动数据可以从(　　)取数。

A. 账务处理系统 B. 其他报表

C. 本表 D. 系统外部

E. 其他会计软件

4. 报表管理系统与其他管理系统相比，具有(　　)特点。

A. 不设置报表数据的直接修改功能 B. 手工输入数据量少

C. 输出信息规范性强 D. 通用性更强、适用面更广

E. 图表并用进行报表分析

5. 计算机报表管理系统的输出方式一般包括以下几种：(　　)。

A. 磁盘输出 B. 网络输出 C. 邮件输出 D. 文件导出

6. 财务报表格式的定义包括(　　)。

A. 报表行数和列数的设置

B. 报表中项目的输入(包括表头、表体和表尾)

C. 行高和列宽的定义

D. 单元属性的设置(包括数值单元和字符单元)

7. 下列函数名称对应的取数含义分别是:(　　)。

(1)FS　　(2)DFS　　(3)QC　　(4)QM　　(5)LFS

A. 期初余额取数　　B. 发生额取数

C. 期末余额取数　　D. 对方科目发生额取数

E. 净额取数　　F. 累计发生额取数

8. 财务会计报告包括的内容有(　　)。

A. 资产负债表　　B. 利润表

C. 现金流量表　　D. 报表附注及补充说明

9. 报表管理系统中,资产负债表的(　　)项目是根据明细账余额填列的。

A. 应收账款　　B. 应付账款　　C. 预收账款　　D. 预付账款

10. 报表管理系统包含的功能结构有(　　)。

A. 合并报表　　B. 文件管理　　C. 报表定义　　D. 数据处理

(四)简答题

1. 简述通用财务报表的格式。

2. 一般财务报表的数据来源有哪几种情况?

3. 报表管理系统的主要功能结构有哪些?

4. 简述计算机合并财务报表的编制方法。

练习题参考答案

第一章　会计信息系统概述

(一)判断题

1. √　2. ×　3. √　4. √　5. ×　6. ×　7. ×　8. ×　9. √　10. √

(二)单项选择题

1. C　2. A　3. B　4. A　5. D　6. D　7. B　8. B　9. A　10. C

(三)多项选择题

1. ABCD　2. BC　3. A BCD　4. ABC　5. AB
6. ACD　7. BCD　8. ABD　9. ABC　10. CD

(四)简答题

1. 数据是对客观事物属性的描述,是反映客观事物的性质、形态、结构和特征的可供鉴别的符号。信息是反映客观世界中各种事物特征和变化的知识,是数据加工的结果,这一结果对人们的决策行为产生影响。

数据和信息从形式上反映的都是客观事物属性的值,但数据强调对事实的客观记录;而信息强调与人们决策活动的密切联系。简言之,信息必然是数据,但数据未必是信息,有用的数据才成为信息。同时,信息也具有相对性,对甲有用的信息未必就对乙有用。数据和信息存在着差别,但在实际工作中有时也很难严格区分,数据和信息的交替性一直存在于数据处理过程的各个领域。

2. 系统是指由一系列彼此相关的、相互联系的若干部分为实现特定目的而建立起来的一个有机整体。系统具有以下几个特征:

(1)独立性:每个系统都是一个相对独立的部分。它与周围环境具有明确的界限,但又受到周围环境的制约和影响。

(2)整体性:系统各部分之间存在着相互依存的关系,各部分既相对独立又有机地联系在一起。

(3)目标性:系统的全部活动都是为了达到特定的目标。系统中各个组成部分分工不同,但是活动目标是一致的。

(4)层次性:一个系统由若干部分组成,称为子系统。每个子系统又可分成更小的子系统,因此系统是可分的,相互之间有机结合具有结构上的层次性。

3. 会计信息系统是指由特定的人员、数据处理工具和数据处理规程组成的有机整体,其目的是加工和利用会计信息对经济活动进行控制,满足经营管理的需要。

4. 计算机会计信息系统与传统手工会计系统的区别主要表现在以下方面:

(1)数据处理方式不同:手工系统的数据处理工具是算盘或计算器,信息的载体是纸张构成的单、证、账、表。纸介质记录的信息工作量大,不易转抄。而计算机会计信息系统的数据处理工具是电子计算机,所有会计数据统一由计算机集中化、自动化处理。在整个数据处理过程中,除数据的输入和必要的操作控制外,系统在统一的程序控制下由计算机快速自动地完成。会计数据的存储介质为硬盘或U盘等磁性介质。

(2)数据处理流程不同:传统的手工数据流程是填制和审核会计凭证→登记账簿→编制会计报表。为了提供详略不同的会计信息,手工系统设置了总分类账户和明细分类账户。两者采用平行登记的方法进行记录,通过总账与明细账之间的对账可以发现记账中存在的问题,从而及时加以纠正。计算机会计信息系统数据处理的程序是由人工采集数据,进行标准化处理并输入计算机,再由计算机集中、自动地进行处理,可以根据使用者的需要自动输出各种会计信息。除输入过程外,数据的计算、处理过程中几乎没有发生错误的可能性,因此,在计算机会计系统中不必采用平行登记的方法,来源于记账凭证中的数据不再重复处理,统一记录于分类账中集中处理,不必要设置总分类账和明细分类账,使数据处理流程更加简捷、合理。

(3)内部控制方式不同:手工系统对会计凭证的正确性,一般从经济活动的内容、数量、单价、金额、对应科目、记账方向等项目来核对,并通过制单、审核等不同岗位分工来互相牵制、互相监督账目的正确性。此外,还通过账证核对、账账核对、账实核对来保证会计数据的正确性。计算机会计系统仍然遵循手工会计系统内部控制制度的基本原则,例如要具备明确的职责分工,账、钱、物分管等,但由于数据来源的同一性,使得账证核对、账账核对失去了意义,从而使得会计数据输入这个唯一的入口控制显得尤为重要,计算机会计系统控制的具体方式就采用组织管理控制与计算机程序控制相结合的方式,控制的要求更加严格,控制的内容更加广泛。

(4)人员构成和工作组织体制不同:手工会计系统中的人员都是专业会计人员,组成一系列的工作岗位,各工作岗位完成会计数据的一部分处理工作,各自通过信息资料传递、交换建立联系,相互稽核牵制,保证整个系统正常运转。计算机会计系统中,除了专业会计人员外,还需要计算机操作人员和维护人员协同工作,所有系统内的工作人员都应具有相当的会计和计算机知识。由于许多会计核算工作由计算机自动完成,因此会计工作组织形式将发生较大变化,通常按照数据的处理阶段分工组织。

5. 会计信息系统由财务系统、购销存系统和管理与决策系统组成,每个系统又可以进一步分解为若干子系统,如下图所示。

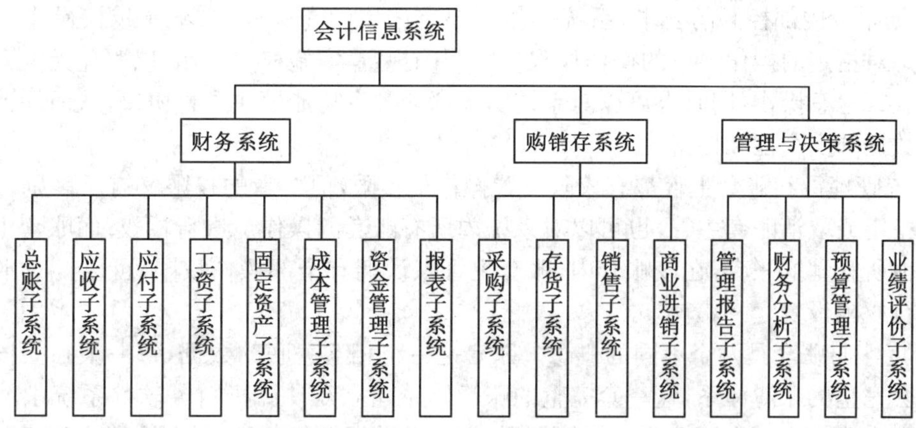

6. 会计软件可以按不同的标准进行分类：

(1)按软件适用范围，可分为通用财务软件和定点开发财务软件。

(2)按提供方式，可分为商品化财务软件和非商品化财务软件。

(3)按提供信息的层次，可分为核算型财务软件和管理型财务软件。

第二章　系统管理

(一)判断题

1. × 2. × 3. × 4. √ 5. × 6. √ 7. √ 8. × 9. × 10. √

(二)单项选择题

1. B 2. B 3. C 4. D 5. A 6. A 7. AC 8. D 9. D 10. C

(三)多项选择题

1. ABD 2. BC 3. BC 4. BCD 5. ACD
6. BC 7. AD 8. ABCD 9. ACD 10. AB

(四)简答题

1. 系统管理员可以对整个系统进行管理和维护，包括进行账套的建立、引入、输出、操作员及权限的设置、系统维护等工作，账套主管对所主管的账套进行修改和管理，包括年度账的建立、清空、引入、输出和年末结账，账套主管还可以为其主管的账套设置操作员权限，既可以登录系统管理模块，也可以注册登录所主管的账套，进行账务处理。一般的操作员只能在相应的岗位分工的权限内进行操作。

2. 由于计算机系统在运行过程中经常会受到来自各方面因素的干扰，如人为的因素、硬件因素、软件因素或计算机病毒等的影响，有时会造成财务数据被破坏，因此，需要设置数据备份的功能，以解决财务数据由于遭受破坏而丢失的问题。而账套恢复则是将系统外的某账套数据引入本系统中，一旦系统内部数据损坏，可以通过恢复最近一次备份的数据及时恢复到上一次备份的水平，保证企业日常业务的正常进行。

3. 根据企业内部控制的要求，系统操作员要有严格的岗位分工，不能越权操作。进行财务分工就是对指定的操作人员的操作权限进行明确规定，实施权限控制，以避免无关人员对系统进行错误或恶意操作，同时也可以对系统所包括的各个功能模块进行协调，从而保证整个系统和会计数据的安全性和保密性。

4. 系统管理员和账套主管都有权限设置操作员权限，但两者的权限又有所区别。系统管理员可以指定或取消账套主管，也可以对系统内所有账套的操作员进行授权；而账套主管的权限局限于他所管辖的账套，在该账套内，账套主管默认拥有全部操作权限，可以针对本账套的操作员进行权限设置。

5. 年度账与账套是两个不同的概念。账套是一组相互关联的数据，每一个独立核算的企业都有一套完整的账簿体系，这一套完整的账簿体系建立在计算机财务软件系统中就称为一个账套。一个账套中包含了企业所有的数据，把企业数据按年度进行划分，称为年度账。

第三章　账务处理系统

(一)判断题

1. ×　2. √　3. √　4. √　5. √　6. ×　7. ×　8. √　9. ×　10. √

(二)单项选择题

1. D　2. A　3. A　4. A　5. A　6. B　7. C　8. A　9. B　10. A

(三)多项选择题

1. ABCD　2. AB　3. ABCD　4. ABC　5. ABD
6. ABC　7. ABCD　8. ABC　9. BCD　10. CD

(四)简答题

1. 计算机账务处理系统是建立在会计循环和会计恒等式基础上的一个通用系统,其数据源仍然是过去的、能以货币计量的数据,具体有以下主要特点:

(1)综合性强

账务处理系统以货币为主要的计量单位,对供产销的所有方面综合、全面、系统地反映,在整个会计核算系统中处于核心地位。其他核算子系统只是分别侧重于某一经营环节或某类经济业务的核算和管理,其数据必须经过加工处理,是账务处理系统所需数据的预处理;同时,这些数据又都必须传输到账务处理系统进行汇总并处理。因此,账务处理系统具有很强的综合性和概括性。该系统除了处理各核算系统传输的数据外,还要把某些数据传送给其他子系统供其使用。账务处理系统成为整个会计核算系统数据交换的桥梁,它把其他各个子系统有机结合在一起,形成一个完整的电算化会计核算系统。

(2)规范性强

账务处理系统输出的会计信息主要集中反映企业单位的各项经济活动,是单位内部管理阶层的决策依据,同时也为财政、税务、审计、投资者等外部信息使用者提供有用的信息。因此,要求账务处理系统必须严格按照公认的会计准则及规定的会计科目、报表编制要求来组织其数据体系,必须保证账务处理系统的正确性、保证结果的真实性、保证账簿文件的规范性。而其他核算系统则可以根据企业的管理要求和核算要求,在符合会计准则的前提下,根据不同用户的管理要求和核算要求,自行处理经济业务并核算。

2. 系统启用后,如果默认账套参数与实际需要不符,用户应根据实际情况,通过设置"账务处理系统"选项,正确选择适合本单位的各种参数,以达到会计核算和财务管理的目的。

在"账务处理系统"窗口中,单击"设置"菜单中的"选项",打开"选项"对话框,其中包含"凭证""账簿""会计日历""其他"四张选项卡。

(1)"凭证"参数设置

包括"制单控制""凭证控制""凭证编号方式""外币核算""预算控制""权限控制"等相关参数的设置。

(2)"账簿"参数设置

主要是对打印方式和格式的设置,包括"明细账(日记账、多栏账)打印方式""凭证、账簿套打""明细账查询权限控制到科目""制单、辅助账查询控制到辅助核算"等相关参数的设置。

(3)“会计日历”参数设置

系统自动将会计期间的开始日期和结束日期以及启用会计年度和启用日期列表。此处只能查看会计日历的信息,修改需要到“系统管理”中进行。

(4)“其他”参数设置

包括“数量、单价小数位及本位币精度”“部门、个人、项目排序方式”等相关参数的设置。

3. 财务软件中采用的一级会计科目,必须符合国家会计制度的规定。而明细科目,各使用单位则可根据实际情况,在满足核算和管理要求以及报表数据来源的基础上自行设定。具体设置原则如下:

(1)会计科目的设置必须满足会计核算与宏观管理和微观管理的要求,在会计核算时,资产、负债、所有者权益、成本、损益等各类科目中所有可能用到的各级明细科目均需设置。

(2)会计科目的设置必须满足编制财务会计报告的要求,凡是报表所用数据,需要从账务处理系统中取数的,必须设立相应的科目。

(3)会计科目的设置必须保持科目与科目的协调性和体系完整性,不能只有下级科目而没有上级科目,既要设置总账科目又要设置明细科目,用来提供总括和详细的会计核算资料。

(4)会计科目要保持相对稳定,会计年中不能删除,如果已经使用,则不能增设下级明细科目。会计科目名称的设置,一级会计科目名称按国家会计制度的规定设置,明细科目的名称要通俗易懂,具有普遍的适用性。

(5)设置会计科目要考虑到与子系统的衔接。因为在账务处理系统中,只有末级会计科目才允许有发生额,才能接收各个子系统转入的数据,因此,要将各个子系统中的核算大类设置为末级科目。

4. 许多企业为了便于管理或登账处理,一般对记账凭证进行分类编制,但各企业的分类方法不尽相同,可以按照本单位的需要对凭证进行分类。系统提供了五种常用分类方式供选择,包括:(1)记账凭证;(2)收款、付款、转账凭证;(3)现金、银行、转账凭证;(4)现金收款、现金付款、银行存款、银行付款、转账凭证;(5)自定义凭证。凭证类别设置完成后,一般在年度内不能修改或删除。在设置凭证类别时应注意:限制科目设置不限,科目间用逗号分隔;填制凭证时,如果不符合这些限制条件,系统将拒绝保存。

第四章　固定资产管理系统

(一)判断题

1. × 2. √ 3. √ 4. √ 5. √ 6. × 7. √ 8. √ 9. × 10. ×

(二)单项选择题

1. B 2. C 3. A 4. C 5. C 6. B 7. A 8. B 9. A 10. C

(三)多项选择题

1. AB 2. ABCD 3. ABCDE 4. ABC 5. ABCD 6. ABCD
7. ABCD 8. ABCDE 9. ABCDE 10. ABCD

(四)简答题

1. 固定资产与存货同属于实物资产,但在核算与管理上有其特殊性。在许多从事制造业的企业中,固定资产在总资产中所占的比重较大,大额的固定资产购建会影响企业的现金流量,而固定资产的折旧、维修等费用是影响损益的重要因素。固定资产管理一旦失控,所造成的损失将远远超过一般的存货等流动资产。固定资产相比存货,具有价值高、变动不频繁、分散使用、管理难度较大等特点。管好、用好固定资产对于增加产品产量、提高产品质量、降低产品成本具有重要意义。

2. 在固定资产管理系统中,应先进行计提折旧功能的运行。这是因为在计算机系统中,计提折旧是指每月月初用固定资产卡片文件中的每项固定资产数据计提折旧(这时本月增加的固定资产数据还没有进入固定资产卡片文件,本月将减少的固定资产数据还没有调离固定资产卡片文件),在计算折旧时先按照单项固定资产计算月折旧额,再按照部门进行汇总,存入相关折旧文件。

3. 固定资产管理系统与会计信息系统中账务处理系统和成本系统存在数据传递关系。与账务处理系统的数据关系是:在固定资产管理系统中设置转账凭证模板,自动生成的相关凭证要传递到账务处理系统进行相关账务处理。与成本系统的数据关系是:根据折旧计算文件分类统计、汇总折旧费用分配数据,并将折旧费用分配数据传递到成本系统供计算产品成本时使用。

4. 不同之处在于:原始卡片的开始使用日期应在本月份之前,新增卡片的开始使用日期应在本月份;原始卡片中可以显示月折旧额和月折旧率,但是新增卡片对应的固定资产还没有经过折旧的计提,还不能显示月折旧额和月折旧率。

5. 在固定资产管理系统中,有两种情况不允许结账:选择了“应制单业务没有制单不允许结账”时,只要存在未制单的业务,该月不能结账,这可以通过批量制单来处理;如果“对账不平允许月末结账”没有选中,这时只要两系统出现偏差,导致对账不平,就不能结账,而应当予以调整。

第五章　薪资管理系统

(一) 判断题

1. √　2. ×　3. ×　4. ×　5. √　6. √　7. √　8. ×　9. √　10. ×

(二)单项选择题

1. B　2. A　3. C　4. C　5. B　6. A　7. D　8. A　9. D　10. D

(三)多项选择题

1. ABC　2. ABD　3. ABCD　4. ACD　5. ABCD

(四)简答题

1. 薪资管理系统的功能主要有以下几点:

(1)工资类别管理

薪资系统提供处理多个工资类别的功能。如果对单位中所有员工的工资项目、工资计算公式全部相同,那么只需要建立单个工资类别,即可对员工的工资进行统一管理;如果单位按周或按月多次发放薪资,或者单位中不同类别(部门)的人员,采用不同的薪资发放项目,薪资计算公式也不同,那么可选择建立多个工资类别。

(2)员工档案管理

可以设置员工的基础信息并对员工人事变动进行调整,系统同时还提供了设置人员附加信息的功能,可以设置诸如人员类别、人员所属部门、代发工资的银行名称等。

(3)薪资数据管理

不同企业可以自行根据本企业情况设计工资项目和工资计算公式;管理所有员工的工资数据,并对日常的工资变动进行调整;自动计算个人所得税,结合本单位工资发放形式进行扣零处理或向代发的银行传输工资数据;自动计算、汇总工资数据;自动完成工资分摊、计提和转账业务;同时,系统还提供对不同工资类别数据的汇总,从而实现对工资统一核算的功能。

(4)账簿管理

提供按多种条件查询总账、日记账及明细账等,具有总账、明细账和凭证联查的功能。

(5)薪资报表管理

薪资核算的结果最终是要通过报表和凭证来体现的。薪资管理系统提供了各种工资表、汇总表、明细表、统计表和分析表等,并且提供了凭证查询和自定义报表的查询功能。

2. 薪资管理系统的功能结构分为初始设置、日常处理、期末处理、系统输出四大块。

初始设置包括建立工资账套和基础信息设置两部分。建立工资账套时,根据软件设计,一般分为参数设置、扣税设置、扣零设置与人员编码设置。建立工资账套后,要对整个系统运行所需的一些基础信息进行设置,如部门设置、人员类别设置、人员附加信息设置、工资项目设置、银行名称设置等。

日常处理包括工资类别管理、工资数据管理、个人所得税的计算与申报、银行代发、工资分摊、数据查询统计等功能。

期末处理分为月末结转和年末结转。其中,月末处理是将当月数据经过处理后结转至下月。每月工资数据处理完毕后均可进行月末结转。年末结转是将工资数据经过处理后结转至下年。

3. 薪资管理系统与系统管理共享基础数据;薪资管理系统将工资分摊的结果生成转账凭证,传递到总账管理系统;另外,薪资管理系统向成本核算系统传送相关费用的合计数据。

4. (1)在系统初始化时,将基本不变数据输入系统,供以后各月调用;当人事出现变动时(如雇员新进、离职或岗位变动),更新人事变动数据。根据以上两类数据生成基本不变数据文件。

(2)根据每月考勤记录、其他变动数据生成变动数据文件。

(3)以职工代码作为关键词,将基本不变数据文件和变动数据文件进行结合匹配,形成工资计算文件,同时进行有关工资数据的计算。

(4)根据工资计算文件,按工资发放单位汇总工资数据,形成工资汇总文件;按不同部门及不同工作类别汇总,分配工资费用,形成工资费用分配文件。

(5)根据工资计算文件、工资费用汇总文件、工资费用分配文件、输出工资结算单和工资条、工资费用汇总表和工资费用分配表等。

(6)根据工资计算文件,按部门进行不同工作类别的工资汇总,输出劳动工资统计表,以满足企业劳资管理的需要。

(7)根据工资费用分配的结果,编制记账凭证,作自动转账处理,供总账系统和成本系统调用。

第六章　采购与应付管理系统

(一)判断题

1. ×　2. √　3. √　4. ×　5. √　6. √　7. √　8. ×　9. ×　10. √

(二)单项选择题

1. A　2. D　3. B　4. C　5. C　6. D　7. C　8. A　9. D　10. D

(三)多项选择题

1. ABD　2. ABCD　3. AD　4. AC　5. ABCD　6. BCD
7. ABCD　8. AD　9. ABC　10. AB

(四)简答题

1. 采购管理系统的内容如下:

(1)及时并准确地完成采购订货管理,反映和监督采购订单的制定、审核和执行情况。

(2)完成采购的日常业务处理,包括采购入库、采购退货、发票处理和采购结算等日常处理工作。

(3)完成应付账款的核算和管理,包括应付账款的日常核算、债务状况、资金支出等,从而合理安排还款计划。

(4)实现供应商管理、价格及供货信息管理、物料对应管理和质检管理等。

(5)完成采购分析和统计工作,同时传递相关信息到其他业务流程。

2.

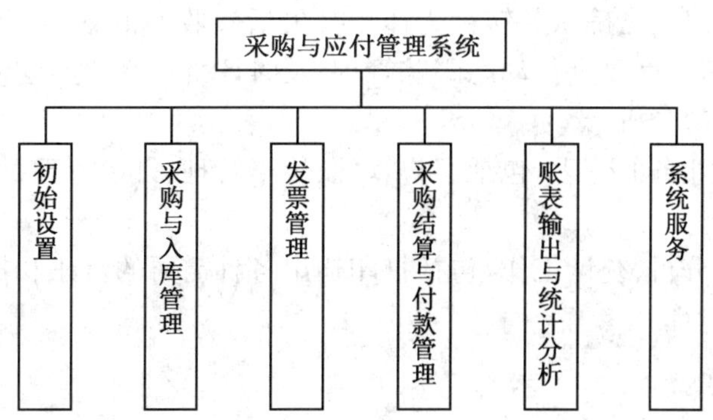

3.(1)参数设置;(2)录入基础资料;(3)录入期初数据;(4)启用系统。

4. 采购管理的日常业务处理:(1)请购单处理;(2)采购价格管理;(3)采购订单管理;(4)采购入库管理;(5)采购发票;(6)采购结算;(7)月末结账;(8)账表输出和统计分析。

应付账款管理的日常业务处理:(1)单据处理;(2)票据管理;(3)核销;(4)制单处理;(5)月末结账;(6)账表输出和统计分析。

第七章 销售与应收管理系统

(一)判断题

1. × 2. √ 3. √ 4. × 5. √ 6. √ 7. √ 8. × 9. × 10. √

(二)单项选择题

1. A 2. B 3. A 4. D 5. C 6. D 7. D 8. A 9. B 10. C

(三)多项选择题

1. ABC 2. BC 3. ABCD 4. ABCD 5. ABCD 6. BCD
7. ABCD 8. ABCD 9. ABD 10. ABCD

(四)简答题

1. 销售与收款过程主要由营销、接受客户订单、选择和准备交付商品或服务、装运/交付商品或服务、收款,以及接受客户退货等,它的主要工作如下:

(1)进行市场预测,及时且准确地编制销售计划并反映和监督销售合同的执行情况。

(2)完成销售的日常业务处理,包括销售报价和订货、销售出库、销售发货、销售退货、发票处理,以及结算等日常处理工作。

(3)完成应收账款的核算与管理,包括完成应收账款业务的日常核算,全面反映企业各项债权的时点状况,便于及时催款;及时反映和监督各项赊销业务的货款收回情况,以尽量减少坏账损失,并对可能的坏账数额进行估计;按照企业既定的计提方案进行坏账计提,及时处理确实无法收回的款项,以及已确认并转销为坏账损失后又收回的款项;及时记录客户资料,对客户的欠款情况和资信程度等进行动态跟踪管理,及时评价各客户的偿债能力和信用,以确定信用政策,准备完成账龄分析。

(4)实现其他有关业务的管理,包括客户管理、价格管理、订单管理、信用管理、折扣管理和物料对应管理等。

(5)完成有关销售分析、统计工作,包括打印输出各种需要的台账和报表,将各种信息按照需求传递到其他业务过程。

2.

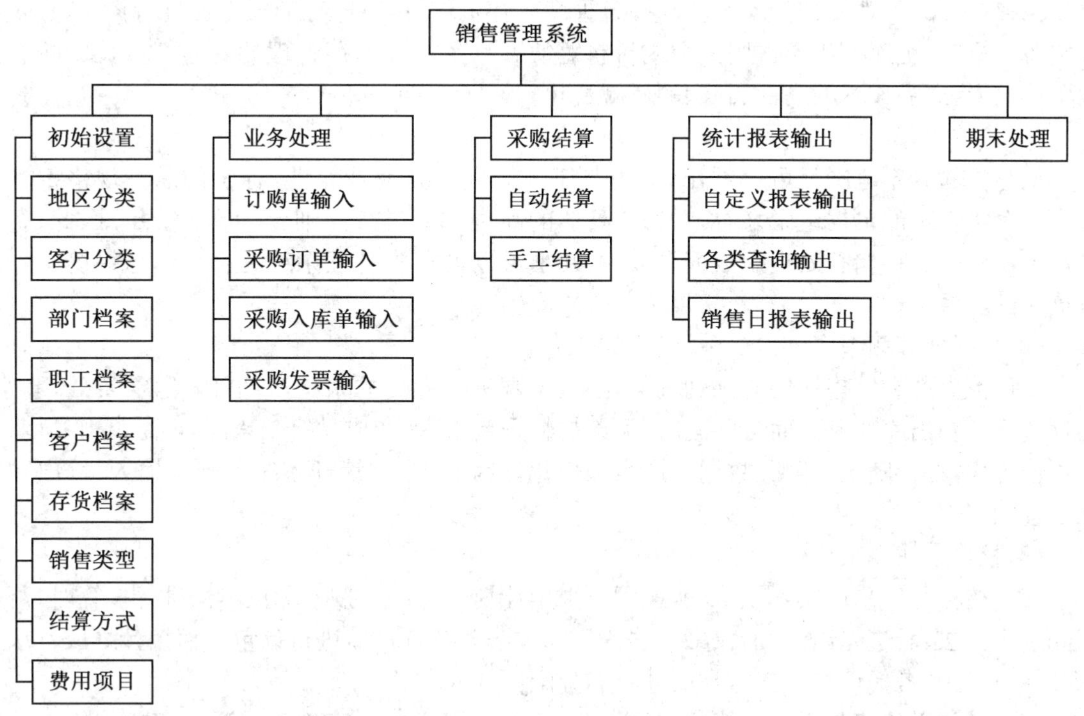

3. 销售管理系统的初始设置包括：

(1)客户地区分类；(2)客户分类；(3)客户档案资料；(4)销售部门及相关业务人员资料；(5)销售类别与费用项目。

收款管理系统的初始设置包括：

(1)科目设置；(2)坏账准备设置；(3)账龄区间设置；(4)付款条件设置；(5)销售单据类型设置；(6)期初数据输入。

第八章　存货管理系统

(一)判断题

1. ×　2. √　3. ×　4. ×　5. √　6. √　7. ×　8. ×　9. ×　10. √

(二)单项选择题

1. B　2. A　3. D　4. A　5. B　6. C　7. B　8. B　9. A　10. C

(三)多项选择题

1. ABCD　2. ABCD　3. BCD　4. BCD　5. AD

(四)简答题

1. 库存管理主要从数量的角度管理存货的出入库业务，能够满足采购入库、销售出库、产成品入库、材料出库、其他出入库、盘点管理等业务需要，提供多计量单位使用、仓库货位管理、批次管理、保质期管理、出库跟踪、入库管理、可用量管理等全方位的业务应用。通过对存货收、发、存业务的处理，及时、动态地掌握各种库存存货信息，对库存的安全性进行控制，提供各种储备分析，避免库存积压占用资金或材料短缺影响生产。库存管理的好与坏直接影响企业的资产质量、产品成本的高低、利润的增减变化。

2.(1)数据存储处理量大

从存货的界定范围就可以看出，无论是工业企业还是商业企业，存货的品种规格都非常多。从存货管理的单据记录来看，对每个具体的品种都要进行详细、全面的记录。因此，存货管理系统中需要存储和处理的数据量极大，几乎可以说存货管理系统是会计信息系统中数据量最大的子系统。

(2)数据处理频率高

要保证生产和销售活动的顺利进行，必须经常进行存货的采购活动，因此，需要处理大量的存货入库和出库业务。而与此同时，无论材料采购入库、产成品完工入库，还是材料领用、产品销售出库，都伴随大量财务数据的产生和变化。因此，存货管理系统的数据输入、输出频率和处理频率都非常频繁。

(3)核算方法复杂

存货核算可以采用实际成本法，也可以采用计划成本法。按实际成本法进行核算时，可以用先进先出法、后进先出法、加权平均法等不同方法对存货价值进行计量。而按计划成本法进行核算时，还要考虑计划成本差异的计算和分配。

当存货账面价值与实际价值相差过大时，还可以用成本与市价孰低法对存货价值进行调整。这些都使得存货管理系统的核算方法比工资管理、固定资产管理等系统更为复杂。

(4)与其他子系统有较多的数据传递关系

存货子系统与采购与应付账款子系统、销售子系统、总账子系统保持密切的联系。

(5)管理要求高

存货核算与管理不仅要求正确反映存货的入库、出库、结存等信息，而且要从管理的视角为各业务部门及时、准确地提供各种信息。

3.(1)正确反映出入库情况及期末存货结存信息

存货管理子系统中应该通过相应单据的处理功能，正确地记录及反映存货入库、出库的动态情况及增减变化的动态情况。通过以上处理计算出存货期末的结存数量、单价、金额，及时提供存货的储备资金占用情况，既保证生产需求，保护材料物资的完整安全，又减少资金积压。

(2)反映和监督各种材料物资的耗用

通过存货管理子系统反映和监督材料物资的耗用情况，正确计算产品的材料费用，考核各部门材料消耗情况，约束企业节约材料开支，降低产品成本。

(3)同时支持按计划成本和按实际成本核算

存货管理子系统不仅支持按计划成本核算，而且应该支持按实际成本核算，允许采用加权平均、先进先出、后进先出等存货计量方法，以满足各类工业、商业企业存货核算和管理需求。

(4)提供完整的存货账簿及相应分析功能

存货管理子系统应该及时、准确地提供各种存货的总账、明细账等账簿的查询及打印功能。并能够生成各种存货汇总表、存货资金占用分析、入库成本分析、ABC 成本分析等分析性表格，为存货管理提供相应数据支持。

(5)与其他功能子系统对接

存货管理子系统与其他子系统(如总账、应收应付、采购、销售系统等)有密切的联系,因此,该子系统与其他子系统应建立对接功能,既能够及时向其他子系统提供信息,同时又可以接收其他子系统传入的信息。

4. 单据调整是对入库、出库的存货进行成本调整的单据,分为入库调整单和出库调整单。

入库调整单是对存货的入库成本进行调整的单据,它只调整存货的金额,不调整存货的数量;它用来调整当月的入库金额,并相应调整存货的结存金额;可针对单据进行调整,也可针对存货进行调整。

出库调整单是对存货的出库成本进行调整的单据,它只调整存货的金额,不调整存货的数量;它用来调整当月的出库金额,并相应调整存货的结存金额;只能针对单据进行调整,不能针对存货进行调整。

第九章　报表管理系统

(一)判断题

1. √　2. √　3. ×　4. ×　5. ×　6. √　7. ×　8. ×　9. ×　10. √

(二)单项选择题

1. A　2. B　3. A　4. C　5. C　6. B　7. A　8. C　9. C　10. A

(三)多项选择题

1. AC　2. ABCD　3. ABCDE　4. ABCDE　5. ABC　6. ABCD
7. BD　8. ABCD　9. ABCD　10. ABCD

(四)简答题

1. 财务报表中的数据只有处于特定的位置才表示一定的财务信息,才能被人们所理解,这种特定的位置是由财务报表的格式表达的。每张报表都有其特定的表格格式,但也有共性,无论简单表还是复合表,其报表格式都可分为三个部分:表头、表体和表尾。不同报表的区别在于这三个部分的内容不同。

表头主要用来描述报表的标题、编制单位名称、编制日期、计量单位等内容,其中编制日期随时间及相关报表性质的改变而改变,其他内容对于一个编制单位的一种报表文件的各张报表来说是不变的。

表体是一张报表的核心,是报表数据的主要表现区域。表体包含报表栏目名称、报表项目名称和报表数据单元。报表栏目名称定义了报表的列,有的报表栏目比较简单,只有一层,例如,利润表等简单表;有的报表栏目比较复杂,大栏目下再细分小栏目,例如主要产品单位成本报表等复合表。

表尾是报表表体下方的附注、说明,既有固定的文字说明,也有少量的数值数据。

2. (1)账务处理系统的总账、明细账,以及其他子系统的辅助项目账取数。

(2)本表取数。

(3)其他报表取数。

(4)从系统外部取数,包括直接手工输入、以软盘传入或通过通信线路传递等。例如,手工输入编制单位的名称，以软盘或网络传递子公司的个别报表。

(5)从其他软件取数。例如，从其他的数据库取数。

3. 报表管理系统一般设计成一个集成操作界面，其功能通过菜单或工具栏图标方式提供，主菜单一般有文件、编辑、视图、插入、格式、工具、数据、合并、窗口等项目，其中主要功能包括以下几大类：

(1)文件管理。包括文件的新建、打开、关闭、保存、另存为、引入、导出等功能。

(2)报表定义。包括报表模板管理、报表与单元格式定义、单元数据定义、审核公式定义、批命令定义，以及报表单元的复制、清除、删除、替换、插入、融合、锁定等编辑功能。

(3)数据处理。主要包括报表重算、表页管理、表页汇总、舍位平衡、报表排序、图形处理、网页制作等功能。

(4)合并报表。报表的上报、接收、合并处理等。

(5)报表输出。主要包括报表的显示打印、打印预览、页面设置、报表传输等功能。

(6)其他功能。例如，报表分析、基于表格处理以及财务函数的财务管理功能。

4. 通常的做法是：由手工编制抵销分录，然后输入计算机，由计算机将存储在机内的母、子公司个别财务报表数据进行汇总并与调整分录数据进行加减，得出合并数，最后根据合并数编制合并财务报表。